LA POLITIQUE ÉTRANGÈRE
DE JACQUES CHIRAC

D1437922

Couverture : Photo Présidence de la République.
Avec l'aimable autorisation du bureau du Président Chirac

ISBN : 978-2-36013-139-6
© Riveneuve éditions 2013
75 rue de Gergovie
75014 Paris
www.riveneuve.com

La politique étrangère de Jacques Chirac

Sous la direction de
Christian Lequesne et Maurice Vaïsse

Riveneuve
éditions

REMERCIEMENTS

Ce livre est le fruit du colloque « la politique extérieure de la France sous les présidences de Jacques Chirac » qui s'est tenu à Sciences Po les 8 et 9 décembre 2011. Il a été organisé conjointement par le Centre d'études et de recherches internationales (CERI) et le Centre d'histoire de Sciences Po. Nous remercions Jean-François Sirinelli d'avoir accepté que le Centre d'histoire, qu'il dirige, soit partie prenante à cette collaboration. Nous exprimons aussi notre reconnaissance à Martine Jouneau et Nadia Alexici, membres de l'équipe administrative du CERI, pour toute l'aide qu'elles ont apportée à l'organisation de l'événement et à la confection du manuscrit. Au bureau de Jacques Chirac, nous souhaitons remercier également pour leur collaboration Bénédicte Brissart et Bertrand Landrieu.

Si cet ouvrage couvre l'essentiel de l'activité diplomatique de Jacques Chirac pendant ses deux présidences, il ne saurait prétendre non plus à la complète exhaustivité. C'est ainsi que la politique asiatique de Jacques Chirac ne fait pas l'objet d'un chapitre spécifique.

Paris, novembre 2012

Christian Lequesne et **Maurice Vaïsse**

SOMMAIRE

RUPTURE ET CONTINUITE

Christian Lequesne et Maurice Vaïsse

Les limites de l'exercice qui consiste à gloser sur le thème rupture-continuité sont bien connues. Néanmoins, la politique étrangère sous les présidences de Jacques Chirac relève à l'évidence d'un tel traitement[1]. D'abord parce qu'un néogaulliste succède à un socialiste à la présidence de la République ; ensuite, parce que pendant les septennats de François Mitterrand -qui, dans l'opposition, avait mis en cause la politique étrangère du Général- Jacques Chirac s'est bien souvent opposé à la sienne en revendiquant le changement[2]. Enfin, parce que les douze années de sa présidence sont rythmées par les tournants de 1997 et de 2002, deux occasions de rupture. Celle de la cohabitation, pendant laquelle les critiques des socialistes n'ont pas manqué à l'égard de la conception «égocentrique et prétentieuse» de la politique étrangère de Jacques Chirac et de ses déclinaisons africaine et maghrébine. Puis, celle du second mandat où le président réélu entend retrouver toute sa liberté en politique étrangère, à laquelle il consacre l'essentiel de son temps. Exercice légitime donc, mais plus compliqué qu'il n'y paraît[3].

---

1. Christian Lequesne, « La politique étrangère de Jacques Chirac », in *DGAP Analyse*, octobre 2007, n°2 et Pascal Boniface, « Le bilan diplomatique de Jacques Chirac », *L'essentiel*, juin 2007.
2. Cf. sa déclaration le jour de l'élection, le 7 mai 1995 : « Alors, la France redeviendra un phare pour tous les peuples du monde et c'est sa vocation ». Et le 17 mai, il déclare : « le 7 mai, le peuple français a exprimé sa volonté de changement » et il espère qu'à l'issue du septennat « les Français constatent que le changement a été réalisé ».
3. Maurice Vaïsse, *La Puissance ou l'influence ? La France dans le monde depuis 1958*, Paris, Fayard, 2008.

Jacques Chirac et la politique étrangère avant 1995

Jacques Chirac accède à l'Elysée le 17 mai 1995 alors qu'il a déjà soixante-trois ans. C'est deux ans de moins que François Mitterrand en 1981, mais cinq ans de plus que Georges Pompidou, onze ans de plus que Nicolas Sarkozy et quinze ans de plus que Valéry Giscard d'Estaing. Cette indication est nécessaire pour bien comprendre qu'il s'agit d'un homme politique qui a, derrière lui, une longue carrière nationale. Il a été pendant dix-huit ans maire de Paris, deux fois Premier ministre (de 1974 à 1976 puis de 1986 à 1988) et trois fois ministre sous la présidence de Georges Pompidou.

Les portefeuilles de ministre qu'il a occupés n'ont jamais été en rapport direct avec la politique étrangère : les relations avec le Parlement en 1971-72, l'Intérieur pendant deux mois en 1974 et l'Agriculture et le Développement rural en 1972-74. Ce dernier portefeuille a été certainement le plus exposé à la chose extérieure. En 1972, la France est un grand bénéficiaire de la Politique Agricole Commune (PAC) entrée en vigueur en 1962. Jacques Chirac s'emploie à défendre à Bruxelles des taux de subvention du budget communautaire aux produits agricoles français les plus élevés possibles à une époque où il était plus facile de le faire. D'abord, parce que la Communauté avait un nombre d'Etats membres plus limité ; ensuite, parce que le budget des Communautés européennes était pour une large part consacré à la PAC. Jacques Chirac réussit bien dans sa tâche. C'est un ministre populaire dans le monde rural des années soixante-dix. Par la suite, il gardera une reconnaissance symbolique du monde rural qui se souviendra de son passage à l'Agriculture.

Toutefois, le vrai baptême du feu de Jacques Chirac en matière de politique étrangère a lieu lors de la première cohabitation avec François Mitterrand de 1986 à 1988. Lors de son premier passage à Matignon, Valéry Giscard d'Estaing est à l'Elysée et dans cette configuration constitutionnelle classique, c'est lui qui dirige la politique extérieure selon la tradition du « domaine réservé ». La politique européenne est aussi largement impartie à Valéry Giscard d'Estaing qui s'efforce de construire avec son homologue Helmut Schmidt une relation franco-allemande dynamique pour mieux peser dans un monde qui a connu des bouleversements importants : la fin de la convertibilité du dollar en or ; le début de la crise pétrolière.

Sur l'Europe, Jacques Chirac est un gaulliste qui ne s'inscrit pas complètement dans la tradition des défenseurs les plus orthodoxes de la souveraineté nationale. On observe, comme souvent chez lui, des contradictions qui montrent beaucoup de pragmatisme. Dans le fameux Appel de Cochin de 1978, il avait validé les mots inventés par Pierre Juillet et Marie-France Garaud à l'égard de l'engagement de l'Union pour la Démocratie Française (UDF) dans la première campagne pour l'élection européenne : le « Parti de l'étranger ». Il avait dénoncé aussi l'adhésion de l'Espagne et du Portugal qui viendrait poser de « graves difficultés » à « nos intérêts agricoles ». A l'inverse, Jacques Chirac, Premier ministre en 1986, a tout pour favoriser la signature de l'Acte unique européen qui ouvre la voie à la réalisation du marché intérieur. S'il rappelle à François Mitterrand les intérêts de la France à l'égard de l'Espagne devenue membre au même titre que le Portugal le 1er janvier 1986, il s'oppose en qualité de Premier ministre à l'ouverture par l'Assemblée nationale d'une commission d'enquête sur les conditions de la négociation de l'adhésion. Certains « barons » du gaullisme lui en tiendront rigueur. C'est bien son pragmatisme à l'égard de l'Europe qu'il faut retenir. On ne peut pas dire que Jacques Chirac soit un adepte de la supranationalité, mais en même temps il comprend que l'Europe aide à maximiser les intérêts de la France et qu'il faut donc avancer sans souverainisme de principe[4].

Sur l'Afrique et le Moyen Orient, il se situe directement dans l'héritage du gaullisme. Jacques Chirac a de solides amitiés avec les chefs d'Etat africains proches de la France, sans trop se soucier s'ils respectent les droits de l'homme ou la démocratie. La présence historique de la France en Afrique semble l'emporter sur toute forme de conditionnalité démocratique. Sur ce point, il ne montre guère de grande différence avec François Mitterrand qui s'acclimate vite à la « Françafrique », amenant Jean-Pierre Cot à quitter, dès 1982, son poste de ministre délégué à la Coopération et au Développement[5]. Sur le Moyen Orient, Jacques Chirac s'inscrit également dans la tradition gaulliste, celle du dialogue privilégié avec le monde arabe. Il

---

4. Christian Lequesne, *Paris – Bruxelles. Comment se fait la politique européenne de la France*, Paris, Presses de la FNSP, 1993.
5. Jean–François Bayart, *La politique africaine de François Mitterrand : essai*, Paris, Karthala, 1984.

convient d'ajouter l'Iran qui, depuis le début de sa révolution isla-mique, joue un jeu important dans la région – en particulier au Liban où la France a des otages – et le tout sur fond de menace ter-roriste. C'est sous le gouvernement de cohabitation que se propage à Paris une vague d'attentats attribués à la Fraction populaire de libération de la Palestine.

La sécurité constitue le troisième dossier de la première cohabita-tion. Nous sommes encore dans le contexte de la Guerre Froide et la négociation sur le désarmement nucléaire qui s'engage entre Ronald Reagan et Michael Gorbatchev préoccupe la France. Le Premier ministre Jacques Chirac entend éviter que les forces françaises et bri-tanniques soient incluses dans la négociation soviéto-américaine. Sur ce point, il rejoint de manière consensuelle les positions de François Mitterrand, insistant sur la dissuasion nucléaire et la volonté de maintenir en matière de sécurité une autonomie par rapport à l'allié américain[6].

Cette première cohabitation de 1986 à 1988 est une période qui permet à Jacques Chirac de confirmer son intérêt pour la politique étrangère. Pour ce Premier ministre de François Mitterrand parlant facilement l'anglais, flanqué de ses fidèles conseillers François Bujon de l'Estang et Yves Thibault de Silguy, c'est en quelque sorte le début d'une expérience concrète pour la chose extérieure qui se confirmera sous les deux présidences qui débuteront sept ans plus tard.

1995 : Le contexte international
au début de la présidence

Lorsque Jacques Chirac accède à l'Elysée pour son premier septen-nat, en mai 1995, un bouleversement majeur s'est bien entendu produit depuis l'expérience de Matignon : la fin de la bipolarité Est-Ouest impliquant une réorganisation systémique de la gouvernance mondiale.

En Europe, la fin de la Guerre froide s'est traduite par la réunifica-tion de l'Allemagne, la fin de l'URSS et l'émergence d'une Russie qui doit se penser désormais comme un simple Etat-nation, enfin l'éclatement de la Yougoslavie.

---

6. Maurice Vaïsse, *op.cit.*, p. 26 – 33.

François Mitterrand a pris des positions sur tous ces dossiers dont les conséquences sont loin d'être achevées en mai 1995. Une fois de plus, entre 1993 et 1995, il a dû partager la politique étrangère et la politique de défense avec un Premier ministre, Edouard Balladur, issu d'une majorité de droite au parlement. L'acceptation de la réunification allemande par François Mitterrand a été conditionnée à la poursuite du projet d'Union économique et monétaire de sorte que le projet de la monnaie unique voie concrètement le jour. En 1995, la Russie gouvernée depuis un an par Boris Eltsine, fait de plus en plus l'objet de critiques internes car la situation économique y est catastrophique. La France ne sait guère quel crédit accorder à ce nouveau président russe - à bien des égards fantasque - qui semble cependant bénéficier d'un soutien sans faille des Etats-Unis. L'Europe centrale et orientale est une zone dans laquelle la France de Mitterrand n'a pas réussi à capitaliser une présence. Son image y est celle d'un pays qui a résisté à l'idée de voir les principaux pays demander leur adhésion à l'Union européenne, qui refuse la solidarité transatlantique et dont les industriels n'investissent pas autant dans l'économie que leurs homologues allemands[7]. Enfin, lorsque Jacques Chirac accède à la présidence de la République, la Yougoslavie est en train de connaître l'offensive de l'armée croate pour reconquérir la Krajina, province peuplée de Serbes soutenue par Belgrade. En Bosnie-Herzégovine, le cessez le feu généralisé, annonçant les Accords de Dayton, n'a pas encore eu lieu. Le Tribunal pénal international vient de prononcer en février 1995 les premières accusations contre des Serbes responsables d'exactions dans le camp d'Omarska en Bosnie–Herzégovine. Pour Jacques Chirac, il s'agit donc d'un dossier prioritaire qui occupe largement sa première présidence.

En Afrique, le continent est marqué par le conflit entre Hutus et Tutsis au Rwanda, suite à l'assassinat des présidents rwandais et burundais. En juin 1994, la France a décidé une opération humanitaire et militaire. C'est l'opération Turquoise qui crée une zone humanitaire dans laquelle viennent se réfugier de nombreux Hutus. Au Moyen Orient, le processus de paix a été arrêté en novembre 1994 entre Israël et la Palestine. Bashar El Assad remplace son père en Syrie, Saddam Hussein règne sur Bagdad et fait face à la résolution

---

7. Christian Lequesne, *La France dans la nouvelle Europe. Assumer le changement d'échelle*, Paris, Presses de Sciences Po, 2008.

des Nations Unies « Pétrole contre nourriture ». En Algérie, les attentats continuent : en décembre 1994, sept pères blancs sont sauvagement assassinés dans leur monastère de Tibérhine en Kabylie.

Aux Etats-Unis, Bill Clinton entend promouvoir une gouvernance mondiale, dans laquelle le régionalisme apparaît comme une composante forte. En 1994 est entré en vigueur le traité sur l'accord de libre-échange nord-américain (l'ALENA). De même, les pays du cône sud de l'Amérique latine ouvrent, en 1994, la coopération Mercosur qui vise à réduire les tarifs douaniers entre l'Argentine, le Brésil et le Paraguay. L'Union européenne semble représenter un modèle pour cette organisation d'un monde multipolaire auquel Jacques Chirac souscrit pleinement.

En mai 1995, ce sont donc ces éléments du contexte international qui attendent Jacques Chirac. Si l'on en croit les conflits meurtriers qui continuent à marquer le monde et l'Europe, la fin de l'histoire, annoncée quelque temps avant la chute du Mur de Berlin par l'universitaire américain Francis Fukuyama, ne semble pas du tout se dessiner[8].

Pour ce qui est de l'outil diplomatique de la France, ce que Samy Cohen a appelé « la monarchie nucléaire », marquée par le rôle prépondérant de l'Elysée sur les politiques étrangère et de défense, peut être vu comme une constante[9]. L'exception porte sur les périodes de cohabitation dont Jacques Chirac fut l'un des premiers protagonistes en 1986. Au Quai d'Orsay, la prise de fonction de Jacques Chirac intervient après une période de cohabitation (1993 -1995), pendant laquelle Alain Juppé fut ministre des Affaires étrangères. A la suite d'un rapport remis en juillet 1993 par Jean Picq, conseiller à la Cour des Comptes, Alain Juppé a initié une première grande réforme du Quai d'Orsay qui fut bien accueillie par les diplomates. Elle instituait la création de la Conférence des ambassadeurs qui marque chaque fin d'été la rentrée diplomatique, le renforcement du Secrétaire général qui se voit attribuer deux adjoints, un plus grand fonctionnement collégial du Département, et la réorganisation du

8. Francis Fukuyama, *La fin de l'histoire et le dernier homme*, Paris, Odile Jacob, 1992.
9. Samy Cohen, *La monarchie nucléaire : les coulisses de la politique étrangère de la Vème République*, Paris, Flammarion, 1986.

périmètre des directions, tant géographiques que transversales[10]. Ces réformes sont actées. Il reste au Président et au ministre des Affaires étrangères de la cohabitation, Hubert Védrine, à achever ce qui était perçu comme un véritable serpent de mer : la fusion des services du ministère de la Coopération avec ceux du ministère des Affaires étrangères. C'est chose faite en 1998.

Une certaine continuité avec de Gaulle

Aucune évolution n'est plus symbolique de cette vanité de vouloir tout classer, que les péripéties des relations bilatérales franco-britanniques entre 1995 et 2007. Aimables -sans plus- pendant les deux premières années entre John Major et Jacques Chirac, évoluant vers un véritable partenariat stratégique en 1998, grâce aux accords de Saint-Malo, puis retombant dans un affrontement violent autour des questions européennes et surtout de la guerre en Irak, au point d'avoir des difficultés à célébrer le centenaire de l'entente cordiale en 2004. Enfin, dégénérant en relation de concurrence en 2005 lors de la candidature pour l'organisation des Jeux olympiques de 2012. Il en est de même des relations franco-américaines, caractérisées de façon consubstantielle par une succession ou un mélange d'amitié et d'hostilité, auxquelles toutefois la succession de Bill Clinton par George W. Bush apporte une réelle discontinuité[11]. Bien que Jacques Chirac ait voulu apparaître comme un ami de l'Amérique, les vicissitudes des rapports entre Paris et Washington entre 1995 et 2007 sont restées fameuses : la France passant du statut d'aiguillon dans la crise bosniaque à celui d'ennemi dans la crise irakienne et, enfin, de nouvel allié dans la crise libanaise. Au cours de cette période, Jacques Chirac ne manque aucune occasion de critiquer l'unilatéralisme américain, à propos des lois Helms-Burton, d'Amato et du protocole de Kyoto, qui culmine avec la guerre d'Irak où, voulant défendre «une certaine vision du monde et une certaine idée de la

---

10. Marie – Christine Kessler, *La politique étrangère de la France : acteurs et processus*, Paris, Presses de Sciences Po, 1999.
11. Jacques Chirac, *Mémoires, Le temps* présidentiel, tome 2, Nil, 2011, p. 299-300

morale», il s'oppose aux Américains dans une attitude qui est bien dans la suite de celle de de Gaulle[12].

À coup sûr, il y a une continuité hautement affirmée par Jacques Chirac avec la politique du général de Gaulle, qui constituerait une rupture avec celle de son prédécesseur immédiat. C'est vrai de la politique nucléaire avec la reprise des essais qui a lieu dans un contexte défavorable (fin de la Guerre froide, anniversaire d'Hiroshima, renouvellement du TNP), décision bien dans la ligne gaulliste d'indépendance nationale et en rupture avec la décision d'un moratoire prise par François Mitterrand en 1992. C'est vrai aussi de la politique de la France au Proche-Orient, où Jacques Chirac remet à l'ordre du jour une politique arabe de la France, se réclamant d'un retour à une politique gaulliste traditionnelle. En particulier, le discours du Caire en avril 1996 et les incidents de Cisjordanie, qui affectent le Premier ministre Lionel Jospin, sont l'occasion pour Jacques Chirac de réaffirmer « la constance de la politique étrangère de la France au Proche-Orient ». La fermeté manifestée à l'égard de la politique israélienne, le soutien à l'Autorité palestinienne à la suite de l'Intifada en septembre 2000, la volonté affirmée de « construire un pont » avec le sud de la Méditerranée, en particulier l'Afrique du nord, la prise de position dans le conflit irakien en mars 2003 et les obsèques de Yasser Arafat en novembre 2004 sont autant d'occasions pour Jacques Chirac de manifester sa «fibre pro arabe», mise quelque peu en sourdine entre 2005 et 2007 à la faveur de la «réconciliation» franco-américaine.

Cela est vrai aussi de la politique africaine de Jacques Chirac, qui rappelle volontiers dans ses voyages le souvenir du général de Gaulle[13] et qui manifeste un sincère attachement au continent noir, à la fois comme responsable politique et comme homme de culture attaché aux civilisations extra-européennes. Au cours de ses présidences, Jacques Chirac a visité trente-neuf pays africains ; il a reçu ses homologues plusieurs dizaines de fois. C'est probablement dans ce domaine sensible de la « Françafrique » que la cohabitation a introduit le plus d'infléchissements. Dès avant les élections

---

12. Même si son attitude n'a pas paru aussi claire à Joschka Fischer qui trouvait Jacques Chirac ambigu dans son opposition.
13. S'exprimant le 18 juillet 1996, devant le parlement congolais, Jacques Chirac rappelle le souvenir de Charles de Gaulle à Brazzaville le 27 juin 1940.

législatives de 1997, il existe cependant un hiatus entre les déclarations et les réalités. D'un côté, Jacques Chirac déclare qu'il n'y
a pas de désengagement de la France ; d'un autre côté, l'ouverture
vers les pays anglophones, la réduction des effectifs prépositionnés
et la volonté d'éviter une ingérence systématique dans les affaires
africaines, dans un contexte où la France est dépassée par la gestion calamiteuse du conflit congolais, témoignent d'une évolution.
Certes, des inflexions ont lieu du temps de la cohabitation avec le
désengagement militaire français direct, qui contraste avec l'interventionnisme de mise jusqu'au milieu des années 1990 et la fusion
en 1998 entre le ministère des Affaires étrangères et le ministère de
la Coopération. Mais, en réalité, l'arrivée de la gauche au pouvoir
coïncide avec l'*aggiornamento* de la politique africaine de la France,
sans en être l'unique cause. Au cours de son second mandat, Jacques
Chirac, libéré des contraintes de la cohabitation, entend reprendre
une politique africaine qui a trop souvent tendu au maintien en
place des régimes et plus soucieuse de stabilité que de réformes. En
Côte d'Ivoire notamment, il est vrai sous une bannière multilatérale, on assiste alors à un réengagement militaire de la France. Sur la
question de l'aide, la volonté de Jacques Chirac « avocat inlassable
de l'Afrique » ne s'est jamais démentie ; ses exhortations à une augmentation de l'aide publique au développement sont permanentes
même si la contribution française est devenue majoritairement multilatérale et a régulièrement diminué de volume et si une bonne part
de cette aide provient des annulations de dettes[14].

C'est vrai encore de la volonté de Jacques Chirac de mener un renou-
veau de la présence française en Asie, domaine dans lequel il s'implique fortement. Le chef de l'État a une bonne connaissance personnelle de la région et s'y rend à de nombreuses reprises, renforçant
le dialogue avec les principaux pays, en particulier la Chine, l'Inde et
le Japon et en poussant les entreprises françaises à y investir[15].

De manière plus ou moins paradoxale, une continuité s'affirme également en matière de multilatéralisme que Jacques Chirac considère
comme essentiel – car il assure la participation de tous aux affaires du
monde – efficace et moderne[16]. Dès le début de son premier mandat,

---

14. Conférence de presse à Ouagadougou, décembre 1996.
15. Cf. le développement sur la Chine dans les *Mémoires*, *op cit.*, p. 250-260
16. Discours devant l'assemblée générale de l'ONU, 23 septembre 2003.

il se rend à Genève le 5 juillet 1995 pour le 50e anniversaire de la création des Nations Unies, l'occasion d'un hymne au multilatéralisme qui commence par une citation du Général de Gaulle. Mais, si ce dernier n'a pas été un adversaire permanent et sans nuances des Nations Unies, il était trop convaincu des responsabilités des grandes puissances pour accepter de les partager avec les membres de l'Assemblée générale[17]. Bref, dans ce cas, la continuité est un peu factice.

Du pragmatisme avant tout

On touche là un domaine où la rupture le dispute à la continuité et où les questions de style personnel et de génération comptent. Si Jacques Chirac entend parler fort et s'impliquer dans la gestion de la crise yougoslave en rompant avec l'attitude plus souple de son prédécesseur, il chausse en réalité les bottes de François Mitterrand qui avait compris l'intérêt de la France à honorer son rôle de membre du Conseil de Sécurité pour avoir une influence dans le monde. D'ailleurs, lors de ses discours annuels à la conférence des ambassadeurs pendant la cohabitation, le président de la République rend hommage non au gouvernement, au Premier ministre Jospin, mais au ministre des Affaires étrangères Hubert Védrine[18]. N'est-ce pas là un signe de continuité avec la politique qu'on a appelée « gaullomitterrandiste »?

Mais on note un changement dans le style : si de Gaulle ne méprisait pas l'intendance, comme on a pu le dire, enjoignant par exemple son ambassadeur au Mexique de profiter des suites de sa visite pour faire fructifier les investissements français, si François Mitterrand avait pris l'habitude de se faire accompagner dans ses déplacements par de nombreux chefs d'entreprise, la différence avec Jacques Chirac est frappante au point que cela lui a valu l'appellation de président-VRP. Il a le contact facile, son tempérament personnel le porte aux

---

17. Jérôme Tacin, « Un gaullisme usurpé », *Commentaire*, n° 112, hiver 2005-2006.
18. A propos d'Hubert Védrine, Jacques Chirac écrit : « Il réussit à concilier l'exigence gaullienne et le pragmatisme mitterrandien », in Jacques Chirac, *Mémoires*, t 2, p. 218

coups d'éclat et l'incite à ne pas accepter le *statu quo*, comme il le manifeste dans le dossier balkanique[19].

Avec Jacques Chirac, on a le parfait exemple d'un président pragmatique qui a compris que l'univers des années 1990 et 2000 était différent de celui des années 1960 pour que les mêmes principes guident l'action politique[20]. C'est pourquoi on a pu dire que le chiraquisme était plus un néo-gaullisme pragmatique qu'un retour aux sources du Général de Gaulle. Chez Jacques Chirac, l'adaptation à un environnement international complètement transformé va de pair avec l'organisation d'un monde multipolaire et ne peut que reposer sur le multilatéralisme d'une Organisation des Nations Unies « rénovée et renforcée ». Dans l'après-guerre froide, il n'est plus question d'utiliser la marge de manœuvre offerte par les rivalités des deux superpuissances, de diriger le couple franco-allemand avec une Allemagne qui est un nain politique. Les relations entre Paris et Berlin, rythmées par les changements à la tête des deux pays et compliquées par les réformes institutionnelles, s'imposent par la reconnaissance mutuelle des intérêts bien compris des deux partenaires. Même si Jacques Chirac se plaisait à rappeler que le Général était lui aussi un pragmatique, ce pragmatisme était mis au service d'une véritable vision du monde et d'une passion pour l'indépendance et la grandeur de la France. Selon André Fontaine, Jacques Chirac donne l'impression « que le plaisir d'agir compte davantage pour lui que le but de l'action »[21].

L'Europe fournit le meilleur exemple de cette capacité à fluctuer. Après avoir fait connaître ses doutes sur les accords de Maastricht et sur la monnaie unique, cet « Européen de raison[22] » ne perd pas une occasion de proclamer son attachement à l'euro, sa volonté de respecter les critères de convergence et son acceptation sans réserve

---

19. En Hongrie, en janvier 1997, Jacques Chirac est accompagné par plusieurs chefs d'entreprise (EDF, GDF, Bouygues, Lyonnaise des Eaux) ; cf. Bernard Lachaise (qui a bien voulu nous communiquer ce texte), « La France et la place de la Hongrie dans l'Europe de François Mitterrand à Jacques Chirac».
20. « J'ai esquissé les contours d'une politique étrangère prolongeant l'héritage du Général de Gaulle, tout en cherchant à répondre avec pragmatisme aux exigences de notre temps », discours à la conférence des ambassadeurs, 29 août 1996.
21. André Fontaine, « Jacques Chirac et l'ombre du Général », *Politique internationale*, n° 70, hiver 1995-1996.
22. Henri de Bresson, Arnaud Leparmentier, *Le Monde*, 13 mars 2007.

de l'élargissement, course dans laquelle il peine à suivre l'Allemagne, alors que François Mitterrand était plus prudent à cet égard. Mais le pari que Jacques Chirac fait sur la Russie d'Eltsine, puis de Poutine, et l'embrouille irakienne suscitent une profonde défiance des États d'Europe centrale et orientale à l'égard de Paris. Jacques Chirac se rallie à l'idée d'une extension de la procédure de vote à la majorité qualifiée au sein du conseil des ministres de l'Union européenne, ce que de Gaulle avait clairement repoussé. En revanche, le soutien réaffirmé à défendre la PAC est bien dans la ligne gaulliste. Même s'il s'agit davantage de stratégies successives que de convictions ancrées en matière européenne, des caractéristiques claires émergent : une Europe à plusieurs vitesses avec un groupe pionnier et des coopérations renforcées, une « Europe-puissance », une Europe protectrice, une Europe élargie (en particulier à la Turquie). Toutefois, l'échec cinglant du référendum de 2005 reflète aussi l'ambiguïté du président de la République à l'égard du projet européen.

Les relations avec l'OTAN offrent un autre exemple de ce pragmatisme. En 1995, le nouveau président entend prendre en compte les transformations de l'environnement international et en profiter pour améliorer les rapports de la France avec les États-Unis et l'Alliance atlantique. Jacques Chirac est bien obligé de constater que l'OTAN survit à la chute de l'Union soviétique, que les anciennes démocraties populaires aspirent à y adhérer et qu'une défense européenne ne pourra pas voir le jour en dehors de l'OTAN. Les conflits dans l'ex-Yougoslavie ont joué un rôle dans cette évolution : le président Mitterrand avait déjà accepté de modifier la position de la France vis-à-vis de l'OTAN de manière à ce que la France puisse participer à la planification quand des troupes françaises étaient engagées. Il avait accepté que le chef d'état-major des armées participe au comité militaire de l'OTAN dès lors que l'emploi des forces était évoqué. Malgré l'opposition affichée par la gauche plurielle à un tel revirement atlantiste, Jacques Chirac saisit l'occasion de parvenir à la fois au retour de la France dans l'OTAN et à une réorganisation de l'Alliance atlantique, ce qui manifeste une vraie rupture par rapport à la doctrine gaulliste. Mais les Américains ne se prêtent pas au jeu et l'échec de l'affirmation européenne en matière de politique étrangère et de défense est flagrant. Jacques Chirac renonce, tout en adoptant une attitude pragmatique[23]. Au Kosovo, la France -en totale concordance de vues entre l'Élysée et Matignon- impulse un comportement plus ferme des Européens qui appuient à son initiative les frappes de l'OTAN auxquelles elle participe dans des limites strictes[24]. A la suite du choc du 11 septembre, la France se résigne à voir l'OTAN autorisée à agir dans la zone hors-traité. Mais, la crise irakienne est l'occasion d'une confrontation franco-américaine qui se transforme en crise aiguë à l'occasion de l'éventuel recours au veto français au Conseil de sécurité de l'ONU. Après avoir oscillé entre mises en garde et gestes de bonne volonté, Jacques Chirac s'oppose de nouveau, lors du sommet d'Istanbul, en juin 2004, au projet américain d'impliquer l'OTAN dans le processus de stabilisation de l'Irak : «Nous sommes des amis, nous sommes des alliés, mais quand nous ne sommes pas d'accord, nous le disons »[25]. Tout cela avant qu'intervienne (souvent à l'initiative de Jacques Chirac soucieux de ne pas paraître isolé) un rapprochement à propos de l'Afghanistan et du Liban et même de l'Irak[26].

La contribution la plus originale de Jacques Chirac à la politique étrangère de la France apparaît dans une ouverture sur le monde qui privilégie, dans un contexte de débats sur le conflit des civilisations, le dialogue des cultures et favorise la diversité culturelle[27]. Elle incite à augmenter l'aide publique au développement, à lancer des actions pour alléger la dette des plus pauvres et à lutter contre les grandes pandémies avec le souci de trouver les financements innovants, comme la création d'une contribution internationale de solidarité sur les billets d'avion. Elle se manifeste également, dans sa prise de conscience des enjeux environnementaux et dans ses efforts pour répondre aux engagements internationaux en matière d'environnement, en particulier pour lutter contre le réchauffement climatique,

---

23. « A sa grande surprise, je lui réponds que je ne vois aucun inconvénient à ce que nous renoncions aux pourparlers en cours. Il ne s'agit pas chez moi d'une reculade », *Mémoires, op cit*, p. 220
24. Jacques Chirac, *Mémoires, op. cit*, p. 243-248
25. Déclaration faite à Istanbul, 29 juin 2004
26. Comme la remise de la dette irakienne, cf. Vincent Nouzille ; *Dans le secret des Présidents*, Fayard, 2010, p. 409-436
27. Cf. la Convention sur la diversité culturelle adoptée le 20 octobre 2005 par l'UNESCO.

où il obtient de la Russie la ratification du protocole de Kyoto, ce qui permet son entrée en vigueur.

Au final, la politique étrangère de Jacques Chirac semble davantage marquée par la continuité que par le changement. Continuité par la fidélité invoquée au gaullisme, sans être pour autant la réplique de la politique du Général et en étant parfois l'antithèse, et avec celle de François Mitterrand[28], plus grande qu'il ne veut bien l'assumer. Changement par l'innovation pour affronter les nouveaux enjeux environnementaux et « conjurer le danger du divorce entre les mondes »[29].

---

28. « Le climat entre nous était suffisamment confiant pour qu'il m'interroge souvent sur François Mitterrand, sur ce qu'il pensait, sur ce qu'il aurait fait dans telle ou telle situation. Il voulait comprendre la démarche de son prédécesseur qui était pour lui une référence majeure » confie Hubert Védrine à Pierre Péan, *L'inconnu de l'Elysée*, Fayard, 2007, p. 444.
29. Discours à la conférence des ambassadeurs, 2006.

LE « SYSTÈME DÉCISIONNEL » DE JACQUES CHIRAC : DE L'ANTI-MITTERRANDISME À L'ILLUSION DU GAULLISME RETROUVÉ ?[1]

Samy Cohen

Le processus décisionnel sous la présidence de Jacques Chirac a connu deux périodes principales[2]. La première est celle d'un règne présidentiel sans partage entre 1995 et 1997, puis entre 2002 et 2007. La seconde est celle de la cohabitation des années 1997-2002 avec une gauche menée par le Premier ministre Lionel Jospin. Comment ces deux grandes périodes se sont-elles déroulées ? Y a-t-il eu une « méthode Chirac » ou plutôt une continuité avec le passé ? Son prédécesseur, François Mitterrand, a aussi connu une alternance entre une période « monarchique » et une période de cohabitation. Pour autant, deux styles et deux méthodes de travail s'opposent nettement.

1993- 1995 : la mise en place du « système décisionnel » Chirac

L'intérêt de Jacques Chirac pour la diplomatie et la défense ne date pas de son investiture élyséenne. En tant que maire de Paris, il avait déjà noué des relations personnelles avec de nombreux chefs d'Etats et de gouvernements. À son installation à l'Elysée, il s'affirme

---

1. Mes remerciements vont aux acteurs et aux témoins qui ont bien voulu m'éclairer sur le processus de décision présidentiel durant les deux mandats de Jacques Chirac. Je remercie également Pierre de Platter pour son aide précieuse concernant la recherche documentaire.
2. Sur l'importance du processus de décision en politique étrangère, voir Samy Cohen, « Pouvoir, décision et rationalité dans l'analyse de la politique étrangère », in Marie-Claude Smouts (dir.), *Les nouvelles relations internationales*, Paris, Presses de Sciences Po, 1998 et Christopher Hill, *The Changing Politics of Foreign Policy*, 2003, Palgrave Macmillan, 2003.

d'emblée comme le « maître des Horloges », le chef de la politique extérieure et de la politique de défense. En tant que Président, il veut utiliser ces deux leviers pour affirmer l'influence de la France dans le monde. Cette volonté de s'assurer la prééminence absolue dans la conduite des affaires étrangères n'a rien d'extraordinaire sous la Ve République. Tous les présidents ont appliqué cette loi non écrite, ainsi définie, puisque la Constitution de la Ve République partage le pouvoir entre le chef de l'Etat et le Premier ministre.

C'est lui qui donne l'impulsion et décide en dernier ressort. D'emblée, il a repris le dossier bosniaque en mains et donné des instructions au chef d'état-major de l'armée, l'amiral Jacques Lanxade, pour prendre d'assaut le pont de Vrbanja à Sarajevo. Celui-ci avait été investi un peu plus tôt par des soldats serbes qui avaient fait prisonniers des Marines du 3e RIMA, placés sous l'autorité de la FORPRONU. C'est également lui qui a pris très rapidement la décision de reprendre les essais nucléaires en juin 1995, d'imposer à une armée plus que réfractaire, la réforme du système de conscription[3] et d'engager la France avec fermeté dans la voie de la réintégration dans l'OTAN[4].

L'organisation et le fonctionnement de son équipe à l'Elysée et ses rapports avec le Quai d'Orsay portent sa marque personnelle qui n'est pas sans rappeler celle du général de Gaulle. François Mitterrand aimait confier le même dossier à des conseillers différents. Cette mise en concurrence lui permettait de s'assurer une information diversifiée[5]. Jacques Chirac rompt avec cette pratique, préférant un entourage soudé où chacun s'occupe uniquement de son domaine de compétence et n'hésitant pas à rappeler à l'ordre les éventuels récalcitrants. Comme au temps des débuts de la Ve République, l'équipe élyséenne qui se forme en 1995 voit le retour en force des diplomates de carrière dont le meilleur exemple est Dominique de Villepin à qui est confié le secrétariat général de la présidence de la République

---

3. Bastien Irondelle, *La réforme des armées en France. Sociologie de la décision*, Paris, Presses de Sciences Po, 2011.
4. Hubert Coudurier, *Le monde selon Chirac. Les coulisses de diplomatie française*, Paris, Calmann-Lévy, 1998, p. 265 et suiv.
5. Samy Cohen, *La monarchie nucléaire. Les coulisses de la politique étrangère sous la Ve République*, Paris, Hachette, Coll. La force des idées, 1986.

et qui avait été le directeur de cabinet d'Alain Juppé, ministre des
Affaires étrangères sous la deuxième cohabitation (1993-1995).[6]

Mais, le rouage important est la « cellule diplomatique ». Elle est
confiée à Jean-David Lévitte, également diplomate de carrière, qui a
occupé entre autres fonctions celle de chargé de mission auprès du
secrétaire général de l'Elysée sous la présidence de Valéry Giscard
d'Estaing et de directeur-adjoint du cabinet de Jean-Bernard
Raimond, ministre des Affaires étrangères sous la première cohabitation (1986-1988). Jean-David Lévitte forme une équipe cohérente
composée de jeunes diplomates : Bernard Emié, Pierre Ménat et
François Delattre, placés sous son autorité. Il cumule aussi les fonctions de sherpa du président, rôle assuré sous François Mitterrand
par son Conseiller spécial Jacques Attali. A la différence de la période
gaulliste, le secrétaire général est bien moins impliqué dans la préparation des dossiers diplomatiques sauf dans trois domaines : les
nominations d'ambassadeurs français à l'étranger, les relations avec
les principaux ambassadeurs accrédités à Paris et les affaires susceptibles d'avoir des répercussions en politique intérieure.[7]

Jean-David Lévitte s'impose comme l'homme-clé de Jacques Chirac
qui apprécie sa loyauté, son expérience, son habileté tactique et ses
bonnes connaissances de l'appareil du Quai d'Orsay. De surcroît, il
n'a aucune prétention à inspirer les grandes orientations de la politique étrangère de la France ; il est le prototype du collaborateur efficace, fiable, sachant deviner et anticiper les desiderata du Président
et les satisfaire. Dans le processus de décision, son rôle monte en
puissance au détriment du ministre des Affaires étrangères, Hervé
de Charette, surtout en raison de l'inexpérience de celui-ci dans les
affaires diplomatiques. Jean-David Lévitte a un accès quotidien au
Président, ce qu'aucun de ses prédécesseurs n'avait, et il est le seul à
cumuler cette fonction avec celle de sherpa.

L'équipe se voit renforcée par la présence de Catherine Colonna,
diplomate chevronnée exerçant la charge de porte-parole de la présidence de la République et, à ce titre, participant fréquemment aux

---

6. Samy Cohen, « Dominique de Villepin », in Lucien Bély et al. : *Dictionnaire
des ministres des Affaires étrangères*, Paris, Fayard, 2005, p. 624-631, p. 625.
7. Notons que les deux successeurs de Dominique de Villepin à ce poste de
Secrétaire général de la présidence de la République (Philippe Bas et Frédéric
Salat-Baroux) ne sont pas des diplomates.

réunions importantes à l'Elysée. Elle est appréciée par les journalistes pour sa « gentillesse » et sa compétence sur les dossiers de politique étrangère, sans pour autant que ceux-ci soient dupes sur sa capacité à manier la « langue de bois ».[8]

Comme ses prédécesseurs, le Président dispose également d'un état-major particulier qui lui prépare ses dossiers pour tout ce qui concerne les questions de défense : les exportations d'armes, le renseignement militaire, les questions liées à l'emploi de l'arme nucléaire, la gestion des interventions militaires extérieures, etc. Il constitue le lien principal entre le président de la République, chef des armées, et le chef d'état-major des armées (CEMA). Dans le but d'assurer une meilleure cohérence entre diplomatie et défense, Jean-David Lévitte n'hésite pas à empiéter dans le domaine de compétence du chef d'état-major particulier du Président, ce qui a suscité bien des fois des frictions entre ces deux proches collaborateurs. « Lévitte veut tout contrôler », note un des conseillers de l'Elysée de cette période[9]. Seules les affaires africaines échappent à son contrôle. L'Afrique est du ressort de Michel Dupuch, ancien ambassadeur en Côte d'Ivoire, qui relève directement du Président et ne prend ses instructions que de lui. C'est ici la continuité totale avec la tradition de la « Françafrique » d'une gestion très personnalisée des relations entre le chef de l'Etat français et ses homologues africains, pratique échappant aux circuits de la diplomatie classique et qui a marqué jusqu'ici tous les présidents qu'ils soient de droite, du centre ou de gauche.

Comme du temps du général de Gaulle, Jacques Chirac a voulu assurer une meilleure circulation de l'information entre l'Elysée et le Quai d'Orsay. Les principaux responsables du ministère reçoivent un compte-rendu des entretiens entre le Président et des chefs d'Etats ou de gouvernements étrangers. Les directeurs géographiques sont conviés à des réunions à l'Elysée avant toute initiative importante requérant leur présence. Les ambassadeurs français fraîchement nommés en poste sont reçus à l'Elysée où le Président leur donne ses instructions. A l'issue de cette rencontre, le chef de l'Etat pose aux côtés de l'ambassadeur pour une photo officielle qui servira à

---

8. Sylvie Maligorne, *Duel au sommet*, Paris, Seuil, collection L'épreuve des faits, 2002, p. 56.

9. Propos concordants recueillis en octobre 2011 auprès de plusieurs anciens collaborateurs de Jacques Chirac.

ce dernier pour se prévaloir de sa confiance. Ce rituel, voulu par Jacques Chirac, est destiné à renforcer la légitimité de la fonction d'ambassadeur, progressivement érodée après plus d'un demi-siècle de diplomatie directe au « sommet ». Cette pratique semble avoir été abandonnée assez rapidement. Seuls seront reçus les ambassadeurs partant dans les postes les plus « sensibles » aux yeux du Président. Jacques Chirac réduit de manière drastique la pratique de la diplomatie parallèle, consistant à confier des missions importantes à des personnalités non issues de l'appareil gouvernemental, des proches ou des amis politiques. Mais à la différence du général de Gaulle, qui travaillait essentiellement par écrit, il aime immodérément communiquer par téléphone. Il est un « téléphoneur compulsif » dira l'un de ses anciens proches collaborateurs[10].

Ce dispositif d'apparence cohésif et bien coordonné a aussi ses faiblesses. La principale tient aux désaccords récurrents entre Dominique de Villepin et Jean-David Lévitte[11]. La seconde tient à la composition de cette équipe de diplomates, au demeurant excellents professionnels mais très classiques et peu préparés à insuffler des idées nouvelles sur ce que doit être la politique étrangère du nouveau président. D'ailleurs, Jacques Chirac ne ressent pas le besoin de ce type de personnes auprès de lui : « C'est un fait acquis, et en quelque sorte sacralisé par le général de Gaulle, que la maîtrise de la politique étrangère, comme celle de la défense, relève en priorité du chef de l'Etat, seul légitime pour définir les grandes lignes de la diplomatie française, conformément à sa vision globale des rapports internationaux. Ce qui ne doit pas l'empêcher de s'entourer des meilleurs experts en la matière…. », écrit-il dans ses *Mémoires*[12]. Une très bonne confirmation, si besoin est, que ses conseillers ne sont pas là pour lui inspirer « une vision globale des rapports internationaux ».

A ces problèmes s'ajoute celui des relations entre le président de la République et le ministre des Affaires étrangères Hervé de Charrette. Sous la Ve République, le ministre des Affaires étrangères n'est pas nécessairement voué à un rôle de simple exécutant. S'il a la confiance du président et fait preuve d'habileté et de compétence dans ses

---

10. Entretien le 26 octobre 2011.

11. Henri Vernet et Thomas Cantaloube, *Chirac contre Bush : l'autre guerre*, Paris, Jean-Claude Lattès, 2004, p. 145.

12. Jacques Chirac, *Le temps présidentiel. Mémoires 2*, Paris, Nil, 2011, p. 34

fonctions ministérielles, il peut tenir une place importante à la fois de principal conseiller et de confident du chef de l'Etat et, en même temps, jouer un rôle majeur dans la mise en œuvre de la politique étrangère.[13]

Ce ne fut pas tout à fait le cas d'Hervé de Charrette ; le nouveau ministre choisi par Jacques Chirac ne fait pas parti de ses proches. C'est un centriste, de l'entourage de Valéry Giscard d'Estaing, qui a apporté à Jacques Chirac son soutien politique dans la campagne pour l'élection présidentielle. En récompense, il lui confie le portefeuille des Affaires étrangères. Hervé de Charrette est dépourvu d'expérience diplomatique et loin de l'aider dans sa tâche, la présidence la lui complique. La plupart des ambassadeurs sont nommés par l'Elysée sans concertation avec le ministre, ce qui a le don d'irriter grandement ce dernier. La cellule élyséenne le court-circuite régulièrement, s'adressant directement à des directeurs du ministère pour leur passer des commandes ou pour compléter leur information. Se méfiant de lui, elle lui impose son directeur de cabinet, Hubert Colin de Verdière, un diplomate proche de la mouvance chiraquienne. C'est ce dernier qui lui remet, sans autre préavis, le discours, préparé par le Quai d'Orsay et la cellule diplomatique de la présidence, qu'il doit prononcer à Bruxelles en décembre 1995 annonçant le retour de la France dans l'OTAN, déclenchant son vif mécontentement[14]. Excédé, Hervé de Charette finit par le remplacer par un autre diplomate plus respectueux de ses fonctions de ministre, Denis Bauchard, directeur d'Afrique du Nord-Moyen Orient (ANMO), qu'il a connu et apprécié lors de la gestion de la confrontation Israël - Hezbollah en 1996 et l'opération israélienne au sud-Liban « Raisins de la colère ».

C'est également au cours de cette opération « Raisins de la colère », qu'Hervé de Charrette saura conquérir l'estime du Président pour son talent de négociateur tenace. Jacques Chirac lui avait confié la tâche de se rendre au Proche-Orient pour trouver une issue à la nouvelle confrontation entre le Hezbollah et Israël. Le ministre se dépense beaucoup en navettes entre Damas, Beyrouth et Jérusalem et grâce à lui, la France obtient la co-présidence du comité de sur-

---

13. S. Cohen, *La monarchie nucléaire.*
14. H. Coudurier, *op. cit.* p. 266.

veillance du Sud-Liban, un succès dans une région que la diplomatie américaine considère comme sa chasse-gardée.

Pourtant le « système Chirac » va évoluer rapidement. Le poids du conseiller diplomatique va en diminuant et ceci pour deux raisons principales : la première est, à partir de 1997, la cohabitation. Celle-ci redistribue les cartes du pouvoir. Le nouveau ministre des Affaires étrangères, Hubert Védrine, ancien conseiller diplomatique et secrétaire général de l'Elysée sous François Mitterrand, est apprécié et écouté par Jacques Chirac. Il prend soin de ne pas laisser les conseillers du Président s'interposer entre lui et le chef de l'Etat. La seconde est qu'après la cohabitation, au terme de sept années à l'Elysée, Jacques Chirac est lui-même devenu un chef d'Etat plus expérimenté, dépendant moins des avis de ses conseillers personnels. Il s'est progressivement taillé une stature d'homme politique averti auprès de nombreux chefs d'Etat et de gouvernements.

1997 - 2002 :
cohabitation ou cogestion ?

Au printemps 1997, le président de la République décide la dissolution de l'Assemblée nationale. Les élections législatives du 25 mai 1997 et du 1er juin 1997 voient la victoire de la « gauche plurielle » emmenée par Lionel Jospin. Une nouvelle cohabitation commence. Celle-ci modifie considérablement le système de prise de décision fondé sur la prééminence absolue du chef de l'Etat.

La France a connu trois expériences de cohabitation sous la Ve République. Entre François Mitterrand et Jacques Chirac, tous deux candidats à l'élection présidentielle, la compétition pour s'assurer le contrôle de la politique étrangère et de défense fut, d'emblée, très vive. Chacun essaya de convaincre l'opinion que la Constitution lui confiait la responsabilité de conduire les relations extérieures de la France, alors même qu'elle confère à tous les deux des prérogatives importantes : du président de la République elle fait le chef des armées (art.15), le garant de l'indépendance nationale et de l'intégrité du territoire (art.5), dont la vocation est de négocier et ratifier les traités (art.52) ; au gouvernement elle confie la responsabilité de déterminer et conduire la politique de la nation, la disposition de la force armée (art.20) et fait du Premier ministre le responsable de la défense nationale. Au terme des neuf premiers mois de la cohabitation, il s'est établi un partage de la politique étrangère en trois zones d'influence : une sphère à prédominance présidentielle : la défense, le désarmement, les relations franco-allemandes ; une sphère à prédominance gouvernementale : l'Afrique et la coopération, le Proche-Orient (dans sa dimension sécurité intérieure), les relations économiques et financières extérieures.[15] Entre les deux apparaît un domaine de cogestion qui inclut principalement les opérations militaires et les grandes décisions en matière communautaire. Les élections législatives de mars 1993, qui voient à nouveau une majorité de droite succéder à une majorité de gauche, inaugurent une nouvelle expérience cohabitationniste. La volonté du nouveau Premier ministre, Edouard Balladur, de marquer la politique étrangère de son sceau, de se donner une assise internationale, reste forte. La nouveauté réside dans l'acceptation d'une cogestion sereine, dans le respect des prérogatives constitutionnelles de l'autre et dans la volonté d'éviter des heurts. Une collaboration plus fructueuse et paisible se met rapidement en place au niveau des hauts responsables aussi bien qu'à celui des entourages. Des procédures de concertation destinées à éviter des dissonances, à régler le partage des tâches, à assurer une bonne circulation de l'information, sont élaborées.

L'expérience Chirac-Jospin ressemble davantage à la seconde cohabitation qu'à la première. On constate la même volonté affichée d'éviter des heurts. Les règles d'une cohabitation « douce » ne sont plus à inventer. Aux commandes, se retrouve un réseau de personnes qui ont pratiqué au moins une cohabitation, qui ont intériorisé ses contraintes, ses règles et en connaissent ses pièges. Le choix d'Hubert Védrine, souhaité par Jacques Chirac, comme ministre des Affaires étrangères, collaborateur de François Mitterrand depuis 1981 et excellent connaisseur des mécanismes de la cohabitation, symbolise ce désir de modération. Hubert Védrine est l'homme du consensus entre les deux parties.

Mais à la différence des années 1993-1995, Jacques Chirac est confronté à une expérience destinée à durer cinq ans. Lionel Jospin veut la gérer à son rythme, convaincu que c'est sur le plan de la lutte contre le chômage que les Français le jugeront. Il s'intéresse toutefois de près aux grands dossiers de politique internationale

---

15. Samy Cohen, «Cohabiter en diplomatie : atout ou handicap ?», *Annuaire français des relations internationales*, 2003.

et manifeste une présence active dans les domaines traditionnellement dévolus au Premier ministre, tel celui de la construction européenne, mais en s'efforçant d'éviter tout conflit ouvert avec le président de la République et s'abstient de lui porter ombrage par une activité internationale trop soutenue. Il adopte, d'emblée, un profil tout en nuance: « Je ne suis pas attaché à des rôles de représentation formelle. (…) Je n'irai pas là où ma place n'est pas formellement requise », affirme-t-il, le 24 juin 1997, devant les députés, afin de désamorcer toute tentative de surenchère venant de son propre camp. Mais c'est pour ajouter aussitôt : « Mais j'irai là où la politique du gouvernement français devra être mise en place et suivie d'effets ». De fait, le gouvernement n'a pas cherché à remettre en question la réforme du service militaire et la professionnalisation des armées.

A son tour, Jacques Chirac n'a pas contesté au gouvernement le droit de regard sur la conduite des affaires étrangères et militaires qu'il avait revendiqué pour lui-même en 1986. Il a accepté des inflexions de la politique de coopération de la France en Afrique, notamment la réduction des effectifs militaires sur ce continent. Lors du coup d'Etat ivoirien de Noël 1999, qui a entraîné la chute du président Henri Konan Bédié, il s'est rangé à la nouvelle approche du gouvernement Jospin en Afrique, qui refuse que la France intervienne militairement dans des conflits internes, ainsi que toute complaisance envers les régimes autoritaires. Un des sujets de divergence, la réintégration de la France dans l'OTAN, s'est réglé de lui-même, Bill Clinton ayant refusé d'accéder à la demande de Jacques Chirac d'attribuer le commandement sud de l'OTAN à un officier européen.

En matière de défense, Lionel Jospin n'a pas manqué de rappeler ses prérogatives constitutionnelles: « En tant que Premier ministre et, à ce titre, responsable de la défense nationale, il m'appartient de veiller à la satisfaction des besoins des armées »[16]. Sur la décision d'emploi des forces armées hors du territoire national, il ajoute : « J'entends veiller aux conditions d'engagement de nos unités sur des théâtres extérieurs (…). La décision de recourir à la force (…) relève des plus hautes autorités de l'Etat, du président de la République et du gouvernement » .

---

16. A l'Institut des Hautes études de la défense nationale, le 4 septembre 1997

Pourtant, lors de la guerre au Kosovo, il n'a pas cherché à ravir au chef de l'Etat le rôle de chef des armées ou à interférer dans les relations personnelles que Jacques Chirac a nouées avec le président des Etats-Unis. Comme toujours en pareilles circonstances, le chef d'état-major des armées entretient une relation privilégiée avec le chef de l'Etat. Lorsqu'au milieu de la nuit, le général Kelche a besoin d'instructions, c'est à la présidence de la République qu'il s'adresse. Il en est de même lorsqu'il veut alerter le pouvoir politique de l'imminence d'une décision de frappe aérienne prise par l'OTAN, qu'il estime contraire aux principes arrêtés par les membres de l'Alliance. Cela étant, toutes les décisions importantes (le refus d'accepter l'épuration ethnique, la politique de fermeté à l'égard de Milosevic, le niveau de participation des forces françaises dans cette guerre, le choix des cibles, etc) ont été prises de manière concertée par le Président et le Premier ministre, avec la participation active du ministre des Affaires étrangères, Hubert Védrine. Ce dernier est la cheville ouvrière de la diplomatie française au sein de la « conférence des cinq ministres des Affaires étrangères » (américain, britannique, allemand, italien et français) et de leurs collègues de la Défense. Un réseau très étroit et ramifié relie entre eux tous les principaux protagonistes, permettant ainsi d'assurer une cohérence des actions. Des réunions ont lieu successivement tous les matins dans le bureau du directeur de cabinet du ministre de la Défense, tous les soirs à l'hôtel Matignon en présence des conseillers du Premier ministre. Chaque semaine un conseil restreint se tient à l'Elysée. Il est précédé d'un comité restreint à Matignon présidé par Lionel Jospin. Enfin, « des réunions spécialisées » se tiennent plusieurs fois par semaine à Matignon, au ministère de la Défense et à celui des Affaires étrangères.

En dépit des restrictions qu'ils s'imposent, le Président et le Premier ministre ne peuvent s'empêcher de céder, de temps en temps, à leur désir d'exister par eux-mêmes. C'est en ce sens qu'il convient de comprendre certains « dérapages », notamment le discours de Lionel Jospin à Jérusalem concernant les « attaques terroristes » du Hezbollah ou bien cette phrase, au demeurant fort prudente, du Premier ministre lâchée, le 23 janvier 2000 au Palais de la Mutualité : « Nous respectons les prérogatives du président de la République. Je suis neutre en matière de cohabitation même si on peut toujours se dire que nous ferions mieux, plus fort dans un autre contexte, notamment peut-être en politique étrangère. On peut toujours y croire ». Sans conséquences majeures pour la diplomatie de la France, ces incidents viennent toutefois rappeler que le Président et le Premier ministre demeurent des rivaux impatients d'en finir avec une cohabitation qui les bride tous les deux.

En période de concordance des majorités présidentielle et parlementaire, le chef de l'Etat peut engager seul la responsabilité de la France, sans délibération préalable, sans consultation du Premier ministre ou du ministre des Affaires étrangères. De la décision de De Gaulle de sortir la France des organismes militaires intégrés de l'OTAN à celle de Jacques Chirac de réformer le système militaire français, en passant par le choix de François Mitterrand de renforcer, en 1990, l'aide militaire au régime contesté du président rwandais Juvénal Habyarimana, les exemples de décision solitaire abondent.

La cohabitation rend ce cas de figure improbable. La sortie de l'OTAN, la création de l'Euro, la reprise des essais nucléaires, la professionnalisation de l'armée, sont autant d'initiatives qui n'auraient vraisemblablement pas pu être prises unilatéralement en période de cohabitation. Les décisions impliquant les intérêts fondamentaux de la France ou un changement de trajectoire politique nécessitent l'accord préalable des deux têtes de l'exécutif. Aucune des deux ne peut aller de l'avant, lancer une importante initiative internationale sans avoir au préalable convaincu l'autre ou s'être assurée de sa neutralité. Du « domaine réservé » on est passé au « domaine partagé ». La décision d'envoyer l'armée hors des frontières ne peut être prise que conjointement par le président, « chef des armées », et par le gouvernement, « responsable de la Défense nationale » et détenteur de l'essentiel des moyens d'action. En cas de désaccord entre eux, le président doit négocier avec son Premier ministre. Il ne peut décider d'une intervention militaire extérieure sans l'approbation du gouvernement.

2002 : la restauration
de la prééminence présidentielle

Les élections de 2002 redonnent à Jacques Chirac une majorité à l'Assemblée nationale lui permettant de reprendre les rênes du pouvoir. C'est le retour en force de la prééminence présidentielle. Celle-ci s'exerce sans contrepoids. Au poste de ministre des Affaires étrangères sont placés soit des hommes sans poids politique ou personnel significatifs (Michel Barnier, Philippe Douste-Blazy), soit un homme qui lui est totalement dévoué (Dominique de Villepin). Michel Barnier est nommé ministre des Affaires étrangères dans le troisième gouvernement de Jean-Pierre Raffarin le 31 mars 2004. A la tête de la diplomatie française, il apporte ses propres convictions : l'Europe, la coopération internationale, le développement durable. L'enlèvement par un groupe terroriste en Irak de deux journalistes, Christian Chesnot et Georges Malbrunot, le conduit dans les pays du Proche-Orient en août-septembre 2004, période marquée par l'affaire Didier Julia pour mener, avec les services de l'État, les négociations afin d'obtenir leur libération. Cette libération interviendra après 124 jours de captivité, le 21 décembre 2004. L'action de la diplomatie française aboutit également à la libération de Florence Aubenas. Mais en 2005, Michel Barnier est évincé du gouvernement Villepin par ce dernier au profit de Philippe Douste-Blazy.

Nommé le 2 juin 2005, Philippe Douste-Blazy fournit une prestation peu convaincante à la tête du ministère des Affaires étrangères. Personnalité politique centriste, dépourvue de toute expérience internationale, il doit sa nomination à la tête du Quai d'Orsay au soutien apporté à Jacques Chirac pendant la campagne électorale de 2002. Son passage est marqué par plusieurs bourdes, quand il confond Taïwan et la Thaïlande ou la Croatie et le Kosovo[17], et des déclarations embarrassantes, qualifiant de « militaire » le programme nucléaire iranien à contre-courant des efforts diplomatiques occidentaux de cette époque et se félicitant, en plein conflit israélo-libanais à Beyrouth, du rôle stabilisateur de l'Iran. Le nouveau ministre ne possède pas la maîtrise des codes diplomatiques et des dossiers, et s'investit de manière jugée excessive et inappropriée, selon les fonctionnaires du Quai d'Orsay, dans des opérations de communication. Il défend une diplomatie humanitaire, développant notamment le fonds *Unitaid*, financement innovant d'achats de médicaments par une taxe prélevée sur les billets d'avion, initiée par les présidents Chirac et Lula. Toutefois cette faiblesse est palliée par la présence du solide directeur de cabinet, Pierre Vimont, qui a été le directeur de cabinet des trois ministres des Affaires étrangères qui se sont succédés entre 2002 et 2007.

---

17. Raphaëlle Bacqué, « Philippe Douste-Blazy, «Mister Bluff» au Quai d'Orsay », *Le Monde*, 28 avril 2006.

Le « cas » Villepin

Reste le cas de Dominique de Villepin au sujet duquel il faut s'at-tarder quelque peu. A-t-il été un simple exécutant ou un inspira-teur ? Dominique de Villepin a les faveurs et la confiance de Jacques Chirac qui apprécie ses capacités de travail, ses formules acérées, sa fougue et sa fidélité éprouvée. « Il lui passe tout comme à un fils pré-féré », écrira plus tard celui qui fut un de ses proches conseillers au Quai d'Orsay[18]. Il est ministre des Affaires étrangères un peu contre son gré ; il aurait préféré l'Intérieur qu'il obtiendra deux années plus tard. Pendant ces deux années, Dominique de Villepin est l'homme de confiance du Président, son double. Le Président l'appelle fré-quemment, plusieurs fois par jour pendant les périodes critiques, pour avoir son avis ou lui communiquer des instructions. La sym-biose entre les deux hommes est totale. Afin d'éviter toute possibilité de malentendu, les discours les plus importants du ministre sont portés à la connaissance de l'Elysée. Jacques Chirac les lit, mais pas systématiquement et les annote s'il le juge nécessaire.

Au ministère des Affaires étrangères, Dominique de Villepin déploie une énergie débordante. Il s'implique d'emblée dans les crises, qu'elles soient locales ou régionales. Elles sont de longue date une de ses préoccupations majeures : « C'est toute ma culture, toute ma formation, toute ma personnalité. Je suis né dans la crise, j'ai été formé par la crise, je suis issu de la crise », déclare-t-il un jour[19]. Mais c'est la crise irakienne qui absorbe l'essentiel de son énergie. De manière infatigable, il s'emploie à convaincre le gouvernement américain, s'appuyant sur les diplomaties russe et allemande, de traiter du cas irakien en privilégiant d'abord les missions des inspections de l'ONU. Le résultat de l'investissement dans la crise irakienne est connu : Dominique de Villepin a bataillé en vain contre une décision, celle de partir en guerre contre l'Irak. Celle-ci avait été prise par le président George W. Bush avant même la nomination de Villepin à la tête du Quai d'Orsay. Mais en menaçant de faire usage de son droit de veto, la France a empêché les Etats-Unis de se prévaloir de la légitimité internationale pour

---

18. Bruno Le Maire : *Le ministre*, Paris, Grasset, 2004, p.25
19. Yves Bordenave: "Dominique de Villepin, le serviteur de feu", *Le Monde*, 9 juin 2004

partir en guerre contre l'Irak. Les relations franco-américaines sortent de cette épreuve grandement détériorées.

C'est pourtant dans cette crise irakienne que le ministre laisse une empreinte. Dominique de Villepin apparaît comme le représentant de la France qui, le 14 février 2003, au Conseil de sécurité des Nations Unies, fait applaudir son discours sur la position française à l'égard de l'Irak par une assistance généralement silencieuse dans cette enceinte. Ce discours reste sans doute l'un des plus célèbres qu'un ministre français ait prononcé aux Nations Unies. Pour tous ceux qui s'opposent à la guerre contre l'Irak, Dominique de Villepin devient le symbole de la résistance de la France à l'intervention militaire préparée par les Etats-Unis contre le régime de Saddam Hussein. Face au mépris manifesté par le secrétaire américain à la Défense pour la « vieille Europe », il assume et glorifie cette image en parlant avec un accent gaullien d'« un vieux continent », l'Europe, de son « vieux pays », ce pays « qui n'oublie pas et qui sait tout ce qu'il doit aux combattants de la liberté venus d'Amérique et d'ailleurs et qui pourtant n'a cessé de se tenir debout face à l'Histoire et devant les hommes. Fidèle à ses valeurs, il veut agir résolument avec tous les membres de la communauté internationale ». Ce discours est montré à Jacques Chirac qui l'approuve. Mais jusqu'au dernier moment, Dominique de Villepin hésite à utiliser la formule « vieux pays », questionnant à plusieurs reprises ses collaborateurs et l'ambassadeur français auprès des Nations Unies, Jean-Marc Rochereau de la Sablière[20].

Dominique de Villepin a-t-il revêtu les « habits de Talleyrand », comme ont aimé à le faire croire certains médias ? La politique au Proche-Orient et vis-à-vis des Etats-Unis est celle du président, Jacques Chirac et, avant lui, celle de nombreux gouvernements français. Lorsqu'il prend ses fonctions en mai 2002, la crise entre la France et les Etats-Unis couve déjà. Les deux pays s'opposent sur la réponse à apporter au terrorisme et sur la responsabilité de l'Irak dans l'attaque du 11 septembre. Le 8 septembre 2002, Jacques Chirac définit la position française dans une interview accordée au *New York Times*.[21] Il prend partie pour une stratégie en deux étapes : d'abord

---

20. Bruno Le Maire, *op. cit.* p.196-197
21. http://www.nytimes.com/2002/09/08/international/europe/09CHIR-FULL.html?pagewanted=all

des inspections pour tenter de découvrir d'éventuelles armes de destructions massives. En cas d'obstruction des autorités irakiennes, le Conseil de sécurité examinera la possibilité d'un recours à la force. La stratégie est fixée par le chef de l'Etat. Le ministre bataille énergiquement pour convaincre du bien-fondé de la position française. L'idée d'émettre un veto en cas de tentative américaine de passage en force est également un choix personnel de Jacques Chirac.

Quel bilan ?

Un bilan contrasté se dégage de ces douze années à la tête de l'Etat. Jacques Chirac veut rompre avec certaines pratiques mitterrandiennes de l'exercice du pouvoir en matière de politique étrangère et il y réussit en partie. Le chef de l'Etat se réserve le droit de décider librement en dernier ressort de toutes les affaires qui lui semblent d'une importance vitale, sans forcément toujours consulter ses collaborateurs. Jacques Chirac reste toutefois un président « accessible », tolérant le désaccord, dès lors qu'il émane de ses hommes de confiance. Sans doute, pourrait-on affirmer que son style est moins « monarchique » que celui de ses prédécesseurs. Il veut mettre ses pas dans ceux du général De Gaulle, avec un succès partiel. Il ne s'extrait pas de la gestion quotidienne avec laquelle de Gaulle prenait ses distances pour déléguer à son ministre des Affaires étrangères. Plus que de raison, il simmisce dans des questions de détail qui sont du ressort de son ministre.

Mais le changement le plus significatif concerne le choix du ministre des Affaires étrangères. Dans deux cas sur trois (Hervé de Charette et Philippe Douste-Blazy), il choisit un ministre en fonction de considérations purement politiques, en remerciement à un soutien en période électorale. C'est une innovation sous la Ve république. Aucun président avant lui n'avait procédé de la sorte, leur choix se faisant largement en fonction de l'expérience internationale et de la loyauté personnelle envers le président. Ce changement aurait pu rester sans conséquences si l'Elysée les avait aidés à se socialiser au « système décisionnel » Jacques Chirac. Ce ne fut pas le cas.

La cohabitation a affaibli le pouvoir de Jacques Chirac, mais sans altérer l'efficacité du système décisionnel face à l'urgence comme à la gestion au jour le jour. En contrepartie, la politique étrangère est devenue une activité plus concertée, moins sujette à des improvisations et faisant diminuer les risques d'erreur. La gestion des affaires devient moins chaotique parce qu'elle dépend moins de la volonté d'un seul homme. Néanmoins, la cohabitation porte atteinte à la capacité d'élaborer des choix à moyen et long terme. Elle n'encourage pas à planifier, à penser l'avenir du système international de l'époque, fluide et imprévisible.

FACE A L'ÉLARGISSEMENT
DE L'UNION EUROPÉENNE

Anne Dulphy et Christine Manigand

« J'ai souvent comparé la construction de l'Europe à un chemin de montagne, qu'on ne gravit jamais sans difficulté, toujours à la merci d'une chute, d'un obstacle, mais sans jamais cesser de se relever et de repartir. Je parlais en connaissance de cause, pour avoir été associé depuis le début des années soixante-dix, dans mes fonctions successives de ministre de l'Agriculture, de chef de gouvernement et enfin de président de la République, à chacune des étapes de ce cheminement communautaire rarement de tout repos, émaillé de heurts, de crises, d'affrontements, mais aussi de progrès, et toujours tourné vers l'objectif à atteindre »[1]. Cette citation de Jacques Chirac donne bien la vision qu'il a de son parcours européen et met en valeur sa pratique du pouvoir qui, de Matignon à l'Elysée, l'a conduit à oublier ses postures anti-européennes. Elles avaient été incarnées par son appel de Cochin en décembre 1978, son attachement à la préservation de la souveraineté nationale lors des premières élections européennes en 1979, son opposition à l'adhésion de l'Espagne et du Portugal, ses affirmations successives et contradictoires sur la monnaie unique. Si le « oui » sans enthousiasme forcené au traité de Maastricht a préparé sa conversion, le temps présidentiel n'a pas toutefois modifié la donne dès que Jacques Chirac a accédé à l'Elysée. Sa mutation en euro-réaliste a encore pris quelque temps et on peut l'estimer réalisée en 1995, lorsque, dans son discours du 26 octobre 1995, il met fin aux inquiétudes sur les engagements européens de la France en annonçant, notamment, d'importantes mesures de réduction des déficits publics, pour que la France puisse satisfaire aux critères de convergence de l'Union économique et monétaire (UEM). Jusque-là, la réduction de la « fracture sociale », thème

---

1. Jacques Chirac, *Mémoires,* t. II : *Le temps présidentiel,* Paris, Nil, 2011, p. 524.

dominant de sa campagne électorale, semblait peu compatible avec la rigueur budgétaire. Son ralliement au principe et au calendrier de la monnaie unique donne le signal d'une conversion – subie et consentie – que marque ensuite sa volonté d'établir un grand projet politique pour l'Europe, dessein devenu incontournable pour tout président de la Ve République. S'inscrivant dans la lignée de ses prédécesseurs, qui ont joué chacun à leur manière un rôle européen, il adapte au cadre élargi de l'Europe des objectifs d'inspiration gaullienne, mais réactualisés eu égard aux nouvelles réalités géopolitiques et aux rapports de force de la fin du siècle. Revêtu des habits d'un « bon Européen », le président Chirac intègre alors la « nécessité communautaire » et s'emploie à promouvoir ses choix européens : celui d'une France redevenue moteur de la construction communautaire au sein d'une Europe parée des attributs de la puissance, plus sociale et plus démocratique. D'une Europe, où de façon très ferme et pendant la première année de son septennat (au moins jusqu'à son voyage à Varsovie mi-septembre 1996), il s'oppose à tout nouvel élargissement tant que les institutions de l'Union ne seront pas suffisamment renforcées. Même si son soutien à l'élargissement devient plus explicite, il n'en demeure pas moins que les candidats d'Europe centrale et orientale ont souvent pensé que cette insistance sur les réformes institutionnelles n'était qu'un prétexte pour retarder l'élargissement.

Faire dépendre l'élargissement de l'institutionnel : Jacques Chirac, un héritier pragmatique ?

Avant d'aborder les grands débats institutionnels prévus lors de la Conférence intergouvernementale (CIG) de 1996, Jacques Chirac doit affirmer une position claire sur les engagements pris dans le cadre du traité de Maastricht. Pour cela, il doit tout d'abord s'exprimer et rassurer sur la mise en place de la monnaie unique. Très vite, il confirme sa volonté de tenir le calendrier « L'Union européenne a besoin de la monnaie unique », tout en ajoutant qu'il ne faut pas se dissimuler « les difficultés qui sont devant nous ». « Le respect des critères de convergence crée de fortes contraintes pour les politiques économiques nationales. S'agissant de la France, vous connaissez ma détermination et celle du gouvernement à réduire les déficits publics ».[2] Après avoir rencontré, le 26 octobre 1995, le chancelier Helmut Kohl, le président de la République, invité sur France 2, réaffirme sa conversion européenne : « L'Europe reste notre grand dessein. Le général De Gaulle en a jeté les bases. Mes prédécesseurs ont poursuivi dans cette voie. L'Europe n'est pas une contrainte. C'est notre avenir: c'est la paix, la stabilité, la prospérité. C'est la condition pour exister demain. La grandeur de la France, c'est aujourd'hui de construire l'Europe »[3].

Un pragmatisme non dénué de paradoxes

Le dossier des institutions s'avère comme l'un des plus complexes, puisqu'il met en cause à la fois les relations intracommunautaires et qu'il concerne l'élargissement à l'est de l'Union. Jacques Chirac, au nom des nécessités de cet élargissement – mais est-ce bien la seule raison ? –, prône l'exigence d'une réforme institutionnelle qui n'aboutit pas réellement, mais qui dessine sa vision de l'Europe. Lors de la négociation qui débouche sur la signature du traité d'Amsterdam en octobre 1997, l'inspiration que tente d'insuffler Jacques Chirac correspond tout d'abord à la persistance de son antifédéralisme. Lors de son entretien avec Wolfgang Schäuble en janvier 1996, il rappelle que le fédéralisme est « dépassé et inutile »[4] et déplore le mal fait en France par le rapport Schäuble-Lamers[5] qui a relancé « le camp des anti-Maastricht ». De même, en mai 2000 à l'université Humbolt, pour répondre au discours de Joschka Fischer, ministre allemand des Affaires étrangères, développe-t-il son rejet total d'une quelconque fédération européenne – sans contester la nécessité d'une avant-garde et d'un centre de gravité dans une Europe élargie – et

---

2. Archives Jacques Chirac, dossier 5, relations franco-allemandes, 5AG5/PM7, discours au parlement européen, 11 juillet 1995. Les Archives Nationales citées dans cet article ont toutes été consultées en octobre 2011.
3. Archives Jacques Chirac, dossier 5, relations franco-allemandes, 5AG5 /PM8, intervention sur France 2, 26 octobre 1995.
4. Archives Jacques Chirac, dossier 5, relations franco-allemandes, 5AG/JL1, entretien à l'Elysée Chirac /Schäuble, président du groupe CDU/CSU au Bundestag, 23 janvier 1996.
5. Il s'agissait du rapport de Karl Lamers et Wolgang Schäuble de septembre 1994 qui, au nom de la CDU/CSU, avait préconisé la réforme des institutions dans un sens fédéral pour une meilleure intégration avec la formation d'un « noyau européen » *(Kerneuropa)* entre la France, l'Allemagne et le Benelux.

en réaffirmant son refus de voir les nations européennes disparaître[6]. C'est bien le sens qu'il entend donner au débat sur la nature de l'Union lors de son discours devant le Bundestag à Berlin, le 27 juin 2000 : « Ni vous ni nous n'envisageons la création d'un super Etat européen qui se substituerait à nos Etats-nations et marquerait la fin de leur existence comme acteurs de la vie internationale ».

Dans cette perspective, d'une Europe unie des Etats et d'une Europe puissance capable de faire entendre sa voix sur la scène internationale et dans les conflits comme en ex-Yougoslavie, il plaide pour un certain nombre de modifications au niveau institutionnel. Dans les débats de 1997, il insiste sur une réforme des équilibres institutionnels impliquant un renforcement du Conseil (avec révision de la pondération des voix tenant mieux compte des réalités politiques et économiques des Etats membres) devant lequel une Commission réduite pourrait répondre de son action ; l'institution d'un président du Conseil européen pour une période de trois ans ; et enfin, une meilleure association des parlements nationaux à l'action du parlement européen dont les procédures doivent être simplifiées[7]. Conscient de l'insuffisance du traité d'Amsterdam, auquel il fait ajouter une déclaration émanant de la France, de l'Italie et de la Belgique sur le préalable institutionnel indispensable à tout élargissement, le chef de l'Etat se trouve à nouveau en prise directe avec cette question, lors de la présidence française du second semestre 2000 et sur fond de discrète tension avec son Premier ministre, Lionel Jospin. Dès le 4 juillet 2000, à Strasbourg, il expose le programme de la présidence française fondé sur les notions d'élargissement, de croissance, d'emploi et de progrès social, sans oublier l'affirmation de la place de l'Europe dans le monde. La nouvelle conférence intergouvernementale n'ayant pas permis d'aboutir à un accord, c'est le Conseil européen de Nice organisé au terme de la présidence française en décembre 2000, qui doit trouver des solutions aux réformes institutionnelles avant la conclusion des accords avec les pays candidats. Le traité de Nice répond en partie seulement

---

6. Archives Jacques Chirac, dossier 5, relations franco-allemandes, AP/5AG5/JL4, aide-mémoire préparé par Catherine Colonna sur la présidence française de l'Union, juin 2000.

7. http://www.europarl.eu.int/igc1996/pos-fr, Livre blanc du parlement européen, volume II.

aux *desiderata* des options de la France. L'argumentaire de Paris pour défendre un « accord raisonnable » tient tout d'abord à la possibilité de mettre en œuvre des coopérations renforcées définies par le traité d'Amsterdam auxquelles tenait le président, favorable à une Europe à plusieurs vitesses dans une Union élargie, ainsi qu'à une repondération des voix[8], obtenue sans décrochage avec l'Allemagne, qui permet d'éviter aux futurs « petits » Etats de s'imposer aux « grands ». Sur ce point, le président Chirac tient bon : la clause qu'il consent à l'Allemagne sur la vérification de la décision à la majorité qualifiée (62 % de la population totale de l'Union) étant en fait non contraignante. Dans l'aide-mémoire préparé pour son entretien avec la presse régionale française et allemande, le 22 janvier 2001, Jacques Lapouge, conseiller de Jacques Chirac, met l'accent sur le fait que ces critères devaient être relativisés puisque « dans l'Europe à vingt-sept, toutes les coalitions d'Etats qui permettent d'atteindre la majorité qualifiée (169 voix) représentent la majorité des Etats et 62 % de la population sauf dans respectivement seize et sept cas sur plus de 2,7 millions ! » Toutefois, l'Allemagne obtient 99 sièges de députés dans le futur Parlement européen contre 72 pour la France, ce qui est analysé comme une perte d'influence et de *leadership* pour la France.

L'Europe unie des Etats et des peuples[9]

Lors de son discours devant le Bundestag en juin 2000, Jacques Chirac déclare « profiter de cette occasion exceptionnelle pour exposer ma vision de l'Europe de demain. Reprenant à mon compte l'idée d'une 'Constitution européenne', j'entends me faire le défenseur d'une organisation institutionnelle plus ambitieuse qui permette à l'Union de se gouverner efficacement pour le bien des peuples et des nations qui la composent »[10].

Le traité de Nice étant paraphé en février 2001 par les Quinze, le président de la République et son Premier ministre Lionel Jospin décident de lancer, en avril 2001, un grand débat national sur l'avenir de

---

8. Trois majorités avaient finalement été retenues : la majorité numérique des Etats membres, la majorité pondérée des Etats (majorité qualifiée d'environ 73 % du nombre de voix) et le « filet démographique » (62 % de la population totale).
9. C'est une expression employée dans le discours prononcé par le président de la République à l'occasion de la réception des ambassadeurs de France à l'Elysée le 26 août 2001, publié in *Regard européen*, 1998-10/12, n°8, p. 48-55.
10. Jacques Chirac, *Mémoires*, t. 2 : *Le temps présidentiel, op.cit.*, p. 306-307.

l'Europe, particulièrement utile dans le contexte de l'élargissement, alors que le chancelier Gerhard Schröder propose au même moment une réforme nettement fédéraliste à laquelle l'Elysée ne peut souscrire. Ce n'est qu'un peu plus tard qu'une contribution franco-allemande est envisagée par l'Elysée en réaction au prochain élargissement et rendue possible par la fin de la cohabitation. L'objectif prioritaire réside dans le cadrage de la Convention sur l'avenir de l'Europe, créée à l'issue du Conseil européen de Laeken en décembre 2001, où il semble indispensable que les gouvernements puissent conserver « une forme de contrôle de l'exercice[11] », et dans une réflexion plus large sur les objectifs fixés à cette constitutionnalisation des traités. Le président de la République y voit le moyen d'assurer le fonctionnement d'une démocratie européenne plus transparente et plus légitime, tout en répartissant, dans un souci de plus grande efficacité, les compétences entre l'Union et les Etats. Le discours du Président devant les ambassadeurs en août 2001 trace les grandes lignes de sa pensée européenne et sert en partie de programme au candidat Chirac pour la présidentielle de 2002 : « Depuis l'origine, la France a su apporter à la construction européenne le souffle dont elle avait besoin [...] Sous présidence française, nous avons décidé de lancer un grand débat sur l'avenir de l'Europe. Pour l'essentiel, les thèmes correspondent à ceux que j'avais identifiés dans mon discours au Bundestag : délimiter les compétences entre l'Union et les Etats membres pour mieux préciser qui fait quoi en Europe ; simplifier les traités pour en assurer une meilleure lisibilité ; préparer les ajustements institutionnels nécessaires pour renforcer l'efficacité de notre système décisionnel ; donner un rôle accru aux Parlements nationaux pour introduire plus de démocratie dans le fonctionnement de l'Union »[12]. Il s'agit aussi, dans cette stratégie évolutive de la France, de préserver en gardien du temple les équilibres politiques et institutionnels pouvant être compromis par l'arrivée de multiples « petits » pays. La relance du moteur franco-allemand ne résout pas pour autant les conceptions divergentes sur le du futur traité, cristallisées dans l'équilibre à trouver entre le Conseil européen et la

---

11. Archives Jacques Chirac, dossier 5, relations franco-allemandes, 5AG/LV13, dîner de travail avec Gehrard Schroeder, 11 mai 2001.
12. Extraits du discours de Jacques Chirac à l'occasion de la réception des ambassadeurs au palais de l'Elysée, 26 août 2001.

Commission. Redoutant une trop forte politisation de la Commission et une baisse consécutive de la composante intergouvernementale de l'Union, Charles Fries et Maurice Gourdault-Montagne, dans une note adressée au Président en janvier 2003[13], élaborent le schéma d'une présidence tripartite au risque de brouiller un peu plus l'image de l'Europe. Le triptyque se compose tout d'abord d'une présidence de l'Union, maillon important de la conception de Jacques Chirac, autorité morale et de conciliation en cas de conflit, « le visage, la voix et la conscience de l'Europe », désignée sur proposition conjointe du Conseil et du Parlement européen pour une durée assez longue et non définie ; deuxièmement, de la présidence du Conseil européen pour une longue durée qui reprend les attributions de la présidence semestrielle et qui est assistée d'un ministre des Affaires étrangères ; et enfin, du président de la Commission élu par le Parlement européen à partir d'une proposition de ce dernier. Cette insistance française sur une présidence stable du Conseil européen s'explique probablement par la volonté de s'appuyer sur une instance de régulation et de médiation face à la nouvelle donne, non maîtrisée, que représente le futur élargissement à l'est. Jacques Chirac réussit – affaire irakienne aidant – à trouver un compromis avec l'Allemagne sur la Constitution européenne[14], à assouplir le fonctionnement du Pacte de stabilité, et à mettre en œuvre avec Gerhard Schröder et Tony Blair la création des groupes pionniers qui lui sont chers[15]. Cette Constitution – et on comprend ainsi la tristesse et l'amertume de Jacques Chirac prenant connaissance de la victoire du « non » lors

---

13. Archives Jacques Chirac, *op.cit.*, note à l'attention du président de la République, 12 janvier 2003.

14. Il accepte finalement le décrochage entre l'Allemagne et la France au Conseil des ministres (18 % des voix pour la première contre 13 % pour la seconde).

15. Ainsi est-ce le cas lors de la réunion à trois, Jacques Chirac, Gerhard Schröder et Tony Blair, qui se tient à Berlin, le 20 septembre 2003, en dehors de la présidence italienne de l'Union, « réunion informelle de trois pays qui ont intérêt à faire progresser l'Europe, à ce que l'approfondissement et l'élargissement réussissent », Archives Jacques Chirac, dossier 5, relations franco-allemandes, AP/5AG5/LV42, conférence de presse conjointe.

du référendum du 29 mai 2005[16] – répond à une double exigence de Jacques Chirac : accroître le poids de la France en Europe, puisque le texte reprend « les valeurs de la France et les consacr[ait] à l'échelle de l'Union »[17], permettant un rééquilibrage de l'économique vers le social, et renforcer dans les instances communautaires le poids de la France, du couple franco-allemand et des pays fondateurs. Cette décision de recourir à la voie référendaire renvoie aussi à une des préoccupations de Jacques Chirac depuis le début de son premier mandat : combattre l'image et la réalité d'une Europe trop éloignée des citoyens, provoquant de ce fait un regain de scepticisme à l'égard de la construction européenne. Dès juillet 1995, le président insiste sur la nécessité de rapprocher les politiques communes des préoccupations des citoyens : « Chacun le constate : dans nos pays, l'idée européenne qui suscita tant d'espérance voici quarante ans perd du terrain dans nos opinions publiques. Celles-ci ont l'impression que l'Europe est lointaine et ignore leurs préoccupations quotidiennes ». Cette thématique incantatoire d'une Europe éloignée des citoyens rejoint celle des institutions, puisque c'est évidemment dans l'accroissement des organes représentatifs des Etats, soit du Conseil de l'Union, soit encore des parlements nationaux, que la solution est recherchée. La légitimation supplémentaire des institutions d'essence plus supranationale, qu'il s'agisse de la Commission ou du Parlement européen, n'est jamais envisagée

Au bout du compte, la France a cédé sur un certain nombre d'invariants, telle la réforme institutionnelle comme préalable d'un élargissement auquel elle s'est finalement ralliée.

*

---

16. Dans une lettre à Tony Blair du 31 mai 2005, il écrit que cette décision ne remet « nullement en cause l'engagement historique et profond de la France dans la construction européenne ; la France est un pays fondateur de l'Union ; elle continuera à y tenir toute sa place dans le respect de ses engagements et j'y veillerai personnellement ». Archives Jacques Chirac, dossier 6, relations franco-britanniques, AP/AG6/JL52, lettre du 31 mai 2005.

17. *Op.cit.,* AP/5AG/LV42, Conseil des ministres franco-allemand, Palais de l'Elysée, 26 avril 2005.

« Le défi historique de l'élargissement »
Du volontarisme à la temporisation

Avec l'accès à la présidence de Jacques Chirac, la France s'affirme de manière plus volontariste en faveur de l'élargissement. L'inflexion amorcée en mars 1993 avec la cohabitation a permis, au Conseil européen de Copenhague en juin 1993, que soit reconnue l'adhésion à l'UE donnée aux pays associés d'Europe centrale et orientale. L'alternance politique, mais aussi la signature du traité de Maastricht qui garantit que la Communauté élargie ne se dissoudra pas dans une vaste zone de libre-échange, ont contribué à tourner la page de « la préférence pour l'approfondissement ». Pour autant, le vrai tournant a lieu après l'élection présidentielle, et on a pu parler de « mue européenne » à propos de la fin de l'année 1995[18]. Le 11 juillet 1995, intervenant au parlement européen pour faire le bilan de la présidence française, Jacques Chirac assure qu'il a « toujours été convaincu […] que les événements de 1989 offraient une chance historique, celle de réconcilier l'ensemble du continent européen », et il présente cette « grande Europe » comme la réalisation des conceptions gaulliennes. Après s'être félicité des avancées récentes, symbolisées par le Conseil européen de Cannes des 26 et 27 juin 1995 où s'est réunie pour la première fois, Etats membres et pays candidats, il annonce sa détermination à mener l'élargissement à terme malgré le « scepticisme » des peuples, dont on sait qu'il est effectivement très aigu en France[19]. Dorénavant, pour manifester ce soutien actif, il se réfère à la fois au devoir de l'UE vis-à-vis des jeunes démocraties et à l'intérêt qu'elle tirerait de leur adhésion, parlant d'« impératif moral, [de] nécessité historique »[20], mais aussi de « chance pour l'Europe », d'occasion de « constituer un ensemble démocratique, pacifique, puissant, prospère, de 500 millions de femmes et d'hommes, le premier de la planète »[21].

---

18. J.-F. Gribinski, « Jacques Chirac et l'Europe : une politique 'réaliste' », *Relations internationales et stratégiques*, printemps 1997, n° 25, p. 69.
19. Archives Jacques Chirac, dossier 5. Discours au Parlement européen le 11 juillet 1995 établissant un bilan de la présidence française du conseil de l'UE.
20. J. Chirac, « Mes priorités diplomatiques », *Politique internationale*, automne 1997, n° 77, p. 14.
21. J. Chirac, « L'Europe unie des Etats », *Regard européen*, octobre 1998, n° 8, p. 49.

On peut s'interroger sur les fondements de cette nouvelle position française. Ils ne renvoient certainement pas à un attachement constant de Jacques Chirac à une « Europe ouverte », lui qui s'était opposé avec force à l'entrée de l'Espagne et du Portugal dans les années 1980, mais l'euro-réaliste a pris conscience de l'inéluctabilité de l'élargissement, et plutôt que de s'isoler dans une posture défensive sans issue, a décidé de ne pas abandonner le rôle moteur de l'UE à la seule Allemagne. C'est ainsi qu'il se rend en Pologne en septembre 1996, puis en Hongrie et en République tchèque l'année suivante, et y affirme le souhait que ces pays rejoignent l'UE « dès l'an 2000 ». Cette surenchère quelque peu irréaliste a pour objet de reprendre l'initiative, de renouer la relation franco-allemande et d'amener les partenaires à accepter la réforme institutionnelle comme préalable indispensable, afin d'éviter de renouveler l'erreur commise lors de l'ouverture aux pays de l'AELE[22]. Elle a permis l'accélération de l'élargissement, scandée par le lancement des négociations avec six pays – Pologne, Hongrie, République tchèque, Slovénie, Estonie et Chypre – par le Conseil européen de Luxembourg en décembre 1997, puis avec l'ensemble des candidats lors de celui d'Helsinki en décembre 1999, par la déclaration franco-allemande de novembre 2001 en faveur d'un processus poursuivi « résolument et sans retard », enfin par la décision prise au Conseil européen de Copenhague fin 2002, effective le 1er mai 2004, d'accueillir dix nouveaux membres, puis deux autres (en 2007).

Durant ces années de négociations, la France a cependant souvent temporisé, comme en 2000-2001, lorsqu'elle juge inopportune l'échéance du 1er janvier 2004 « au plus tard » proposée par Tony Blair puis par la présidence suédoise. Pourtant, le 4 juillet 2000, dans son discours aux députés européens, Jacques Chirac fait figurer l'élargissement parmi les priorités de la présidence française. Mais, le 27 juin devant le Bundestag, il spécifie que « l'élargissement ne sera pas une fuite en avant ». La France est en quête d'un équilibre introuvable, voulant à la fois ne pas décourager les pays candidats – auprès desquels elle fait des efforts pour établir des liens commerciaux et combler son retard – tout en obtenant un degré de prépa-

---

22. Archives Jacques Chirac, dossier 5, Jacques Lapouge 1. CR de l'entretien avec le président du Parlement européen, le 18 mai 1995.

ration adéquat[23]. Or, elle estime qu'en dépit du travail technique effectué, les négociations de fond n'ont pas commencé. En février 2001, Laurent Vigier écrit : « les négociations seront difficiles », précisant qu'il emploie le futur à dessein ; « il y a un critère simple pour mesurer le faible enjeu de ce qui a été examiné jusqu'à présent ; aucune négociation n'est encore remontée pour arbitrage à Matignon ou à l'Elysée », qui malgré la nouvelle cohabitation s'accordent sur le sujet de l'élargissement. L'exigence d'approfondissement préalable – qualifié de « vitale »[24] – joue aussi dans ces atermoiements car, comme le relève Françoise de la Serre, elle s'est « déplacée de la phase d'ouverture à la phase de conclusion des négociations, mais demeure entière »[25]. L'hostilité déclarée de l'opinion constitue enfin une toile de fond à ne pas négliger[26]. Dans un souci de conciliation, Paris accepte toutefois en 2001 que les premières adhésions aient lieu courant 2004[27].

La crise irakienne cause d'ultimes turbulences. L'appel à consolider « le lien transatlantique » lancé le 30 janvier 2003 par cinq membres de l'UE et trois pays candidats[28], conforté le 5 février par la déclaration des dix Etats issus de l'ancien bloc de l'Est réunis à Vilnius[29], provoque une vive réaction de Jacques Chirac qui déplore avec véhémence qu'ils aient « manqué une bonne occasion de se taire ». Tancés pour leur comportement « pas très bien élevé » et inadapté à la concertation communautaire, les pays candidats se voient confortés dans leur perception d'une France rétive à l'élargissement, héritée

---

23. Archives Jacques Chirac, dossier 5, Jacques Lapouge 3. Entretien avec J. Rau, président de la RFA, le 27 juillet 1999.
24. Le 27 juin 2000 devant le Bundestag.
25. F. de la Serre, « La France et l'élargissement à l'Est de l'Union européenne », *AFRI 2004*, Bruxelles, Bruylant, 2005, p. 510.
26. De l'automne 2001 à l'automne 2002, la France est le seul pays où les opposants à l'élargissement – frisant les 50% –sont plus nombreux que les partisans.
27. Archives Jacques Chirac, dossier 5, Laurent Vigier 13. Dîner de travail avec G. Schröder, le 11 mai 2001.
28. Royaume-Uni, Italie, Espagne, Danemark, Portugal, Hongrie, Pologne et République tchèque.
29. Estonie, Lettonie, Lituanie, Albanie, Bulgarie, Roumanie, Slovaquie, Croatie, Macédoine, Slovénie.

de la période d'incompréhension initiale[30]. Le président évoque lui-même dans ses mémoires « un ton probablement trop intempestif », mais il est vrai que, devant la fracture entre la « vieille » et la « nouvelle » Europe, il devait faire le deuil de « l'Europe-puissance » à la française.

Constances et enjeux

Malgré ces infléchissements, la position française face à l'élargissement peut être définie par deux constantes : la volonté que les candidatures, puis le degré de préparation des différents pays, soient appréciés en fonction des critères politiques, économiques et juridiques définis à Copenhague ; le souhait que les admissions soient échelonnées sur cette base technique, tout en évitant une différenciation entre plusieurs groupes de candidats. Somme toute, la méthode de « l'intégration différenciée » choisie par l'UE, c'est-à-dire selon le rythme propre à chaque Etat, en fonction de son degré de préparation et de sa reprise de l'acquis communautaire, répond à ces attentes.

Dans un premier temps, face à l'Allemagne qui souhaite d'abord ouvrir les négociations avec le groupe de Visegrad et la Slovénie, Jacques Chirac dénonce le risque de créer « un sentiment d'exclusion » dans les Balkans, plus francophiles, et préconise un processus engageant tous les candidats[31] ; sa proposition de Conférence européenne, « forum de concertation » entre pays membres et candidats, s'inscrit dans cette perspective. Réunie pour la première fois à Londres le 12 mars 1998, elle lui permet d'accepter l'ouverture des négociations avec seulement cinq pays. La France étant déterminée à éviter leur marginalisation, la Bulgarie et la Roumanie figurent dans la seconde vague lancée à Helsinki en décembre 1999[32].

---

30. Voir B. Majza, « La France et l'élargissement de l'Union européenne à l'Europe médiane, balkanique et du sud-est », *op. cit.*, p. 449-452, et aussi C. Lequesne, « La présidence française de l'Union européenne : une réponse terne au défi de l'élargissement », *AFRI 2001*, 2002, p. 477.

31. J. Chirac, « Mes priorités diplomatiques », *Politique internationale*, automne 1997, n° 77, p. 14.

32. Une note de Pascale Andréani préparatoire à la rencontre Chirac-Schröder des 30 novembre et 1er décembre 1998 spécifie qu'il faut sonder le chancelier allemand sur le rythme des négociations en veillant à ce la Roumanie et la Bulgarie ne soient pas oubliées.

Comme le précise Jacques Chirac au président allemand Johannes Rau en juillet 1999, il faut éviter que soit créé un troisième groupe, d'autant plus démotivant pour la Bulgarie et la Roumanie qu'elles risqueraient de se retrouver avec des pays de l'ex-Yougoslavie, alors qu'il convient au contraire de rendre justice à leur loyauté lors de la crise au Kosovo[33]. Cette attitude participe bien sûr d'une stratégie plus globale consistant à s'appuyer sur l'Europe balkanique pour rééquilibrer l'ascendant pris par l'Allemagne grâce à son influence en Europe centrale. Dans le même temps, pour éviter de relancer un « débat artificiel et dangereux » sur la composition du premier groupe d'adhérents, l'échéance de janvier 2004 est rejetée[34]. La définition de l'attitude française se complique encore lorsque, conformément au principe de rattrapage, la distinction s'estompe entre la vague de Luxembourg et celle d'Helsinki tandis que, du fait de la politisation du processus[35], se profile le spectre du « big bang, c'est-à-dire l'entrée simultanée des dix pays candidats, seule la Roumanie et la Bulgarie restant derrière »[36]. Or il ne convient pas à la France : non seulement, au lendemain des déconvenues de Nice, elle ne juge pas l'UE prête à absorber un tel changement d'échelle et de nature, mais elle déplore « la discrimination massive et visible » que celui-ci représenterait pour la Bulgarie et la Roumanie. Aussi, pour tenter de résoudre ce « casse-tête » de la « séquence des entrées », les conseillers du président ont-ils imaginé d'autres *scenarii* – avec quatre groupes, selon l'état de préparation des pays, comprenant pour le premier Chypre, l'Estonie et la Hongrie, le deuxième la Pologne, la République tchèque, la Slovénie et Malte, le troisième la Lettonie, la Lituanie et la Slovaquie, le dernier la Bulgarie et la Roumanie – et préconisé une concertation avec l'Italie et l'Allemagne. « Nul ne peut aujourd'hui préjuger le calendrier et surtout la séquence des adhésions », assurent-ils[37]. Or c'est justement parce que l'Allemagne

---

33. Archives Jacques Chirac, dossier 5, Jacques Lapouge 3. Entretien avec J. Rau, président de la RFA, le 27 juillet 1999.

34. Archives Jacques Chirac, dossier 5, Laurent Vigier 13. Dîner de travail avec G. Schröder, le 11 mai 2001.

35. J.-L. Sauron, E. Barbe, P. Huberdeau et E. Puisais-Jauvin, *Comprendre l'Union européenne*, Paris, La Documentation française, 2011, p. 189.

36. Archives Jacques Chirac, dossier 5, Laurent Vigier 13. Note à l'attention du président de la République sur l'élargissement, le 23 février 2001.

37. *Ibid.*

a refusé de dissocier la Pologne du premier train d'adhésions, bien que celle-ci ne remplissait pas encore tous les critères, que la France a finalement cédé. Partisane d'un processus rigoureux, maîtrisé et différencié, Paris accepte en définitive la logique du big bang et ses conséquences.

Vis-à-vis des Etats partenaires, « un des défis majeurs… [fut] de gérer la globalité de la négociation »[38]. Chacun ayant sa propre priorité – la libre circulation pour l'Allemagne, les fonds structurels pour l'Espagne… –, les autorités françaises mettent l'accent sur le principe de globalité, afin de parvenir à un résultat final politiquement équilibré assorti d'une restructuration budgétaire. « Le risque est de régler précocement le problème allemand et d'avoir à boucler le reste des négociations dans des conditions difficiles, avec notamment une pression forte sur la PAC pour en faire une 'variable d'ajustement' », affirme une note préparatoire de mai 2001, alors que le problème posé par l'extension aux pays candidats de politiques communes coûteuses trouve une nouvelle acuité du fait de l'élargissement à dix, et non plus à cinq ou six, qui se profile. Pour la France, la PAC dont elle a toujours été la première bénéficiaire est un enjeu crucial. Exigeant que les discussions soient menées sur l'acquis communautaire, elle refuse toute nouvelle réforme avant 2006 – puisque l'accord de Berlin conclu en 1999 porte sur la période 2000-2006[39] – et *a fortiori* toute remise en cause[40]. Tout au plus, est-elle prête à envisager « certaines réorientations en 2002-2003 ». De fait, de manière inattendue, la concertation franco-allemande permet de parvenir à un accord en 2002, puis à une réforme de compromis en 2003. Le travail effectué pour créer une convergence d'intérêts agricoles avec les pays candidats s'est révélé payant.

Le rééquilibrage au sud et le piège turc

L'acceptation de l'élargissement à l'Est s'est accompagnée, dans un souci d'équilibre, de la volonté d'instaurer un partenariat privilé-

---

38. *Ibid.*
39. Archives Jacques Chirac, dossier 5, Laurent Vigier 13. Dîner de travail avec G. Schröder, le 11 mai 2001.
40. L'élargissement à l'Est doublait la surface agricole de l'UE et augmentait de 70% le nombre d'agriculteurs.

gié avec la rive sud de la Méditerranée[41]. Comme Jacques Chirac l'affirme au Caire en 1996, « après avoir détruit un mur à l'Est, l'Europe doit désormais construire un pont au sud ». Il s'agit de compenser le déplacement du centre de gravité de l'UE vers l'Est, au profit de l'Allemagne, par une politique euro-méditerranéenne active. La présidence française du premier semestre 1995 est ainsi marquée par le lancement du processus de Barcelone et par l'accord d'union douanière avec la Turquie.

Il faut effectivement faire la part d'une question demeurée en suspens pendant la présidence de Jacques Chirac, celle de l'adhésion de la Turquie à l'UE. En s'affirmant « personnellement engagé en faveur de l'intégration à terme » de la Turquie, qui a déposé sa candidature à la CEE en 1987, le président se place à contre-courant de la majorité de la classe politique et de l'opinion françaises, très majoritairement hostiles même si le débat public ne s'est saisi de la question que tardivement. Au plan national, il se situe dans une continuité qui, comme Gérard Soulier l'a souligné, a toujours vu la France tournée vers la Turquie pour des raisons surtout stratégiques. Mais c'est sur le plan européen qu'il convient désormais de concrétiser cette proximité, et un accord d'union douanière est établi en 1995, sous présidence française, au terme d'un processus de libéralisation des échanges ouvert en 1963 par un accord d'association, entré en vigueur en décembre 1964, complété par un protocole additionnel fin 1970, effectif début 1973. Le 11 juillet 1995, Jacques Chirac invite les députés européens à « ne pas décourager l'aspiration de la Turquie à s'associer à l'Europe » de crainte notamment de conduire « ce grand voisin » vers « d'autres coopérations », autrement dit dans les bras des Etats-Unis. Peu avant que le Conseil européen de la mi-décembre 1997 n'écarte la Turquie des négociations d'adhésion engagées avec les pays d'Europe centrale et orientale, il lui manifeste sa sympathie dans les colonnes de *Politique internationale* en souhaitant « que la question des relations avec la Turquie soit traitée avec imagination et pragmatisme, en mesurant toute l'importance de ce grand partenaire pour l'Union »[42]. De fait, avec l'Allemagne, la

---

41. Archives Jacques Chirac, dossier 5. Projet de toast pour le dîner du sommet franco-allemand à Strasborg, le 11 juillet 1995.
42. J. Chirac, « Mes priorités diplomatiques », *Politique internationale*, automne 1997, n° 77, p. 14.

France contribue à ce que, fin 1999, le Conseil européen d'Helsinki reconnaisse que « la Turquie est un Etat candidat qui a vocation à rejoindre l'Union » puis, fin 2002, à ce que deux ans supplémentaires lui soient accordés pour sa mise en conformité avec les critères politiques de Copenhague. En novembre 2004, recevant Recep Tayyip Erdogan, chef de file de l'AKP (Parti de la justice et du développement) et vainqueur des législatives, Jacques Chirac lui assure que la Turquie a « toute sa place en Europe ». Le 6 octobre 2004, le rapport annuel de la Commission se déclare favorable à l'ouverture de négociations. Mais, dans l'intervalle, la question turque est devenue l'objet d'un vif débat dans l'Hexagone : agitée pendant la campagne pour les élections européennes, elle prend d'inquiétantes proportions à la veille du référendum sur le traité constitutionnel. Aussi, rencontrant Recep Tayyip Erdogan à Berlin le 26 octobre 2004, Jacques Chirac a-t-il pour objectif de l'inciter à « ne pas mettre de l'huile sur le feu » comme l'atteste une note préparatoire tirée des archives[43]. Selon ce document, il s'agit de demander aux autorités turques de s'abstenir « de tout acte ou prise de position qui alimenteraient dans les médias français les réticences de l'opinion publique », autrement dit de ne pas mettre la France « sous pression » au risque de contribuer à un rejet du traité constitutionnel. L'épouvantail de la non-ratification est brandi : « échec pour l'Europe mais aussi [...] échec pour la perspective d'adhésion de la Turquie compte tenu du choc politique » qu'elle représenterait. Somme toute, l'argumentaire prend la Turquie en otage du dilemme français, la sommant de « prouver qu'elle est capable de partager pleinement le projet européen ». Bien plus, au-delà de la volonté de « déconnecter au maximum l'ouverture des négociations » du référendum français, le président annonce à ses interlocuteurs turc et allemand – Gerhard Schröder – qu'il la juge prématurée, l'UE devant d'abord « digérer » son récent élargissement et la Turquie mettre en œuvre les réformes indispensables. Enfin, il leur spécifie que les Français « auront le dernier mot sur le traité d'adhésion », par voie de référendum, une disposition entérinée par l'article 88-7 de la Constitution en février 2005 qui risque de créer un jour une situation inextricable. A Tony Blair, Jacques Chirac fait valoir que le processus de négociations sera « difficile »,

---

43. Archives Jacques Chirac, dossier 5, Laurent Vigier 42. Entretien avec R. T. Erdogan et G. Schröder, le 26 octobre 2004.

son issue incertaine, et qu'il convient donc « de se donner du temps et d'envisager d'autres options pour renforcer l'ancrage de la Turquie en Europe ». Mi-décembre 2004, le Conseil européen de Bruxelles n'ouvre pas officiellement les négociations avec la Turquie en vue de son entrée dans l'UE mais fixe la date de la réunion qui prendra cette décision, le 4 octobre 2005, à Luxembourg, au terme de deux jours de discussions très tendues au cours desquelles la France se montre avec l'Autriche le pays le plus réticent. Dans l'intervalle, Paris proteste vigoureusement contre une déclaration de la Turquie spécifiant que l'extension de son union douanière aux dix nouveaux membres de l'UE, fin juillet 2005, n'est pas synonyme de reconnaissance de la République de Chypre.

Au-delà du retournement sur l'épineuse question turque, sans doute faut-il conclure sur la série d'accommodements, ou de reculades, à laquelle la dialectique approfondissement *versus* élargissement a conduit la France : résignation face à l'élargissement à dix nouveaux Etats, déconvenues institutionnelles. A bien des égards, la victoire du « non » au référendum du 29 mai 2005 reflète le dilemme de la France face à une Europe élargie qui n'est plus un instrument que l'on peut diriger de Paris.

DIVERGENCES ET CONVERGENCES FRANCO-ALLEMANDES

Hélène Miard-Delacroix

Dans le second volume des *Mémoires* de Jacques Chirac il est rappelé que « les relations entre les chefs d'État échappent rarement aux tensions, aux rapports de force inhérents à la défense de leurs intérêts respectifs ». Et, au sujet des deux partenaires France et Allemagne : « Il ne faut pas croire que cette entente singulière tienne principalement à l'importance de leurs intérêts communs. Elle repose avant tout sur l'étendue des contradictions qu'il est vital, pour l'un comme pour l'autre, de surmonter, tant ils savent, par expérience, que leurs oppositions peuvent se révéler destructrices »[1]. Nous voilà loin des tableaux idylliques transmis par un héritage encombrant et souvent embelli - et plutôt dans la lucidité sur un domaine de politique étrangère où les présidences de Jacques Chirac n'ont pas laissé que des souvenirs positifs. Ces douze années (1995-2007) ne sont pas uniformes du point de vue des rapports franco-allemands. En comparaison internationale, on peut dire que les relations avec l'Allemagne sont globalement restées de bonne qualité et cette coopération l'un des piliers de la politique étrangère de la France. Toutefois, il y a eu aussi des grincements et des divergences de vues, jusqu'au désaccord consommé publiquement au sommet de Nice, début décembre 2000. Cette discorde publique a trahi une incapacité à aplanir les divergences en amont. Et elle a jeté le doute sur l'aptitude du tandem franco-allemand à rester un moteur pour l'entreprise européenne commune.

Dans cette relation particulière s'enchevêtrent différentes échelles (bilatérale, européenne et internationale) et le tissu d'échanges et de

---

1. Jacques Chirac, *Mémoires Le temps présidentiel.*, Paris, Nil, 2011, p. 44 et 318. Les archives présidentielles (AP) citées dans cet article ont toutes été consultées en septembre 2011.

consultations y est exceptionnellement serré. Dans une perspective dynamique, deux phases marquent l'articulation des divergences et des convergences. Tout d'abord, la fin de l'ère Kohl (1995-1998) et les premières tensions avec Gerhard Schröder (1998-2001) où surgissent des désaccords sur une continuité de coopération et ensuite, de 2001 à 2007, une période où l'on assiste à des efforts de reconstruction, de spectaculaires rapprochements et un regain d'efficacité.

Points et facteurs de divergence
dans les premières années

La situation internationale du milieu des années 1990 est certes la cause majeure des difficultés nouvelles des relations franco-allemandes après l'élection du président Jacques Chirac. La fin de la guerre froide, l'émergence de nouvelles forces et de foyers d'instabilité, l'élargissement à l'Est de l'Union européenne comme conséquence logique de la fin du communisme, tous ces éléments rompent les équilibres et modifient le cadre et les règles du jeu bilatéral. Plus que la disparition du ciment qu'avait été la menace soviétique, c'est la réunification qui est décisive. Elle donne un nouveau poids politique à l'Allemagne, modifie profondément l'équilibre du couple franco-allemand et la répartition traditionnelle des rôles. Elle rend caduc le partage harmonieux entre une Allemagne, géant économique mais nain politique, et une France dotée de l'arme nucléaire et revendiquant la prééminence politique[2].

La variable des acteurs est aussi décisive. Une nouvelle génération de dirigeants accède aux responsabilités, attachée à une « normalité » retrouvée ou, selon le terme d'un diplomate, « regardant moins dans le rétroviseur ». Jacques Chirac, en mai 1995, fait la soudure en travaillant avec Helmut Kohl jusqu'à l'automne 1998, où le social-démocrate Gerhard Schröder[3] lui succède. Une nouvelle fois deux dirigeants appartenant à des familles politiques différentes vont devoir coopérer. Schröder, né en 1944, adopte un style le démar-

---

2. Hans Stark, *La politique internationale de l'Allemagne. Une puissance malgré elle*, Villeneuve d'Ascq, Septentrion, 2011.
3. Elections générales (Bundestag) le 27.9.1998 et élection de G. Schröder chancelier par une coalition rouge-verte le 27.10.1998.

quant de son prédécesseur « encombrant »[4]. Il est réélu à l'automne 2002[5]. Enfin, en 2005, le nouveau rapport des forces politiques au Bundestag donne au Président français un nouvel interlocuteur en la personne d'Angela Merkel, première chancelière de l'histoire. Cette chrétienne-démocrate originaire de l'Est de l'Allemagne est de vingt-deux ans sa cadette. Si les personnes et leur entente supposée sont souvent convoquées au rayon des facteurs explicatifs, les rapports de force intérieurs et leur évolution sont souvent négligés. Par deux fois dans la période étudiée, il faut composer avec une nouvelle majorité chez le partenaire allemand : après la coalition chrétienne-libérale de Kohl, c'est une alliance rouge-verte en 1998 sous Gerhard Schröder et une grande coalition en 2005 sous Merkel. Ces modifications en Allemagne s'ajoutent aux changements en France, avec la cohabitation de 1997 à 2002. Elles compliquent la continuité de la coopération, limitant la capacité de décision sur certains projets, ne serait-ce que par l'effet des campagnes électorales, et le temps d'adaptation après la formation des nouveaux gouvernements.

Le démarrage de la coopération avec Helmut Kohl est difficile. Il est assombri par des décisions unilatérales de Paris qui prennent Bonn au dépourvu. En juillet 1995, Kohl sensible à son opinion publique, critique la reprise des essais nucléaires dans le Pacifique sud. Une campagne anti-française se déchaîne dans les médias allemands. Plus sérieuse, la décision d'entamer la restructuration de l'armée française par l'abandon de la conscription, sans en parler dans les espaces d'échange bilatéral, brusque Bonn où l'on n'imagine pas encore se séparer d'un des fondements de la culture démocratique ouest-allemande. Lors d'un entretien à Baden-Baden, le Chancelier rappelle son attachement au maintien de la conscription[6]. On s'accroche ensuite sur la mise en œuvre de l'union monétaire[7]. Des différences connues perdurent avec une France qui estime que la monnaie relève de la compétence d'instances politiques porteuses de la

---

4. Joschka Fischer, *Die Rot-grünen Jahre. Deutsche Außenpolitik – vom Kosovo bis zum 11. September*, Köln, K&W, p. 91.
5. Elections générales le 22.9.2002, réélection de G. Schröder le 22.10.2002.
6. Entretien du Président avec le Chancelier à Baden-Baden, 7.12.1995, archives présidentielles (AP) 5AG5/PM 8. Aussi éléments pour l'entretien avec le chancelier Schröder à Potsdam, 30.11./1.12.1998, AP, 5AG5/PA 6.
7. Christian Lequesne, « Die Außenpolitik von Jacques Chirac oder : Frankreich ohne Überraschungen », *DGAP-Analyse*, Okt. 2007, 2, p. 8.

légitimité que confèrent les élections (présidentielle ou législatives) et qui doit se familiariser avec le modèle allemand de l'indépendance de la Bundesbank assurant la stabilité monétaire. Pour autant, lors de chaque rencontre bilatérale se manifeste un accord complet sur la nécessité de remettre en ordre les finances publiques. Mais le souci de Paris est d'obtenir de Bonn un desserrement de la contrainte monétaire (soit une baisse des taux d'intérêt), afin d'amortir les effets de la politique française de restriction budgétaire[8]. En mai 1997, après la victoire d'une majorité de gauche aux élections législatives françaises et la mise en place d'une nouvelle cohabitation à Paris, les discussions franco-allemandes sur la future monnaie européenne et les critères de convergence s'enveniment avec la proposition française de créer un « pôle économique » à côté de la BCE indépendante. Cette question agite les relations franco-allemandes pendant les quinze années suivantes. Au moment de choisir le futur directeur de la Banque centrale européenne, un accrochage a lieu en mai 1998 : Jacques Chirac obtient que Wim Duisenberg ne fasse que la moitié de son mandat de huit ans, afin que le candidat de la France, Jean-Claude Trichet, puisse lui succéder plus rapidement.

A la prise de fonctions de Jacques Chirac, l'agenda européen est lourd : en plus de la troisième phase de l'Union économique monétaire (UEM), il y a la conférence intergouvernementale visant à réformer les institutions de l'Union préalablement au prochain élargissement. La France et l'Allemagne cherchent à élaborer des positions communes pour les Conseils européens, soulevant déjà la question de la pondération des voix au Conseil de l'UE et celle de la majorité qualifiée, autant d'éléments responsables de la polarisation au Conseil européen de Nice en décembre 2000. Alors que l'accord est vite acquis sur plusieurs dossiers, tels que le renforcement de la politique étrangère et de sécurité commune, la création d'un espace de sécurité intérieure et de justice ou la mise en place de coopérations renforcées[9], l'Allemagne insiste sur les aspects financiers et la

---

8. Fiche technique, s. d., probablement 25.10.1995, Rencontre avec le chancelier Kohl, AP, 5AG5/PM 8.
9. Fiche pour la visite d'État du Président en Allemagne, 25-27.6.2000, AP, 5AG5/JL 4 ; Jacques Chirac, *Mémoires 2, op.cit.* p. 303.

nécessité de réformer la PAC et les fonds structurels[10], les deux dispositifs européens les plus coûteux.

L'actualité aiguë de cette question budgétaire de l'Agenda 2000 est concomitante de l'arrivée de Gerhard Schröder à la chancellerie et contribue au rafraîchissement des relations. Le malaise n'est pas nouveau[11]. Le sentiment d'une certaine « usure des thèmes de la réconciliation franco-allemande, comme d'une lassitude vis-à-vis du projet européen », relatée *a posteriori*[12], est sensible dans les archives[13]. Avant la victoire électorale de Gerhard Schröder en septembre 1998, Hubert Védrine déclarait : « Avec l'Allemagne, les relations personnelles sont bonnes, mais la situation, et donc la relation, ne sont plus tout à fait les mêmes qu'auparavant. Sans que personne ne l'ait voulu, les intérêts français et allemands ont souvent été différents dans cette période. L'Allemagne réunifiée défend ses positions sans complexe. Je ne dis pas que l'Allemagne soit devenue moins européenne, mais elle l'est comme l'est la France : elle n'en rajoute plus »[14]. En tant que contributeur net au budget de l'Union européenne, l'Allemagne tient à réduire les dépenses, mais préfère ne pas trop toucher à la politique structurelle et régionale en raison des retours à ses nouveaux *Länder*[15]. Au premier semestre 1999, la présidence allemande du Conseil de l'UE est marquée par un bras de fer sur la PAC, l'Allemagne réclamant la réduction des charges nettes, la France refusant une nouvelle réglementation des subventions pour l'agriculture. Du côté allemand, les jugements portés sur l'attitude du Président français au Conseil de Berlin du 24 mars 1999 sont durs : « Le président Jacques Chirac a profité d'une situation très délicate de la présidence

---

10. Katrin Milzow, « L'élargissement vers l'est de l'Union européenne : négociations et marchandages entre les quinze », *Relations internationales*, 4, 2008, 136, p. 73-90, p. 76. La CIG aboutit à la signature du traité d'Amsterdam le 2 octobre 1997.

11. Entretien de Jacques Chirac avec le président Rau à Paris, 27.7.1999, AP, 5AG5/JL 3. Les notes préparatoires précisent : « les relations franco-allemandes traversent une phase difficile ».

12. Jacques Chirac, *Mémoires 2, op. cit.* p. 300.

13. Eléments pour entretien du Président avec le Chancelier à Potsdam 30.11./1er.12.1998, AP, 5AG5/PA 6.

14. Discours à la 6ème Conférence des ambassadeurs, Paris, 27.8.1998, cité in : A. Wattin, *Rétrospectives franco-allemandes: les consultations bilatérales de 1991-2003*, Paris, L'Harmattan, 2009, p. 117.

15. J. Fischer, *Jahre, op. cit.*,p. 288.

allemande pour diluer le projet de réforme agricole afin de servir les intérêts clientélistes des paysans français. Cet épisode a laissé des traces profondes à Berlin »[16]. Fischer a raconté en détail le refus catégorique du cofinancement par la France qui y voyait une renationalisation de la PAC, les exigences d'un Jacques Chirac allié à José Maria Aznar, ainsi que sa menace de faire échouer le Conseil européen[17]. Gerhard Schröder évoque sa relation avec Jacques Chirac devenue « plus distante, même glaciale par moments »[18]. Cet épisode de la PAC met surtout en évidence une incapacité des gouvernements à rapprocher, *en amont* du conseil européen, leurs positions très divergentes sur les choix budgétaires de l'Union. C'est le signe, selon Joachim Schild, de l'érosion de la norme de « concertation/rapprochement » des positions respectives[19]. Le même processus conduit au Conseil européen de Nice, où Berlin rend la monnaie de sa pièce à la France, à son tour en charge de la présidence du Conseil de l'UE, au second semestre 2000.

Les différences dans le récit que font les témoins français et allemands de l'escalade de Nice sont à la mesure des différences d'intérêt et de perception de part et d'autre du Rhin. Un récit présente une France « coopérative, mais tendue » face à un Chancelier aussi intransigeant que maladroit dans ses exigences ; l'autre dessine une France rétrograde et arrogante, arcboutée sur la « sacro-sainte parité » des voix au Conseil et faisant semblant d'ignorer qu'avec la réunification, la démographie des pays commande une révision des équilibres[20]. Les désaccords portent sur le vote à la double majorité, sur les domaines auxquels s'appliquerait la majorité qualifiée, et surtout sur le nombre de voix dont disposerait chaque pays, ce qui conduit à des marchandages dignes, selon Joschka Fischer, d'un « grand bazar »[21]. Tandis

---

16. Joachim Schild, « Les relations franco-allemandes dans une Europe élargie : la fin d'une époque ? », *Revue internationale et stratégique*, 2002/4, 48, p. 31-42, p. 38. Les négociations devaient être achevées en raison de la démission de la Commission Santer et dans le contexte de la guerre au Kosovo. Les entretiens avec des diplomates allemands confirment cette lecture.

17. J. Fischer, *Jahre*, p. 287-296

18. Gerhard Schröder, *Entscheidungen. Mein Leben in der Politik*, Hamburg, Hoffmann & Campe, 2006, p. 242.

19. J. Schild, *RIS*, 2002, p. 33.

20. G. Schröder, *Entscheidungen*, p. 349 et 351 ; J. Fischer, *Jahre*, p. 343.

21. *Ibid.*, p. 350. Il parle aussi d'« un sprint du peloton dans une course cycliste », p. 348.

que Berlin soupçonne Paris de chercher par tous les moyens à limiter le poids de l'Allemagne réunifiée dans les instances européennes, on insiste à l'Élysée sur le sens historique de la pondération des voix[22]. Paris s'inquiète des nouvelles ambitions de Berlin, comme de sa requête pour utiliser l'allemand dans les réunions européennes[23]. Après un séminaire franco-allemand à Rambouillet en mai 2000, où est trouvé un accord sur l'assouplissement du mécanisme des coopérations renforcées, la visite d'État du président Jacques Chirac en Allemagne en juin confirme l'impression que, même en tête à tête, Gerhard Schröder reste sourd aux arguments de Paris. À Nice, la tension monte au fil des heures, puis a lieu un « heurt frontal », un « psychodrame »[24]. L'incapacité des participants à trouver une solution rationnelle et à éviter le choc public est relayée par des médias très polarisés[25]. On s'égratigne par presse interposée : *Die Zeit* publie un portrait très critique du ministre des Affaires européennes Pierre Moscovici et *Die Welt* reproche à Hubert Védrine, le 24 novembre, d'avoir parlé, dans *Libération*, de « joueurs de flûte » ayant conduit à de graves déconvenues dans le passé, une critique des propositions fédéralistes de Fischer dans son discours à l'université Humboldt le 12 mai 2000[26].

Sur le fond du problème, la rupture de l'équilibre des voix des États fondateurs de 1957, les conseillers du Président ont bien envisagé ce qu'on appelle en interne « un décrochage » allemand[27]. Selon un proche, Jacques Chirac est certes attaché au symbole de l'égalité des membres fondateurs mais, par réalisme, une nouvelle pondération des voix ne lui paraît pas, au fond, scandaleuse. Son attitude générale face à l'Allemagne est marquée par une relative ignorance de ce pays voisin, en comparaison avec son intérêt pour l'Extrême-Orient. La

---

22. Dossier au Président pour sa visite d'État en Allemagne, 25-27.6.2000, AP, 5AG5, JL 4.
23. Notes préparatoires à la visite du Président Rau en France, AP, JL 3 : « une revendication politique claire de parité (…) est ainsi exprimée ».
24. Jacques Chirac, *Mémoires* 2, *op. cit.,* p. 310 et 311.
25. Le quotidien conservateur *Die Welt* soutient le Chancelier de la coalition rouge-verte contre une France « arrogante » et hostile aux nécessaires mutations, 29.11.2000.
26. http://www.europa-reden.de/fischer/frame.htm [14.11.11]
27. Dans la préparation du séminaire de Rambouillet, s. d., AP, 5AG5, JL 25 on précise qu'« (un léger décrochage) n'est concevable que dans un contexte de réforme répondant à nos aspirations ».

mémoire familiale lui a transmis le traumatisme de l'exode vécu par son père en 1940, en compagnie de Marcel Dassault, lui faisant voir l'Allemagne avec les yeux d'un Français de province. « Pour autant, son réalisme le porta à prendre l'Allemagne comme elle est, et sa lucidité à accepter le poids réel du voisin »[28]. Toutefois, l'accepter publiquement, sous la pression, et en situation de concurrence avec la gauche française, est une concession beaucoup plus difficile. Aussi, avant Nice, a-t-il dit refuser d'accorder un traitement particulier à l'Allemagne au nom des guerres, des morts et de la réconciliation de deux partenaires à égalité en poids[29].

A l'issue d'âpres négociations, la solution du filet est adoptée avec le compromis complexe du critère de majorité des voix et de celui de population. L'émotion est générale devant l'incapacité des partenaires à donner des impulsions à la construction européenne[30].

La dynamique de la convergence

Au sortir de la crise, les deux équipes doivent ramasser les miettes. Les froissements durent, comme lorsque le chancelier s'associe à une motion du SPD sur l'Europe, début mai 2001. Non sans amertume, on juge à l'Élysée: « à quoi bon multiplier des rencontres franco-allemandes pour découvrir dans la presse la vision du chancelier ? »[31] C'est quand même par l'intensification des rencontres que l'on cherche à rétablir la confiance en janvier 2001 avec un dîner de Jacques Chirac et Gerhard Schröder, accompagnés des seuls conseillers diplomatiques, dans une auberge de Blaesheim en Alsace.

---

28. Entretien avec Maurice Gourdault-Montagne, 28.10.2011.
29. Schröder cite Chirac *in extenso*, *Entscheidungen,* p. 350 ; J. Fischer, *Jahre,* p. 345.
30. Après Helmut Schmidt dans *Die Zeit,* 12.8.1999, et Karl Lamers, porte-parole du groupe parlementaire CDU-CSU, dans *Die Welt,* 6.10.2000, on entendit Valéry Giscard d'Estaing dans l'interview « Das Ende einer Epoche » accordée au *Frankfurter Allgemeine Zeitung,* 17.2.2001. Les articles d'universitaires partagèrent la tonalité pessimiste, par exemple : « Veut-on un Rhin plus profond et plus large ? », Joachim Schild in *Aktuelle Frankreich-Analysen,* DFI, 17, 2001: http://www.isn.ethz.ch/isn/ Digital-Library/Publications/Detail/?ots591=0c54e3b3-1e9c-be1e-2c24-a6a8c7060233&lng=en&id=26273 [14.11.11].
31. Aide-mémoire pour le dîner de travail du Président avec G. Schröder à Paris, 11.5.2001, AP, 5AG, LV 13, p. 2.

Védrine, adepte des traditionnels tête-à-tête de Mitterrand et Kohl, aurait inspiré le Président[32]. Les deux dirigeants découvrent qu'ils ont des choses à se dire. Mais aussi « au fond, Chirac et Schröder ont réalisé que, s'ils ne reprenaient pas leur *leadership* dans l'Europe élargie, non seulement cette Europe-là n'irait pas loin, mais leur poids respectif dans ce nouvel ensemble plongerait avec elle »[33]. Dès le sommet bilatéral de Nantes, le 23 novembre 2001, on élabore une déclaration conjointe sur l'avenir de l'Union, à présenter au Conseil européen de Laeken, afin de « marquer la volonté des Français et des Allemands de continuer à jouer leur rôle de moteur de l'Europe dans tous les grands chantiers du moment »[34].

Le regard de Jacques Chirac sur Gerhard Schröder change aussi au spectacle du chancelier bottes aux pieds sur le terrain des inondations des rives de l'Elbe à la mi-août 2002, puis se battant farouchement pour sa réélection en octobre 2002. Cette admiration trouve sa réciproque quand Schröder estime que le président français fait preuve de hauteur de vue lors du choc du 21 avril 2002.

Le personnel politique et diplomatique gravitant autour de Jacques Chirac n'a pas été non plus un élément neutre. Maurice Gourdault-Montagne, qui avait été directeur de cabinet d'Alain Juppé de 1995 à 1997, puis ambassadeur au Japon, rejoint en septembre 2002 le conseiller diplomatique de l'Élysée, Jean-Marc de la Sablière, et le remplace en novembre suivant. Fin connaisseur de la langue et de la culture allemandes, il est plus à l'aise que ses prédécesseurs dans la consultation permanente de Berlin, notamment de Bernd Mützelburg, Christoph Heusgen ou Reinhard Silberberg. On retrouve à l'Élysée quelqu'un possédant une connaissance de l'Allemagne comme l'avaient Pierre Morel et Hubert Védrine auprès de François Mitterrand. Pour autant, mis à part certains comme Charles Fries, conseiller Europe de Dominique de Villepin avant de rejoindre l'Élysée, il y a alors peu de conseillers, fonctionnaires et politiques qui connaissent vraiment bien l'Allemagne.

Le Royaume-Uni n'est pas étranger au rapprochement de Jacques Chirac et Gerhard Schröder, dont la nouvelle relation personnelle

---

32. J. Chirac, *Mémoires* 2, p. 311.
33. *Le Point*, 17.11.2003.
34. Note de J. Lapouge, 20.11.2001, préparation du sommet de Nantes du 23.11.2001, AP, 5AG5, LV 41.

est qualifiée par des témoins d'« amitié d'hommes », dont l'esprit se propage « par capillarité » dans les administrations. Dans un premier temps, les deux hommes ont été tentés par une relation triangulaire avec Tony Blair pouvant offrir une option alternative au huis clos franco-allemand[35]. Mais l'attitude britannique à l'égard de l'Europe favorise plutôt le rapprochement de Paris et Berlin. Un accord-sur-prise sur la PAC est alors trouvé en octobre 2002 quand Tony Blair tente d'isoler la France. Jacques Chirac et Gerhard Schröder se reti-rent pour s'entendre en tête à tête et reviennent à la table de négocia-tion avec un accord, prévoyant notamment que les nouveaux États profiteront progressivement des aides directes de l'UE. La leçon de Nice est que les efforts d'accord bilatéral sont indispensables pour progresser.

Les années 2002 et 2003 illustrent l'imbrication des trois domaines (bilatéral, communautaire et international) d'une concertation rede-venue étroite et attentive. La préparation du 40ᵉ anniversaire du traité de l'Élysée du 22 janvier 2003 est concomitante des échanges nombreux qui aboutiront à une position identique des deux pays dans l'affaire irakienne. L'idée d'une commémoration à Versailles, dans le lieu des humiliations successives et réciproques des vain-cus (la proclamation de l'Empire allemand en 1871, la signature du traité de Versailles en 1919), est retenue à Paris. Le 22 janvier 2003, Jacques Chirac et Gerhard Schröder coprésident un conseil des ministres commun à l'Élysée, une première dans les annales de la République. Puis, devant les parlementaires allemands et français réunis en Congrès à Versailles, ils rendent publique la déclaration commune des deux pays pour « renouveler leur pacte fondateur » et relancer l'Europe politique. Le lendemain, à Berlin, un parlement des jeunes renoue avec l'ambition de rapprochement qui avait animé les signataires du traité de l'Elysée de 1963.

Sur la question irakienne, les critiques, *a posteriori,* sont nombreuses pour dénoncer un pacte insolent et déplacé de Paris et de Berlin contre la puissance tutélaire américaine. Archives et témoignages donnent une vision nuancée des motivations des gouvernements, avec deux données majeures qui se complètent. La première est une

---

35. En 1998, pour Schröder, aussi par proximité politique, J. Fischer, *Jahre,* p. 91. Ce que Schröder qualifie d'erreur de jugement, G. Schröder, *Entscheidungen,* p. 319.

identité d'analyse de la situation: la même exigence de s'en tenir à la lettre de la résolution 1441 et aux inspections, et un refus commun de toute action unilatérale ou d'une guerre préventive[36]. La seconde est une approche spécifique à chacun. Pour Jacques Chirac, la manière de procéder des États-Unis face au Conseil de sécurité des Nations Unies est inadmissible et il faut respecter le multilatéralisme. Quant à Gerhard Schröder, avant même que la question soit posée, le candidat a exclu toute participation allemande à une intervention en Irak, en réponse aux attentes de l'opinion allemande. Dès août 2002, il déclare dans le feu de sa campagne électorale des élections fédérales : « ces petits jeux de guerre et d'intervention militaire (…), non merci, sans nous. (…) Nous ne sommes à la disposition de personne pour nous engager dans des aventures, et l'époque de la diplomatie du chéquier est définitivement révolue »[37]. En fait, il n'y a pas de grand *master plan* franco-allemand, mais la rencontre de deux approches, Paris étant bien en désaccord avec le mode opératoire de l'administration Bush, tandis que les motifs de Berlin (qui occupe la présidence du Conseil de sécurité depuis le 1er février 2003) sont peut-être surtout de politique intérieure. Le style du chancelier parlant d'Allemands « sûrs d'eux » et d'une « voie allemande » autonome, suggérant un cavalier seul décomplexé, contribue à brouiller les cartes, comme les mots peu amènes de Jacques Chirac sur la Pologne. Malgré les pressions multiples, le duo franco-allemand, allié à la Russie dans cette affaire, se renforce dans l'adversité. Même si c'est un échec pour leur capacité à être un moteur de l'Europe.

Les grincements transatlantiques et la campagne lancée contre l'Allemagne et la France accusées d'ingratitude, sont évacués avec les festivités du 60e anniversaire du débarquement en Normandie, le 6 juin 2004. Dix ans plus tôt, Helmut Kohl avait décliné l'invitation, estimant qu'il n'y était pas à sa place. La présence de l'Allemagne est envisageable pour Gerhard Schröder, bien que la situation reste inconfortable

---

36. Point de presse de Jacques Chirac et Gerhard Schröder après le dîner informel au domicile du chancelier à Hanovre, 7.9.2002, AP, 5AG5, LV 13.
37. Discours d'ouverture de la campagne électorale, Hanovre, 5. 8. 2002: http://www.spd-liebenburg.de/archiv/btw2002/Wahlkampfauftakt.pdf [3.11.2011]. Gerhard Schröder a informé Jacques Chirac que « l'Allemagne ne participerait pas à une intervention en Irak », point de presse du 7. 9. 2002, cité plus haut. Schröder a dit être prêt à démissionner plutôt que de céder, *Entscheidungen, op. cit.*, p. 231.

et l'organisation compliquée. À la différence du 22 septembre 1984 à Verdun, où l'on a pu manifester ensemble l'absurdité d'un sacrifice égal dans une bataille effroyable et non décisive pour la suite, la commémoration du débarquement de 1944, prélude à la victoire sur le nazisme et à la défaite de l'Allemagne, s'avère problématique. Dans la préparation de cet évènement est envisagée la manière d'y associer Vladimir Poutine, qui permettra à la Russie d'inviter le chancelier l'année suivante sur la place Rouge, le 9 mai 2005. La concertation franco-allemande facilite ainsi un rapprochement germano-russe. Après une conférence du Cardinal Ratzinger, le futur Benoît XVI, à l'abbatiale St-Étienne de Caen, le 5 juin 2004, la cérémonie du 6 juin à Arromanches place le chancelier à la deuxième rangée, en sa position de chef de gouvernement, à côté de Blair, et derrière les chefs d'État Bush, Poutine et Chirac et la reine Elizabeth d'Angleterre. L'après-midi, une cérémonie strictement franco-allemande au Mémorial de Caen est marquée par une émouvante accolade de Jacques Chirac et Gerhard Schröder, l'un de ces symboles que le Président apprécie beaucoup.

Le 1er mai 2004, dix nouveaux Etats membres rejoignent l'Union. Sur l'élargissement, la France et l'Allemagne se différencient dans l'analyse et l'engagement : en raison des questions agricoles et de la concurrence des nouveaux entrants, la France y est plus réticente que l'Allemagne pour laquelle l'élargissement relève de la responsabilité historique, d'un impératif moral et d'une évolution naturelle[38].

Sur la Turquie, Gerhard Schröder partage la position de fond exprimée par Jacques Chirac devant le Parlement européen le 11 juillet 1995 : « Si nous rejetons cet appel, nous courons un double risque : renforcer en Turquie les partisans de l'intégrisme ; conduire ce grand voisin, s'il est déçu par l'Europe, à se tourner vers d'autres coopérations ». Après un désaccord avec Kohl, qui refuse en décembre 1995 que la Premier ministre turc Tansu Çiller soit invitée au Conseil européen de

---

38. Stephan Martens, « RFA : Euphorie, euphonie ou fuite en avant ? », *Outre-Terre* 2004/2, 7, p. 154 ; Hélène Miard-Delacroix, « Entre stratégie et dimension historique. Les discours publics allemands sur l'Europe au moment de l'élargissement à l'Est, 2004-2005 », *Etudes germaniques*, 64 (2009) 2, p. 501-514. Martens souligne, p. 159, que pour Wolfgang Schäuble, vice-président du groupe parlementaire CDU/CSU, il s'agissait non pas d'un élargissement mais du « dépassement des divisions », ou encore selon le mot de Willy Brandt en 1989, repris par Schröder au Bundestag (29.10.2003), d'une « convergence naturelle dans la familiarité ».

Madrid, au même titre que les candidats à l'adhésion[39], l'Élysée salue la formation du gouvernement Schröder-Fischer[40]. Jacques Chirac et Gerhard Schröder mènent ensemble les négociations avec Ankara, se coordonnant notamment pour refuser toute forme de chantage. Avec la grande coalition d'Angela Merkel, le sujet est mis entre parenthèses en raison du désaccord entre CDU et SPD sur le dossier.

Esquisse d'un bilan

Le chemin des conférences intergouvernementales a été difficile, montrant la nécessité d'une coordination franco-allemande en amont. Parmi les succès de cette période, il faut évoquer l'accord sur la Bosnie de juillet 1995 avec la participation de l'Allemagne à la Force d'action rapide, et l'initiative du triangle de Weimar pour soutenir la Pologne dans son arrimage aux structures de l'Occident, en particulier à l'OTAN. La coopération bilatérale s'est nourrie d'échecs pour avancer et s'imbriquer dans l'Europe. L'irritation allemande devant la fin de la conscription française a motivé la recherche d'un « concept commun franco-allemand en matière de défense et de sécurité », adopté lors du sommet bilatéral de Nuremberg, en décembre 1996. La force d'entraînement très inégale du bilatéralisme franco-allemand au sein de l'Union s'est appliquée mieux aux domaines à caractère intergouvernemental comme la PESC et la PESD[41]; ainsi le Conseil européen des 3 et 4 juin 1999 a adopté les recommandations du conseil franco-allemand de défense et de sécurité du mois précédent. La coopération technologique et industrielle bilatérale, issue notamment du rapprochement des industries d'armement française et allemande par la fusion Aérospatiale-Matra et Dasa au sein d'EADS, s'est imbriquée avec le niveau européen par le transfert des programmes d'armement en matière de missiles antichars, de missiles antiaériens et d'hélicoptères de combat.

---

39. Compte rendu de l'entretien du Président avec le Chancelier à Baden-Baden, 7.12.1995, AP, 5AG, PM 8.
40. Eléments pour l'entretien du Président avec le Chancelier à Postdam, 30.11/1.12.1998, AP, 5AG5, PA 6.
41. Joachim Schild, op. cité 2002, p. 41 ; Julien Thorel, « La France, l'Allemagne et les institutions européennes de sécurité et de défense (1998-2002) », *Allemagne d'aujourd'hui*, 2002/161, p. 213-227.

Du point de vue strictement bilatéral, on observe des changements sur différents points : le renforcement de la coopération policière et doua-nière, avec la lutte contre la délinquance transfrontalière et l'immigration clandestine ; la recherche de solutions au problème des couples franco-allemands divorcés sur la garde et la visite des enfants ; le soutien à la coopération transfrontalière avec la création de l'Eurodistrict Strasbourg-Ortenau ; l'accord de Weimar en matière culturelle portant création de l'Université franco-allemande à la structure intégrée, et le début de la rédaction d'un manuel franco-allemand d'histoire pour faire progresser la compréhension entre les deux pays. En revanche, la coopération régio-nale initiée par la conférence des régions et des *Länder* à Poitiers, fin octobre 2003, est un échec, essentiellement en raison des différences de statut et de compétences entre les deux collectivités territoriales.

Après les avancées des années 1980[42], l'amélioration des dispositifs a été considérée comme indispensable au regard des « pannes » et malen-tendus successifs. L'échange de fonctionnaires s'est développé entre les deux pays, avec l'accueil de ressortissants du pays partenaire dans le cabinet de certains ministres, aux Affaires européennes où le pre-mier Allemand reste de 2002 à 2007, puis à Matignon. Comme leurs homologues français à Berlin, ces fonctionnaires complètent les infor-mations transmises par les services diplomatiques. Puis le dispositif « de Blaesheim », élargi à plusieurs collaborateurs, s'est greffé à l'appa-reil institutionnel qui est enrichi, en 2003, d'un conseil des ministres conjoint remplaçant les sommets franco-allemands[43]. 2003 apporte la notion de « feuille de route », contraignant chaque ministère à faire un point d'étape sujet par sujet et à rendre compte des progrès réalisés : « Sinon on régresse. Les relations franco-allemandes sont une affaire d'assiduité, où l'on ne doit pas être pris par surprise »[44].

L'approche et le style très analytiques de la chancelière élue en 2005 contrastent avec celui du président Chirac mais lui inspirent le res-pect, et la volonté de poursuivre, avec elle, l'entente avec Gerhard Schröder. Angela Merkel fait d'ailleurs, au moment de son élection, le même chemin qu'Helmut Kohl en 1982, se rendant à Paris puis

---

42. En novembre 1987, de nouvelles institutions avaient été créées : le Conseil de défense et de sécurité, le Conseil économique et financier, et le Haut conseil culturel franco-allemands.
43. Louis Savadogo, « Quelques observations sur le Conseil des ministres franco-allemand », *Revue française de droit constitutionnel*, 2006/3, 67, p. 571-583.
44. Entretien avec M. Gourdault-Montagne, 28 octobre 2011.

à Bruxelles, plaçant l'intergouvernemental avant le communautaire. Pour autant, le nouveau siècle a mis en évidence une perception nouvelle de l'Europe dans les sociétés et cette mutation a touché aussi les relations franco-allemandes. La banalisation des résultats de la construction européenne, l'inefficacité de l'argument de la paix à assurer et des attentes toujours plus grandes ont conduit à une certaine perplexité chez les responsables des deux pays, tentés par une inflation des rituels de l'harmonie. La phase des relations franco-allemandes courant depuis le milieu des années 1990 illustre le fort effet des institutions comme contrainte et comme parapet, mais aussi leurs limites quand la volonté politique a été insuffisante ou qu'une trop grande émotion a dominé. Nombreux ont été les appels à relancer les relations franco-allemandes, c'est à dire « à les repenser, chercher d'autres donnant-donnant»[45]. Car on ne peut ignorer la permanence de vraies différences dans la manière de voir et dans les intérêts. Sous Jacques Chirac, la relation franco-allemande s'est imposée par la complémentarité de ces intérêts et la nécessité de toujours rechercher un point d'équilibre avec le partenaire incontournable en Europe. Pour autant, en comparaison avec les précédents tandems formés par le président et le chancelier, ces douze « années Chirac » ne restent pas comme une phase de hautes eaux du franco-allemand, ni par l'inventivité ni par la capacité d'entraînement en Europe.

En avril 2007, lors de la visite d'adieu du Président français à Berlin, Angela Merkel a offert un rosier provenant du jardin d'Adenauer à Rhöndorf. Jacques Chirac a été très ému. On raconte que le 3 juillet 1963, de Gaulle aurait non seulement prononcé sa célèbre phrase de dépit face à l'ajout par le Bundestag d'un préambule au traité de l'Élysée qui vidait le texte de son esprit : « Les traités […] sont comme les jeunes filles et les roses; ça dure ce que ça dure. Si le traité franco-allemand n'était pas appliqué, ce ne serait pas la première fois dans l'histoire »[46]. Il aurait, dit-on, aussi comparé le traité à une roseraie, qui saurait fleurir aussi longtemps qu'on en prendrait soin[47].

---

45. Roger De Weck, « France-Allemagne, le grand examen », *Critique internationale*, 2003/1, 18, p. 6-7.

46. Selon Jean Lacouture, *De Gaulle*, 3: *Le souverain*, Paris, Seuil, 1986, p. 308; voir aussi Maurice Vaïsse, *La Grandeur. Politique étrangère du général de Gaulle 1958–1969*, Paris, Fayard, 1998, p. 567.

47. Georges-Henri Soutou, *L'alliance incertaine : Les rapports politico-stratégiques franco-allemands 1954-1996*, Paris, Fayard, 1996, p. 255.

JACQUES CHIRAC
ET LES GUERRES YOUGOSLAVES

Georges-Marie Chenu et Joseph Krulic

Les *Mémoires* sur les *deux* présidences le prouvent : le premier dossier international que Jacques Chirac eut à affronter fut la Bosnie. Celui-ci a la réputation d'avoir mené une politique active dans l'ex-Yougoslavie,[1] pendant la période qui va de mai 1995 au mois d'août 2001. De la contre-attaque des unités françaises au pont de Vrbanja, à Sarajevo le 28 mai 1995, à l'intervention au Kosovo du 24 mars au 9 juin 1999, l'activisme chiraquien s'est déployé pendant tous les moments les plus forts des guerres yougoslaves.

Les guerres en ex-Yougoslavie
avant Jacques Chirac

Lorsque Jacques Chirac est élu le 7 mai 1995, les guerres yougoslaves durent depuis trois ans et six mois.

Des deux Républiques du nord qui s'estiment agressées, la Croatie et la Bosnie–Herzégovine, c'est la situation de la seconde qui est la plus dramatique. Près de 60% de son espace sont occupés par l'armée bosno-serbe et 8% par des unités bosno-croates. Sarajevo est assiégé depuis mille soixante et onze jours. Alija Izetbegovic, président d'une Bosnie-Herzégovine membre des Nations Unies, se bat pour la survie de son pays contre des assaillants serbes et croates. Il affronte aussi des plans de paix internationaux, qui divisent la Bosnie selon des critères ethniques ne laissant aux « Musulmans » qu'un territoire croupion, l'avant-dernier étant le plan Owen-Stoltenberg rejeté par Sarajevo en août 1993.

---

1. Un des premiers qui avait analysé cet activisme chiraquien est Dominique Moïsi « De Mitterrand à Chirac », *Politique étrangère,* 1995, Volume 60, numéro 4 , pp. 849-855.

En Croatie, le plan Vance de l'ONU de janvier 1992 a gelé les conquêtes serbes (28% de la Croatie), mais les Casques bleus sont impuissants à faire revenir les civils non-serbes expulsés et à empêcher que les zones occupées ne deviennent des provinces serbes autonomes inféodées à Belgrade. Le président Franjo Tudjman, qui aide les sécessionnistes bosno-croates, est critiqué par une partie de ses concitoyens, condamné par la communauté internationale et menacé par le Conseil de sécurité. La Croatie est très isolée.

Afin de lever les sanctions et de réintégrer la Serbie dans la société internationale, Slobodan Milosevic s'efforce de corriger sa très mauvaise image. En mai 1993, il désapprouve le parlement des Bosno-serbes qui vote la poursuite des combats. En juillet 1994, il déclare accepter les principes du quatrième plan de paix, le plan Kinkel-Juppé. Les relations se tendent entre Belgrade et Pale, capitale de la *Republika Srpska*. Toutefois, le changement que Milosevic envisage ne s'applique pas au Kosovo. La répression s'abat sur les Albanais qui réclament l'indépendance. Ibrahim Rugova, leader kosovar inspirateur de la résistance pacifique, se tourne alors vers les Etats-Unis pour qu'ils mettent fin à une situation devenue intenable[2].

La poursuite de la guerre et de ses violences est la conséquence du comportement des grands acteurs mondiaux et, en premier lieu, des membres de l'UE qui sont en désaccord sur les décisions à prendre. La Grande-Bretagne et la France privilégient le dialogue, au besoin accompagné de sanctions. Pour sa part, l'Allemagne est persuadée que seule la force fera changer Milosevic. Afin de ne pas diviser l'Europe, elle ne cherche ttoutefois pas à faire prévaloir ses vues[3]. À l'exception de la Grèce, qui soutient résolument les Serbes, les autres Etats tergiversent, paralysés par la perspective d'une guerre contre la Serbie.

Les espoirs placés dans l'ONU, présente sur le terrain avec la FORPRONU, sont déçus. Les Casques bleus peuvent utiliser leurs armes seulement pour se défendre et non pour protéger les civils. Dans des situations extrêmes, l'autorisation de frappes aériennes,

---

2. En décembre 1991, Washington avertit publiquement Belgrade que si la Serbie provoque un conflit militaire au Kosovo, les Etats-Unis utiliseront la force des armes contre les Serbes de la province, voire contre les Serbes de Serbie.
3. Par son arrêt du 12 juillet 1994, le tribunal constitutionnel de Karlsruhe autorise le gouvernement fédéral à envoyer des soldats en dehors des frontières de l'OTAN.

nécessite un délai incompressible de quatre heures. Sans prise réelle sur les évènements, le Conseil de sécurité multiplie les résolutions – quarante-six en trois ans - qui sont autant de compromis dont l'application divise leurs auteurs. Poussés par leur opinion, les gouvernements occidentaux chargent l'ONU de missions supplémentaires sans lui donner les moyens de les exécuter[4].

Institué le 22 février 1993 pour intimider les responsables civils et militaires, le Tribunal pénal international pour l'ex-Yougoslavie (TPIY) ne débute ses travaux qu'en février 1994. Il s'avère rapidement inefficace ; ses moyens sont insuffisants et le procureur, réalisant que les capitales occidentales veulent négocier, n'inculpe, jusqu'en juillet 1995, que des seconds couteaux.

Les dangers que fait courir le piétinement occidental dans les Balkans à la paix mondiale sont bien perçus par les Etats-Unis. Un an après son élection, Bill Clinton, persuadé qu'il faut avant tout obtenir un équilibre militaire, propose la levée de l'embargo sur les armes, la libre militarisation des Croates et des Musulmans de Bosnie Herzégovine ainsi que des frappes aériennes (*Lift and Strike*) pour soutenir leurs opérations. Il est opposé à l'envoi de soldats américains au sol. Les gouvernements européens, qui ont des Casques bleus sur le terrain, refusent le *Lift and Strike*. Par voie diplomatique, le président Clinton recherche alors cet équilibre militaire dans une alliance des ennemis du bloc serbe. Il persuade les Musulmans et les Bosno-croates de s'unir dans une Fédération pour résister et vaincre les Serbes (accord de Washington du 1er mars 1994). Il ferme les yeux sur les ventes d'armes à Sarajevo par des pays musulmans. Franjo Tudjman, qui demande une aide militaire pour libérer les zones occupées, est orienté vers une société privée de Virginie spécialisée dans la coopération militaire. Ces décisions sont prises sans concertation avec les Alliés européens.

Si, en 1991, Moscou semblait favorable à la cause serbe, Boris Eltsine prend ses distances avec cette politique. Il condamne la poursuite des combats et la rigidité des Serbes radicaux de Bosnie et de Serbie.

---

4. Selon les experts militaires américains, il aurait fallu doubler les effectifs de la FORPRONU (80 000 au lieu des 40 000 hommes) pour sécuriser les six zones protégées, créées au printemps de 1994.

Il accepte de participer au « groupe de contact »[5]. Cette inflexion de son action extérieure est une réponse aux initiatives de Bill Clinton qui le soutient dans sa démocratisation de la Russie. Un temps, cette priorité passa avant la paix dans les Balkans. Mais rien n'est proposé pour le Kosovo.

En France, le changement de majorité en mars 1993 a-t-il modifié la politique française en ex-Yougoslavie ? On s'accorde à dire qu'elle devient alors plus réactive grâce à une mobilisation de la société civile en faveur de la Bosnie[6] et à l'action personnelle d'Alain Juppé. En charge des affaires étrangères, il obtient en février 1994, après un ultimatum de l'OTAN, une suspension des bombardements sur Sarajevo. Il encourage l'UE à prendre en charge la situation à Mostar et, avec son collègue allemand Klaus Kinkel, élabore un plan original de sortie de crise. Ce plan Juppé-Kinkel de juillet 1994 propose un partage de la Bosnie en deux entités, (49% pour les Bosno-serbes et 51% pour les Musulmans et les Croates) ainsi qu'une levée progressive des sanctions. Les bases d'un possible accord d'ensemble sur la Bosnie sont alors posées.

Jacques Chirac et Sarajevo

Avant même de faire libérer les otages français capturés par les forces serbes, le 25 mai 1995, à la suite d'un raid américain, Jacques Chirac imprime sa marque en provoquant la reprise du pont de Vrbanja à Sarajevo, le 27 mai 1995. Décidée par le président de la République, cette opération n'est pas soumise à la chaîne de commandement habituelle de l'ONU ni à la « double clé » ONU-OTAN[7]. Le style de l'opération marque donc une volonté d'agir de façon très engagée.

Il en est de même de la constitution de la Force de réaction rapide (FRR)[8]. Alain Juppé, ministre des Affaires étrangères, à l'occasion

---

5. Francine Boidevaix. *Une diplomatie informelle pour l'Europe : le groupe de contact sur la Bosni*e éditions, Paris, Fondation pour les études de défense, 1997.
6. Parmi les projets et les initiatives, la désignation de Sarajevo comme capitale européenne de la culture et la constitution d'une liste «L'Europe commence à Sarajevo» aux élections européennes de 1994.
7. La « double clé » signifiait qu'il fallait l'autorisation de l'ONU et de l'OTAN.
8. La FRR est officiellement créée par la résolution 998 du Conseil de sécurité le 15 juin 1995.

d'une conférence des ministres de la défense des Etats de l'UE et de l'Alliance atlantique, le 3 juin 1995, annonce la création de cette force multinationale.

Elle a pour mission « d'assurer des actions et réactions d'urgence en appui à des unités des Nations Unies isolées ou menacées, d'aider au redéploiement d'éléments de la FORPRONU et de contribuer au maintien de la liberté de mouvement »[9]. La FRR fait donc partie intégrante de la FORPRONU. Elle agit en appui de celle-ci. Du point de vue opérationnel[10], elle est composée essentiellement d'éléments français et britanniques. Son but principal est le déblocage de Sarajevo, la réoccupation des sites de regroupement des armes lourdes des forces serbes autour de Sarajevo, la sécurité des Casques bleus autour de Sarajevo et la réouverture des pistes du Mont Igman. A partir de la fin du mois de juillet 1995, elle est déployée sur le Mont Igman et se trouve dotée d'armements lourds.

Jacques Chirac et l'écrasement de Karadzic/Mladic

Lors de la réunion des ambassadeurs français réunis au Palais de l'Elysée le 31 août 1995[11], Jacques Chirac résume les objectifs de la politique française dans la région[12] : faire respecter en s'appuyant « *sur un outil militaire crédible et une action coordonnée de la communauté internationale* » « *nos valeurs* » et « *les principes qui constituent le socle de nos démocraties et sont aujourd'hui les références communes de tous les pays européens membres du Conseil de l'Europe et de l'OSCE* », ce qui signifie le maintien de la Bosnie-Herzégovine « *que la communauté internationale a reconnu comme Etat et qui doit redevenir le trait d'union entre les communautés qui composèrent pendant plusieurs décennies un pays vivant en paix . Toute autre solution serait une insulte à nos valeurs et à l'avenir* ».

---

9. Lettre datée du 9 juin 1995 adressée au président du Conseil de sécurité par le Secrétaire général des Nations Unies.
10. www.cdef.terre.defense.gouv.fr/publications/.../no...fr/art07.Pd
11. Jacques Chirac, *Mon combat pour la paix, textes et interventions*, Odile Jacob, 2007, page 199.
12. *Ibidem*, pp. 200 et 201.

A cette occasion, Jacques Chirac, rappelant que les contingents français et britanniques étaient les plus nombreux en Bosnie, assigne à la FRR des objectifs précis : le déblocage de Sarajevo et l'imposition d'un cessez-le feu « *durable et vérifiable sur l'ensemble du territoire de la Bosnie* ». Dans une formule vigoureuse, il proclame qu'il n'y a pas de « *fatalité de l'échec ni de faiblesse intrinsèque de l'ONU* », puisque l'ONU a réussi engager avec succès des troupes en Namibie et au Cambodge « *sur la base d'un règlement négocié au préalable, entériné par les parties et par le Conseil de sécurité. Leur mandat était clair et les moyens adaptés* ». En plus de l'Union européenne, Jacques Chirac «*se félicite de l'engagement récent, mais déterminé des Etats-Unis* ». Il veut poursuivre un dialogue « *indispensable* » avec la Russie, mais n'oublie pas « *les Etats islamiques* » qui ont « *d'importants contingents sur le terrain* » et ajoute : « *nous devons, en effet, mesurer l'émotion croissante de ces pays tant pour l'évolution du problème et les risques graves qui peuvent en résulter, que pour l'évolution du problème bosniaque comme pour les relations entre l'Europe et le monde musulman* ». Cette vision géopolitique qui intègre le monde musulman le singularise sans nul doute. L'enchaînement des événements suit la trame fixée par le Président dans ce discours aux ambassadeurs.

Il faut insister sur un point : au moins depuis le 30 août 1995, les décisions et les actes déterminants étaient déjà pris. Le bombardement du marché de Markale à Sarajevo le 28 août 1995, faisant 37 morts et 89 blessés, avait décidé l'Otan à réagir par une offensive aérienne massive qui a détruit le réseau de télécommunications de l'armée bosno-serbe de Ratko Mladic, consacrant la défaite de celle-ci dès le 12 septembre 1995.

Les accords de Dayton, paraphés le 21 novembre 1995, consacrés par le traité de l'Elysée le 14 décembre 1995[13], portent-ils la marque de Jacques Chirac ? Le fait que le traité soit signé à l'Elysée constitue, sans nul doute, une victoire symbolique pour ce dernier. Cependant, les points de la négociation les plus délicats ont été directement réglés entre Richard Holbrooke et Slobodan Milosevic. Dans son discours, prononcé à l'occasion de la signature de ce traité, Jacques Chirac rappelle que la détermination de la communauté internationale

---

13. Jean-Marc Sorel, « L'accord de paix sur la Bosnie-Herzégovine du 14 décembre 1995 : un traité sous bénéfice d'inventaire ». In *Annuaire français de droit international*, volume 41, 1995. p. 65-99.

s'est traduite, d'abord « par la mise en place de la Force de Réaction Rapide ; ses moyens, conjugués à ceux de l'Otan, ont modifié l'équilibre des forces sur le terrain, ont garanti le respect à nos soldats et ont ouvert la voie de la paix. L'harmonisation progressive des positions des pays européens, des Etats-Unis et de la Russie, dans le cadre du groupe de contact mis en place à l'initiative de M. Alain Juppé, a créé les conditions du succès des négociations de Dayton, et je tiens à saluer la contribution déterminante de la diplomatie américaine dans ce succès »[14], assurant ainsi les protagonistes du soutien de la France s'ils suivent la voie de la réconciliation. Le Président met en valeur le rôle de la France dans le déploiement des forces de l'ONU et de la FRR, son propre rôle et celui de son Premier ministre, Alain Juppé. Il salue la Bosnie à la fois unie et pluriculturelle, et en tout cas, démocratique. Dans son discours, Jacques Chirac se conforme au droit international public, sans souci de creuser les diverses significations juridiques des « *droits des minorités* » ou d'une « *société pluriculturelle* » bien différente en France et dans l'espace yougoslave. Jacques Chirac s'est expliqué à plusieurs reprises sur la crise du Kosovo[15]. Il l'a fait d'une part dans sa déclaration du 24 mars 1999 au Conseil européen extraordinaire de Berlin, alors que débutent les opérations aériennes au Kosovo, et d'autre part, dans une longue interview à *TF1*, le 10 juin 1999. Dans sa déclaration du 24 mars 1994, il rappelle les violences commises au Kosovo par les Serbes,[16] la convocation de la conférence de Rambouillet par la France et le Royaume-Uni, l'acceptation par les Albanais d'une autonomie substantielle de leur province. Il ajoute « que les forces albanaises armées étaient prêtes à rendre leurs armes, mais que les Serbes, qui, dans un premier temps avaient donné le sentiment qu'ils acceptaient l'accord politique, l'ont rejeté sans raison ». Les Serbes ont refusé la présence au Kosovo d'une force militaire chargée de s'assurer que les accords

---

14. Voir Jacques Chirac, *Mon combat pour la paix, textes et interventions*, Odile Jacob, 2007, page 205.

15. Ses interventions ont été publiées et commentées dans plusieurs ouvrages : Jacques Chirac, *Le temps présidentiel*, page 240 ; voir aussi le mémoire d'Anne-Sophie Paquez, *La politique de la France au Kosovo était-elle gaulliste ?* soutenu à l'Institut européen universitaire de Genève et disponible sur internet www.unige.ch/ieug/publications/euryopa/paquez.pdf

16. Jacques Chirac, *Mon combat pour la paix, textes et interventions* ; Odile Jacob, 2007, pages 214 et 215.

« étaient bien respectés par les deux parties » et ont « massé quarante mille hommes et plus de trois cents chars dans la province ou à ses frontières ». Trois fois, les termes de « droits de l'homme » et deux fois de « droits de l'homme sur notre continent » sont répétés par Jacques Chirac.

Dans son interview à *TF1*, le 10 juin 1999, il affirme que Milosevic a dû subir « une capitulation, je dirais, sans conditions ». Mais il explique que « dans la mesure où nous avions indiqué qu'il n'y avait rien à négocier, ce que le président finlandais, Marti Athissaari, a clairement dit à Milosevic lorsqu'il s'est montré à Belgrade », il est très difficile de savoir pourquoi le tyran a cédé. Il ajoute « qu'il avait, sans doute, misé sur un appui direct ou indirect de la Russie ».[17] On voit ici resurgir ce qu'on pourrait appeler la préoccupation russe de Jacques Chirac.

Il affirme être particulièrement heureux que les combats s'achèvent, des résolutions « conclues et bien conclues sous l'autorité du Conseil de sécurité qui, vous le savez, à mes yeux, aux yeux de la France, sont les seules autorités qui peuvent dire le droit international », affirmation problématique au regard des conditions juridiques d'entrée dans la guerre du Kosovo. Devant l'étonnement du journaliste, Jacques Chirac se lance dans une explication sur les « deux résolutions » tendant à démontrer que « Milosevic a violé délibérément ses engagements ».[18] L'analyse est hasardeuse sur le plan proprement juridique, et le Président le sait : si au départ, l'ONU est absente, elle a vite retrouvé le rôle et la place qu'elle devait avoir pour Jacques Chirac. On voit ainsi que la préoccupation d'une légalité internationale lui importe beaucoup.

Jacques Chirac, pourtant plus connu pour son réalisme politique que pour son attachement au droit international, était gêné par l'absence de toute résolution du conseil de sécurité de l'ONU autorisant l'OTAN à intervenir au Kosovo. Lors de ses différentes interventions, il insiste pour une opération concertée qui limite au maximum les violences (résolutions 1199, 1201 et 1244 du 9 juin 1999).

---

17. Laure Mandeville, « *Le rêve franco-russe et la réalité* », revue *Le Meilleur des Mondes*, n°3, Printemps 2007 ; il a décoré de la légion d'honneur le président Poutine une semaine à peine avant l'assassinat d'Anna Politkovskaïa.
18. Jacques Chirac, *Mon combat pour la paix, textes et interventions*, Odile Jacob, 2007, page 217 ; il s'agit des résolutions 1199 et 1201.

Le Jacques Chirac de la guerre du Kosovo n'est pas complétement différent de l'homme qui s'est opposé à l'intervention en Irak, à une différence près : le Kosovo étant situé en Europe, une philosophie plus interventionniste, se passant de l'aval du Conseil de sécurité, peut finalement s'y appliquer.

Dans la même intervention, il montre son embarras relatif : « Rambouillet n'ayant pas réussi, l'action diplomatique n'ayant pas permis de mettre un terme à la crise, alors effectivement, il était légitime, normal d'avoir une action militaire et c'est vrai qu'à ce moment-là, l'ensemble des alliés l'ont décidée en commun » [19]. Jacques Chirac y confirme aussi ce que tout le monde sait déjà à l'époque, à savoir le rôle moteur de l'association franco-britannique, concrétisé par un « diner, à la fin de l'hiver » entre Tony Blair et Jacques Chirac. Celui-ci explique qu'avant « le crime de Racak »,[20] le 14 janvier 1999, les Américains « n'étaient pas très favorables à un engagement de leur part ». C'est l'émotion suscitée par ce massacre qui l'a déterminé à aller voir Tony Blair. Il établit lui-même le lien entre la décision franco-britannique et la décision américaine subséquente.

A la question de savoir si la guerre était une guerre américaine et si la France n'a été que suiviste, Jacques Chirac précise que « personne ne conteste la puissance des Etats-Unis », mais la France « qui ne fait pas partie de l'organisation militaire intégrée de l'Otan » est autonome. Et il donne deux preuves : d'une part, sur le plan diplomatique, il fait comprendre aux Américains que « le rôle et la place des Russes étaient absolument indispensables» [21] et, d'autre part, que « seuls l'ONU et le Conseil de sécurité pouvaient valablement s'engager dans ce domaine »[22]. Jacques Chirac

---

19. Jacques Chirac, *Mon combat pour la paix, textes et interventions,* Odile Jacob, 2007, page 217.

20. A Racak, le 14 janvier 1999, Une cinquantaine de cadavres d'Albanais ont été retrouvés par la mission d'observateurs de l'ONU, ce que nombre d'analystes ont attribué à un massacre serbe, sans que la mission d'experts médicaux finlandais mandatés puisse l'établir formellement, ne pouvant distinguer entre des combattants morts aux combats et des personnes abattues de sang-froid. Cette affaire constitue un tournant médiatique et politique de la crise.

21. Jacques Chirac, *Mon combat pour la paix, textes et interventions,* Paris, Odile Jacob, 2007, page 219.

22. *Ibidem*, page 219.

pose ainsi la difficile question de la légalité internationale du conflit. Il a conscience de l'écart existant avec la légalité des Nations Unies, mais il veut le rendre aussi minime que possible. Surtout, il affirme fortement qu'aucune intervention ou frappe aérienne n'a été décidée sans l'assentiment de la France[23], ce qui revient à accorder à la France un véritable droit de veto, alors qu'elle n'a effectué que 12,5% des bombardements, contre 80% pour les Américains. Des contacts quotidiens entre les généraux américain Clark et français Kelche ont empêché que certaines cibles soient bombardées. Jacques Chirac révèle ainsi que « si aujourd'hui les ponts de Belgrade sont toujours en place pour l'essentiel, c'est grâce à la France », tout comme les bases littorales du Monténégro. Insistant sur son rôle personnel, il ajoute : « c'est ici-même, dans ce bureau, que la décision a été prise puis répercutée par le général Kelche ». Il souligne aussi son refus absolu de toute offensive terrestre, partageant la stratégie américaine initiale d'une offensive uniquement aérienne. Jacques Chirac ajoute que sur les dix-sept bavures ou accidents, aucune n'est due à une responsabilité de l'armée française.

S'agissant de sa position à l'égard des autres entités et peuples yougoslaves, il reconnaît les qualités des Serbes et le caractère « démocratique » du régime du Monténégro, prisonnier de la Fédération yougoslave qu'il forme avec la Serbie[24]. Le fait que la Serbie ne reçoive pas d'aide internationale tant qu'elle n'a pas un régime démocratique lui parait découler de cette dichotomie entre un peuple serbe éminent et un régime, au contraire, non démocratique.

S'agissant du respect de la justice internationale, point délicat au regard des suspicions qu'ont provoqué les contradictions françaises, il insiste sur la nécessité de déférer les inculpés serbes au TPIY ou à la cour pénale internationale (CPI) instituée par le traité de Londres du 18 juillet 1998. Selon Jacques Chirac, les deux points essentiels auxquelles la France a participé sont d'une part « la prise de conscience internationale de l'horreur que représenteraient les actions d'épuration ethnique et la nécessité de les sanctionner » ; et d'autre part,

---

23. « Pas une seule frappe n'a été faite sans l'accord de la France », « quand il y avait refus de la France, les frappes n'ont jamais eu lieu » ; *Ibidem*, page 219
24. La Serbie et le Monténégro forment la même composante depuis la Constitution du 27 avril 1992.

« la création de la CPI composée de magistrats habilités à juger les crimes contre l'humanité ».

S'agissant du contexte politique dû à la cohabitation, comme le note Samy Cohen, « le profil bas adopté par Lionel Jospin pendant la guerre du Kosovo a permis à Jacques Chirac de pousser son avantage en se présentant comme seul interlocuteur des Grands. Dans le bilan qu'il fait de l'engagement français, il omet le plus souvent de mentionner le rôle joué par le Premier ministre en Yougoslavie. »[25]

Le sommet de Zagreb :
vers la stabilisation de l'Europe du sud-est ?

Le sommet de Zagreb, co-présidé par la France et la Croatie, consacre le changement de gouvernement de janvier-février 2000, qui, après la mort de Franjo Tudjman, a permis la première alternance, une coalition de centre gauche remplaçant, de 2000 à 2003, le pouvoir de l'Union démocratique croate HDZ. Il réunit les chefs d'État et de gouvernement des Quinze, le président de la Commission européenne, Romano Prodi, le Haut représentant européen pour la Politique étrangère et de sécurité commune (PESC), Javier Solana, ainsi que les autorités des pays concernés par le processus de stabilisation et d'association (PSA) – Albanie, Bosnie-Herzégovine, Croatie, Macédoine, Montenegro, Yougoslavie au sens serbo-monténégrin de la Constitution du 27 avril 1992 et Kosovo, de même que la Slovénie, pays associé à l'UE et qui sera intégré le 1er mai 2004. En outre, y sont invités l'Administrateur civil des Nations Unies au Kosovo, Bernard Kouchner, le Haut représentant international en Bosnie-Herzégovine, Wolfgang Petritsch, et le Coordonnateur spécial du Pacte de stabilité pour l'Europe du Sud-Est, Bodo Hombach. Dans la séance inaugurale, Jacques Chirac exprime son espoir que le mouvement « de réconciliation de notre continent avec lui-même est enfin en passe de s'accomplir » ce qui constitue un « impératif européen[26] » et permet de célébrer les valeurs européennes (la démocratie, la paix, le respect de l'autre). Il remercie le président Stipe Mesic d'avoir accepté sa proposition de rassembler un sommet à Zagreb. Ce sommet se tient au lendemain de la chute de

---

25. Voir chapitre 2.
26. Jacques Chirac, *Mon combat pour la paix, textes et interventions*, op. cit. p. 324.

Milosevic, le 5 octobre 2000 et Jacques Chirac exprime sa préoccupation relative à la Serbie : « Depuis, le changement démocratique s'est amplifié. Nous espérons tous une nouvelle victoire de la démocratie aux élections législatives du 23 décembre en Serbie, car nous savons que la consolidation de la démocratie en République fédérale de Yougoslavie est indispensable pour assurer la stabilité de la région »[27]. Jacques Chirac formule également le souhait, au nom de l'Union européenne, que les cinq pays de la région nouent des « conventions de coopération régionale » en considérant que démocratie et coopération se renforcent mutuellement : « c'est dans cet esprit que pourront être réglées les questions difficiles, telles que celles des frontières, des minorités, des réfugiés ainsi que tout problème dont la solution doit obéir au principe du bon voisinage. C'est cela un monde moderne, ce n'est pas en permanence la référence au passé ».

Jacques Chirac n'oublie pas la référence au TPIY, il souligne également que « l'Union européenne appelle de ses vœux un renforcement de l'Etat de droit. Cette invocation, très présente dans les discours de Jacques Chirac relatifs à l'espace yougoslave, renvoie au fond commun du discours européen de cette époque, le concept d'Etat de droit constituant un véritable mot valise depuis la fin des années 1980.[28]

Si l'on s'interroge sur l'action de Jacques Chirac dans les guerres yougoslaves, on observe qu'il a fortement marqué par son originalité certaines initiatives comme l'attaque du pont de Vrbanja ou la création de la FRR en Bosnie. Toutefois, il s'est inscrit dans une stratégie occidentale tout en participant à la stratégie américaine de Bill Clinton dans la guerre de Bosnie et joue de son entente avec Tony Blair, dans l'affaire du Kosovo, pour convaincre le même président américain de déclencher l'intervention aérienne. Jacques Chirac, à sa manière, s'insère dans une alliance avec Washington et Londres.

Bien que se réclamant du gaullisme, il manifeste aussi une inflexion « onusienne » ou « européenne » qui prolonge l'évolution qu'avait connue la présidence Mitterrand, partagée entre une raison d'Etat, ne s'avouant pas comme telle, et l'invocation du droit international.

---

27. *Ibidem.* p. 325.
28. Voir Jacques Chevallier, *L'Etat de droit*, Paris, Montchrestien, 1992.

Le discours de Jacques Chirac est moins original que son action dans les guerres yougoslaves, plus européen qu'international, même si son souci de ne pas marginaliser le monde islamique et la Russie, entre 1995 et 1999, montre aussi son refus anthologique de l'occidentalisme.

JACQUES CHIRAC ET L'EUROPE CENTRALE

Antoine Marès

Faute d'accès aux archives présidentielles, ce chapitre est plus celui d'un contemporain – voire d'un témoin – que d'un historien, s'appuyant sur des sources secondaires et des récits d'acteurs[1]. Cette situation particulière conduit à quelques remarques liminaires avant de se concentrer sur trois exemples nationaux : la Pologne, la République tchèque et la Hongrie.

Toute une série de questions doivent être posées au préalable sur le sujet : y a-t-il une politique centre-européenne de Jacques Chirac ? A-t-elle évolué pendant ses deux mandats ? Est-elle un élément marginal d'une politique plus globale dont le centre s'est déplacé vers d'autres espaces du monde ? Politiques économique, culturelle et diplomatique en Europe centrale ont-elles été au diapason ? Jacques Chirac a-t-il eu une politique centre-européenne personnelle ou cette politique a-t-elle été menée par son entourage, par exemple ses conseillers diplomatiques, ou le Quai d'Orsay qui aurait eu une marge de manœuvre plus grande sur un sujet qui n'était pas au cœur des préoccupations du Président, ou encore les ambassadeurs en poste ? Seule l'ouverture des archives permettra de répondre préci-

1. Je remercie Benoît d'Aboville, Philippe Coste, Charles Fries, Nicolas de Lacoste, Pierre Lévy, François Nicoullaud et Paul Poudade de leur accueil et de leur aide. Sur ces relations, Florence Deloche-Gaudez : « Les réactions de la France à l'élargissement à l'Est de l'Union européenne », in *L'Europe centrale et orientale. Dix ans de transformation*, La Documentation française, 2000, p. 51-68 ; Radovan Gura, « Centre-périphérie : France–Europe centrale », *Ouest-Est : dynamiques centre-périphérie entre les deux moitiés du continent* (dir. P. Renaud, Judit Mar, Traian Sandu), L'Harmattan, 2011, p. 345-358.

sément à ces questions[2]. Mais un indice nous met sur la piste : c'est page 527 qu'apparaît dans ses *Mémoires* une mention des pays d'Europe centrale, à propos de l'élargissement de mai 2004[3]. La relative marginalité qu'implique ce constat s'explique. La politique centre-européenne ne peut plus être à cette époque au centre de l'action du président Chirac. Ce sont ses prédécesseurs qui ont géré l'essentiel des rapports de la France avec l'Europe centrale des années 1980-1990. Dans le cadre de la seconde cohabitation (1997-2002), Hubert Védrine est principalement en charge de ces questions. Le renversement des régimes communistes est acquis, tout comme le principe de l'élargissement depuis les accords d'association de 1993-1994. On n'est plus dans la phase héroïque du « rattrapage » de la place de la France en Europe centrale ; il s'agit de suivre un dossier relativement secondaire, même s'il n'est pas négligeable pour les marchés à conquérir et les opportunités pour les investisseurs. Sur le Vieux Continent, ce sont les questions de défense, le rapport avec l'Allemagne ou les affaires de l'ex-Yougoslavie qui sont alors centraux. Sans parler des dossiers extra-européens qui correspondent au tropisme culturel du Président pour les mondes d'outre-mer. De ce point de vue, nous sommes assez éloignés de la tradition mitterrandienne, plus continentale et plus europénne. Parler de la politique centre-européenne de Jacques Chirac, c'est donc avant tout parler de la politique européenne de la France durant sa présidence, avec quelques irruptions spectaculaires du Président dans ce champ plus étroit, en deux séquences principales (1996-1997 et 2002-2004).

Ce cadre européen est primordial, car Jacques Chirac a eu incontestablement une politique européenne dans laquelle s'est nichée sa politique centre-européenne. Christian Lequesne a souligné la capacité d'adaptation de Jacques Chirac sur ces questions[4] : à la différence de ses deux prédécesseurs, il est plus un « Européen de raison » qu'un

---

2. Je n'aborderai pas ici la question de l'élargissement : cf. la communication d'Anne Dulphy et Christine Manigand ; Antoine Marès, « Central Europe in the 'Fifth' Enlargement of the European Union », in *Experiencing Europe, 50 Years of European Construction 1957-2007* (dir. Wilfried Loth), Baden-Baden, Nomos, 2009, p. 326-345.

3. *Mémoires**. Le temps présidentiel*, Paris, NIL, 2011.

4. « La politique étrangère de Jacques Chirac ou la France sans surprise », *DGAPanalyse. Frankreich*, Forschungsinstitut der Deutschen Gesellschaft für Auswärtige Politik, octobre 2007, n° 2.

« Européen de cœur », même s'il s'est fortement engagé pour une Europe dont il connaît bien les rouages et dont il a finalement mesuré les avantages pour une France déclinante. Et ses deux mandats ont été placés sous le signe d'une volonté d'élargissement d'autant plus appuyée que son prédécesseur et rival François Mitterrand était à cet égard sinon hostile, au moins prudent et réticent quant aux rythmes choisis : les Européens de conviction comme Jacques Delors étaient défavorables à des élargissements rapides qui risquaient de dissoudre l'Union européenne dans une vaste zone de libre-échange. Maire de Paris depuis 1977, Jacques Chirac avait donc déjà engagé une politique de réception à l'Hôtel de Ville de dissidents, puis de leaders charismatiques d'Europe centrale. Et son gouvernement de cohabitation avait joué de mars 1993 à mai 1995 un rôle dans la relance vers l'Europe centrale et orientale.

Il faut rappeler aussi trois facteurs importants dans ces relations avec l'Est : d'une part, la composante allemande et l'aiguillon de la rivalité avec Berlin, plus souvent implicite qu'explicite, d'autre part le rapport contradictoire et ambigu de la politique centre-européenne et de la politique russe de la France, enfin les relations complexes avec les États-Unis (avec le désir d'européaniser l'OTAN).

Deux autres points méritent également d'être soulignés :

- l'Europe médiane, comprise entre l'Allemagne et la Russie (ici sa sous-partie centrale héritière de l'ancienne Autriche-Hongrie), est historiquement un « angle mort » de la vision française et continue assez largement de l'être, ce qui pèse sur les perceptions[5] ;

- le passé joue un poids important dans ces rapports. Sur le temps long, la relation entre la France et l'Europe centrale est ambivalente : incontestablement une fascination des élites centre-européennes pour la culture et la langue françaises, pour un pays de tradition et de révolution, pour une grande puissance qui a marqué l'histoire du continent ; en même temps des traumatismes : le traité de Trianon de juin 1920 pour les Hongrois, la trahison de Munich en septembre 1938 pour les Tchèques, le choc de l'immobilisme français

---

5. Antoine Marès, « La vision française de l'Europe centrale, d'un prisme à l'autre (XIXᵉ-XXᵉ siècle) », *Cahiers de Varsovie*, n° 22, 1991, p. 377-390 ; « De l'appétence française pour l'Europe centrale », *Ligeia*, XXIIᵉ année, n° 93-96, juillet-décembre 2009, p. 26-31. Voir également Thomas Schreiber, *Les actions de la France à l'Est ou les absences de Marianne*, Paris, L'Harmattan, 2000.

en septembre 1939 pour les Polonais, l'effarement général des francophiles devant l'écroulement de la France en juin 1940, l'amertume de certains milieux face à l'acceptation française de la coupure de l'Europe en deux dès 1945. Tout cela est cultivé, réactivé, instrumentalisé, au-delà de la rationalité historique ou politique. Du côté français, on est partagé entre le remords ou la mauvaise conscience, l'indifférence ou la solidarité avec une Europe brutalisée. Le sentiment que la France et les Occidentaux ont des devoirs envers cette partie de l'Europe sacrifiée sur l'autel de la coexistence pacifique a pesé, tant au niveau des opinions publiques qu'à celui des décideurs. Quant au temps mitterrandien, il a également laissé des traces qui ont été lourdes de conséquences. De tous les présidents français, François Mitterrand a été celui qui a le plus fréquenté l'Europe centrale et orientale : il y a beaucoup voyagé, et cela dès 1967 à Prague, avec déjà une conception continentale forte. Or, ce capital a été dilapidé – aux yeux des opinions centre-européennes – par une *Realpolitik* qui a amené le président français à proposer aux pays d'Europe centrale, d'une part, de se regrouper pour attendre une lointaine intégration à l'Europe dans une sorte de sas régional perçu comme un ersatz d'Union européenne, et, d'autre part, de se lancer dans la constitution d'une Confédération européenne dont la CEI ferait partie, sans les États-Unis[6]. La pertinence de ces projets dans une Europe instable en pleine recomposition peut être encore discutée aujourd'hui, un des grands soucis de François Mitterrand ayant été de ne pas déstabiliser Mikhaïl Gorbatchev. Mais une défiance profonde en a résulté à l'égard de Paris dans les capitales d'Europe centrale, renforcée dans certains milieux dissidents par le souvenir de ce qu'avait été la politique française envers les démocraties populaires. Les pays d'Europe centrale ont eu parfois le sentiment que s'appliquait à eux le terme de « tribus » utilisé par François Mitterrand à propos de l'Europe balkanique au printemps 1992[7]. Le projet de

---

6. *Mitterrand et la sortie de la guerre froide* (dir. Samy Cohen), Paris, PUF, 1998 ; Hubert Védrine, *Les Mondes de François Mitterrand*, Paris, Fayard, 1996 ; Frédéric Bozo, *Mitterrand, la fin de la guerre froide et l'unification allemande*, Paris, Odile Jacob, 2005.

7. Bernard Lecomte, « François Mitterrand et l'Europe de l'Est : le grand malentendu », *Commentaire*, septembre-octobre 1996 ; Jacques Rupnik, « La France de Mitterrand et les pays du Centre-Est », *Mitterrand et la sortie de la Guerre froide*, *idem*, p. 189-216.

Conférence sur la stabilité régionale lancé par le Premier ministre Édouard Balladur a été lui aussi ressenti comme une marque de défiance envers les capitales de la région.

Une ultime remarque liminaire : vu de l'Europe centrale, le concept régional est inopérant. Certes, il a été pensé, voire théorisé, du côté français[8]. Mais pour Varsovie, Prague, Budapest ou Bucarest, il est pratiquement vide de sens. Le triangle puis le quadrilatère de Visegrad n'ont pas de portée politique importante. Dès la chute du pacte de Varsovie et du Comecon, les capitales de la région ont choisi un axe Est-Ouest pour leurs politiques étrangère et économique au détriment d'une intégration régionale. Aussi faut-il partir des relations bilatérales pour analyser la situation.

Pologne

Après 1989, la Pologne, avec presque 40 millions d'habitants, est un pays démographiquement important en même temps qu'un marché convoité. Le fait de l'avoir intégrée dans le Triangle de Weimar – lancé par Roland Dumas et Hans-Dietrich Genscher en 1991, puis prolongé par des sommets communs – en est le signe. Michel Barnier, ministre des Affaires européennes, estimait même en juin 1996 que l'axe Madrid-Paris-Bonn-Varsovie pourrait former l'ossature de l'Union européenne du XXIe siècle. La Fondation France-Pologne, financièrement bien dotée, illustre parmi tant d'autres signes l'intérêt français[9]. Par ailleurs, les relations franco-polonaises ont une longue tradition, renforcée par les vagues migratoires qui ont commencé en 1830-1831 et se sont poursuivies jusqu'aux années 1980. Il existe donc une familiarité franco-polonaise sans équivalent en Europe, renforcée par l'épisode de solidarité avec le syndicat *Solidarnoc*. La présence en France d'un actif « lobby polonais » pouvait laisser augurer d'une relation privilégiée : d'ailleurs,

---

8. Antoine Marès, « Quelques notations sur l'Europe centrale contemporaine : concepts et contours à travers l'exemple français », in (Jerzy Kloczowski et Hubert Laszkiewicz dir.) *East-Central Europe in European History*, Lublin, Université de Lublin, 2009, p. 391-412 ; « Construction, déconstruction et marginalisation de l'Europe centrale en France », *L'Europe médiane au XXe siècle* (Paul Gradvohl dir.), Prague, Publications du CEFRES, 2011, p. 195-214.

9. Jacques de Chalandar, *France Pologne - une nouvelle aventure*, Paris, CANA, 1995.

les Polonais n'avaient pas oublié le voyage du général de Gaulle en 1967[10]. Pourtant, trois éléments ont joué en défaveur d'une entente harmonieuse : tout d'abord l'insuffisante prise en compte de la « peur » russe des Polonais : Jacques Chirac n'a jamais caché sa sympathie pour la Russie, qui remonte à son adolescence. Ses voyages à Moscou ou à Saint-Pétersbourg ont été générateurs d'autant de craintes nourries à Varsovie du réveil d'une traditionnelle amitié franco-russe antagoniste de l'amitié franco-polonaise. Le rapprochement entre Jacques Chirac, Gerhard Schröder et Vladimir Poutine ne pouvait qu'être très mal perçu en Pologne. « L'obsession chiraquienne de ne pas humilier la Russie » a eu des conséquences sur les liens avec Varsovie[11]. Ensuite, la politique américaine de la France chiraquienne, toute de rivalité et de méfiance envers Washington, suivant en cela la tradition gaullienne, est entrée en collision avec le tropisme américain de Varsovie. Paris a négligé le fait que l'Amérique du nord constitue la plus grosse part de cette *Polonia* qui fait partie de l'horizon national des Polonais ; par ailleurs, les États-Unis de Ronald Reagan et de George Bush Senior étaient crédités par les Polonais de la chute de l'empire soviétique ; enfin, Washington et l'OTAN accordaient des garanties de sécurité bien plus solides que l'Europe dont la politique étrangère et de défense était au mieux balbutiante. L'européanisation de l'OTAN ne pouvait être un slogan mobilisateur dans la région. À cela s'ajoute le fait que Jacques Chirac ne semble pas avoir eu de liens particuliers avec la Pologne. On comprend ainsi pourquoi les relations entre Paris et Varsovie ont été difficiles.

Pourtant, Jacques Chirac a lancé très tôt l'idée d'une intégration. Après les premières approches de 1995, il se rend en visite d'État du 11 au 13 septembre 1996 pour prôner une « entrée rapide » de la Pologne dans l'Union européenne, cette démarche n'étant

---

10. Sur les relations franco-polonaises, (Bronislaw Geremek, Marcin Frybes dir.) *Kaléidoscope franco-polonais*, Paris, Éd. Noir sur Blanc - Institut Adam Mickiewicz, 2004 ; Andrzej Nieuwazny, Christophe Laforest, *De tout temps amis : cinq siècles de relations franco-polonaises*, Paris, Nouveau Monde éditeur, 2004 ; (Isabelle Davion, Jerzy Kloczowski et Georges-Henri Soutou dir.) *La Pologne et l'Europe, du partage à l'élargissement*, Paris, PUPS, 2007 ; Janine Ponty, *Les Polonais en France*, Monaco, Éditions du Rocher, 2008 ; (Bernard Michel, Jozef Laptos dir.) *Les relations entre la France et la Pologne au XXᵉ siècle*, Cracovie, Eventus, 2002.
11. *Le Monde*, 19-20 janvier 1997.

d'ailleurs pas étrangère aux assurances déjà données par l'Allemagne. Il prononce devant les deux chambres de la Diète la phrase que les Polonais attendaient : « Je souhaite que dès l'an 2000 la Pologne ait rejoint notre Union », corrigeant l'assertion de son prédécesseur qui avait maladroitement parlé en 1991 de « dizaines d'années » d'attente, et souhaitant la négociation la plus rapide possible à propos de l'OTAN[12]. Tout cela ne pouvait que flatter l'opinion, même si dans les chancelleries et à Bruxelles, ce délai paraissait irréaliste. Mais le signe d'un intérêt politique clair était donné, tout comme la volonté de développer les échanges économiques, partagée par les deux parties, ce que le président Kwaśniewski résumait en disant qu'il fallait « passer de Chopin à Michelin »[13]. À l'époque, la France n'est que le cinquième investisseur en Pologne et une forte délégation d'hommes d'affaires français a accompagné le Président : c'est le début d'une progression qui va faire de la France le premier investisseur[14]. En revanche, l'échec de la vente de Mirages 2000 et 2005 de la firme Dassault va être douloureusement ressenti à Paris en 2003. Les incompréhensions se sont en effet accumulées à partir de 2002. Marcin Frybes parle en été 2002 dans *Rzeczpospolita* de la « chronique d'un amour déçu »[15]. Lors des négociations de Copenhague de décembre 2002, qui ont débouché sur la décision d'un élargissement à dix pour 2004, la France compte pourtant sur des contreparties à son appui. Or, les Polonais se joignent à la décision américaine d'envahir l'Irak dans une pétition de soutien au président Bush signée par les futurs adhérents à l'Union européenne. Apprenant la nouvelle le 17 février 2003 à l'issue d'un sommet extraordinaire de l'Union européenne à Bruxelles, Jacques Chirac déclare que les anciens pays de l'Europe de l'Est aspirant à entrer dans l'Union européenne ont « manqué une bonne occasion de se taire » en s'alignant sur la position guerrière des États-Unis. « Ces pays ont été à la fois, disons le mot, pas très bien élevés et un peu inconscients des dangers que comportait un trop rapide alignement sur la position américaine »[16]. Des propos peu diplomatiques, inspirés par le dépit et une

---

12. *Libération*, 13 septembre 1996 ; *Le Monde*, 11, 13 et 14 septembre 1996 ; *Le Figaro*, 14 septembre 1996 ; *Les Échos*, 11 septembre 1996.

13. *Les Échos*, 17 mai 2000.

14. Processus dans lequel Benoît d'Aboville a joué un grand rôle.

15. *Courrier international*, 1er août 2002.

16. *Le Monde*, 18 février 2003.

vraie colère face à une sorte de « trahison » alors que le Président s'est engagé si fortement en faveur de l'élargissement depuis 1996. Cette *Lettre des Huit* au président américain George W. Bush a été signée par nombre de pays de l'Union européenne (les Britanniques, les Espagnols, les Italiens ou les Portugais), mais Jacques Chirac estime que « quand on est dans la famille, on a quand même plus de droits que quand on demande à entrer, qu'on frappe à la porte ». Les réactions des capitales centre-européennes sont violentes[17]. Bronislaw Geremek appelle à « la sortie du malaise » par la reprise du contact, tout en reprochant à Paris « une attitude de majestueuse ignorance ou de condescendance paternaliste »[18]. Jacques Chirac regrettera ultérieurement ses propos[19]. Mais le mal est fait, comme le constate Jan Krauze dans *Le Monde*[20]. L'affaire irakienne a cristallisé un malaise latent et les propos de Jacques Chirac (relayés par Dominique de Villepin et Michèle Alliot-Marie) ont été instrumentalisés par les adversaires polonais de l'adhésion, notamment lors du référendum sur l'adhésion à l'Union européenne, voire par certains intellectuels français[21]. Désormais, tous les prétextes sont bons pour le soupçon[22]. C'est finalement le 28 février 2005[23] que la réconciliation semble scellée lors du sommet franco-polonais d'Arras entre les présidents Chirac et Kwaśniewski, le dirigeant polonais avec lequel il s'est le mieux entendu[24]. Entre-temps, Jacques Chirac s'est rendu le 27 janvier à Auschwitz pour le 60e anniversaire de la libération des camps. Mais, quelques mois plus tard, l'atmosphère est à nouveau empoisonnée par l'affaire du « plombier polonais », avec la discussion de la directive européenne de Frits Bolkestein par Philippe de Villiers, qui parle dans *Le Figaro* d'un « démantèlement de notre modèle économique et social »[25]. Et en juillet, des Polonais dénoncent l'attitude

---

17. Thomas Ferenczi dans *Le Monde* du 25 février détaille les réactions à Varsovie : « La colère, même si elle est parfois 'surjouée', est largement répandue ».
18. *Le Monde*, 26 février 2003.
19. Pierre Péan, *L'inconnu de l'Élysée,* Paris, Fayard, 2007, p. 435.
20. 8 juin 2003.
21. Alain Besançon dans *Le Figaro*, 2 mars 2004 attaque Jacques Chirac à cause de son souci excessif des russophones.
22. *Le Monde* du 5 août 2004 sur l'absence de Jacques Chirac aux commémorations du cinquantième anniversaire du soulèvement de Varsovie.
23. *Libération*, 1er mars 2005.
24. Entretien avec Charles Fries, 13 octobre 2011.
25. « La grande triche du oui », *Le Figaro*, 15 mars 2005.

russe concernant l'anniversaire de la fondation de Königsberg (Kaliningrad), auquel Polonais et Lituaniens n'ont pas été conviés, sans que Paris ne réagisse[26]. Cette guerre médiatique s'est nourrie des peurs des uns et de la susceptibilité des autres, avec des enjeux qui ont dépassé les relations bilatérales. À la fin du mandat de Jacques Chirac, la France est dans une situation paradoxale : premier investisseur en Pologne, mais avec des désaccords en politique étrangère et des décalages médiatiques qui persistent.

République tchèque

La République tchèque, créée le 1er janvier 1993 à la suite de la scission de la Tchécoslovaquie, a des rapports plus ténus avec Paris, même si l'histoire commune remonte au Moyen Âge et si les relations intellectuelles et politiques ont été très fortes de la Première à la Deuxième Guerre mondiale. La rupture de Munich a mis un terme au rapport affectif univoque qui liait les Tchèques aux Français. Un destin commun dans la guerre, la solidarité des camps ou la Résistance, l'aventure partagée de l'exil à Londres n'ont pas pu effacer ce passé douloureux. Et aux moments de semi-liberté où cela aurait été possible (entre 1945 et 1948 ou entre 1963 et 1968), les oukases et la force brutale de Moscou en avaient finalement empêché la réalisation. Par ailleurs, aucun lobby sérieux – autre que « le remords de Munich » ou un petit groupe d'intellectuels tchécophiles – n'avait appuyé l'idée d'un rapprochement conséquent. Pourtant, le souvenir de l'entre-deux-guerres, ravivé par la figure de Václav Havel, a joué dans la volonté de renouer avec Prague et surtout de rattraper le temps perdu des deux décennies de « normalisation » et de glaciation des rapports. Ainsi a été créé en 1991, à Prague, le Centre français de recherche en sciences sociales. Par ailleurs, l'image du sérieux industriel de la Tchécoslovaquie n'a pas été totalement dissoute par le communisme, un atout pour son attractivité économique[27].

---

26. *La Croix*, 18 juillet 2005.
27. Antoine Marès, « Le poids de l'histoire sur les relations franco-tchèques » (http://www.france.cz/Antoine-Mares-Le-poids-de-l-histoire-sur-les) et « Le rôle de la France dans la création de la Tchécoslovaquie » (http://www.diplomatie.gouv.fr/fr/IMG/pdf/naissancetchecoslovaquie.pdf) ; Stéphane Reznikow, *Francophilie et identité tchèque*, Paris, Librairie Champion, 2000 ; *Skrznaskrz. Les Tchèques et la France au cours des siècles*, Prague, Gallery, 2002.

Prague fait donc partie de l'itinéraire obligé de Jacques Chirac[28] au printemps 1997, après le passage du ministre des Affaires étrangères Hervé de Charrette du 17 au 19 janvier précédents et la visite de Václav Klaus à Paris les 1er et 2 mars. L'ordre de succession des déplacements du Président ne relève pas du hasard : Varsovie, Budapest, Bucarest, Prague. Comme cela est attendu et largement anticipé par la presse, il déclare au Château de Prague que « La République tchèque doit rejoindre l'Alliance, si possible dès 1999. La France fera tout pour cela », puis : « Si, comme le souhaite la France, la conférence inter-gouvernementale est conclue en juin à Amsterdam, c'est dès le début de 1998 que s'engageront les négociations d'élargissement (...). La France fera tout pour que vous puissiez dès l'an 2000 nous rejoindre au sein de l'Union » [29]. Il indique dans la presse tchèque qu'il vient dans un pays exemplaire par son histoire pour y renforcer les liens politiques et économiques. En effet, la France est à la traîne : cinquième investisseur, sixième fournisseur et septième client de la République tchèque, Paris a des progrès à faire[30]. « Retrouvailles », mais en même temps la « visite la plus difficile » dans la région. Rien n'a été médiatiquement négligé : à l'entretien dans *Týden* répond l'article du ministre des Affaires étrangères Josef Zieleniec dans *Le Figaro* du 2 avril dont la phrase clef est la suivante : « La vision française d'une Europe des nations nous est très proche ». Malgré ces bonnes intentions et le caractère relativement chaleureux des entretiens, il n'est pas possible de s'abstraire des différends. Quand Jacques Chirac précise dans ses entretiens avec le président Havel, qu'il avait reçu à l'Hôtel de Ville en 1992, que la réforme de l'OTAN ne doit pas se faire contre la Russie, il est évidemment fidèle à sa politique, mais il néglige le traumatisme de la normalisation tchécoslovaque et ses suites[31]. Quant à ses entretiens avec le Premier ministre, ils ne peuvent déboucher sur un véritable accord tant Václav Klaus ne fait pas mystère de son scepticisme vis-à-vis de l'Union européenne. En revanche, la visite du président français, même si elle ne donne pas

---

28. Jacques Chirac a fait au moins deux séjours antérieurs à Prague (*Týden*, 31 mars 1997). Le président Havel recevra le prix Cino Del Duca à l'Institut de France le 9 octobre 1997.
29. Jacques Amalric, *Libération*, 4 avril 1997.
30. *Le Figaro* et le *Figaro-Economie*, 2 et 3 avril 1997.
31. *Le Figaro*, 3 avril 1997.

lieu à la signature de contrats spectaculaires, amorce une coopération renforcée, notamment militaire, et une implication accrue de
certaines grandes entreprises en République tchèque (privatisation
des eaux et de distribution du gaz)[32]. Seule la coopération nucléaire
s'achève provisoirement par un échec douloureux, comme l'a été
au début des années 1990 le dénouement de la rivalité de *Renault*
et de *Volkswagen* autour de *Škoda*. Et les ambiguïtés politiques ne
sont pas levées entre Prague et Paris[33]. Malgré les propos rassurants
du Président qui minimise les différends avec Klaus[34], les priorités
politiques de Prague restent bien « américaines » et le rapprochement qui a eu lieu (par exemple le soutien commun à l'entrée de la
Roumanie) est plus lié à l'évolution de la position de Washington
qu'à un ralliement à Paris. Le dialogue est certes renoué au plus
haut niveau. Mais la confiance reste à un stade modeste. Après les
succès des investisseurs français en 2001, c'est le fiasco de l'année 2002, avec l'échec de GDF et d'EDF auprès de la Compagnie
d'électricité tchèque (ČEZ). La saison tchèque baptisée *Bohemia
magica* va tenter de contribuer à un rapprochement : c'est dans ce
cadre que le festival d'Avignon organise les 16 et 17 juillet 2002 un
grand hommage au président Havel[35]. C'est l'occasion pour le président tchécoslovaque d'être reçu par Jacques Chirac le 18 juillet pour
faire le point sur le processus d'intégration européenne[36]. Le président tchèque, affaibli par la maladie, est au terme de ses mandats.
Quelques mois plus tard, c'est à Václav Klaus que Jacques Chirac
a affaire, et il n'a pas la réputation d'être francophile. Il accorde en
juillet 2003, à la veille de sa visite à Paris, une interview houleuse
au *Figaro*, qui titre sur un des ses propos : « Notre adhésion à l'UE ?
Pas de quoi danser dans les rues »[37], ce qui contraste avec les propos du président Havel qui affirmait en 1995 au correspondant du
Monde à Prague Martin Plichta : « L'élargissement de l'Europe à l'Est

---

32. *Les Échos*, 3 avril 1997.
33. Claire Tréan, *Le Monde*, 4 avril 1997, et Paul Guilbert, *le Figaro* du même
jour. Claire Tréan et Martin Plichta, *Le Monde*, 5 avril 1997.
34. Marie-France Calle, *Le Figaro-Économie*, 4 avril 1997.
35. Gilles Costaz, « Quand Václav Havel n'était pas encore président », *Les Échos*,
12-13 juillet 2002.
36. Bruno Odent, *L'Humanité*, 18 juillet 2002.
37. *Le Figaro*, 15 juillet 2003, interview par Stéphane Kovacs.

n'est pas une œuvre de charité »[38]. Le nouveau président tchèque ne pouvait être plus provoquant. Entre-temps, il y a eu les fameux incidents du début de l'année 2003, Josef Zieleniec publiant sa réponse dans *Le Monde* du 26 février titrée de manière cinglante « L'injure », expliquant son inquiétude face à une mise en opposition entre l'Europe et l'Amérique et s'interrogeant : « Qui donc au fait a perdu une occasion de se taire ? ». S'agit-il d'une rupture définitive ? Pas vraiment, mais le fait d'avoir « surjoué » l'indignation a ici aussi renforcé les forces populistes et souverainistes aux dépens des partisans tchèques de l'Europe. Dominique de Villepin se rend à Prague pour désamorcer les tensions et se félicite alors que la France soit devenue le quatrième investisseur du pays[39]. En automne 2005, une partie de la presse française parle à nouveau de « lune de miel » entre Prague et Paris[40]. Il est vrai que les dirigeants de la droite française se sont toujours mieux entendu avec les dirigeants sociaux-démocrates tchèques – en l'occurrence Jiří Paroubek – qu'avec la droite tchèque ODS, plus proche des positions britanniques[41]. Finalement, l'ultra-libéralisme de Vaclav Klaus et son euroscepticisme virulent rendront quelques années plus tard le dialogue entre Paris et Prague très difficile, indépendamment des problèmes qui ont pu se poser sous l'ère de Jacques Chirac[42]. D'ailleurs, il y a un déséquilibre significatif entre visites françaises à Prague et visites tchécoslovaques à Paris. Il faudra attendre onze ans pour qu'une très brève visite présidentielle française ait lieu à Prague, le 16 juin 2008.

Hongrie

Le cas de la Hongrie est intermédiaire entre celui de la Pologne et celui de la République tchèque. Les liens historiques existent avec la France depuis la période médiévale, mais l'image de la Hongrie, qui était très présente à la charnière des 17e et 18e siècles et très positive

---

38. *Le Monde*, 23 juin 1995.
39. http://www.radio.cz/fr/rubrique/faits/le-chef-de-la-diplomatie-francaise
-dominique-de-villepin-a-prague
40. Véronique Soulé dans *Libération*, 19 octobre 2005.
41. Témoignage de Philippe Coste, 10 octobre 2011.
42. Les ambassadeurs Philippe Coste et Charles Fries, du côté français, Pavel Fischer, du côté tchèque, ont joué un rôle important de déminage des problèmes bilatéraux des années 2000.

après la révolution de 1848-1849 écrasée dans le sang, s'est dégradée à la fin du 19ᵉ siècle. La France a eu ensuite ses responsabilités – partagées – dans le sort du royaume de Saint-Étienne lors de la conférence de la Paix, et la Hongrie horthyste ne pouvait pas éveiller de sympathies particulières pour Budapest, du moins dans les milieux démocratiques. Il y a donc un décalage entre relations politiques et relations culturelles, qui sont, elles, cultivées par une partie prestigieuse de l'élite hongroise. C'est paradoxalement à partir d'un nouveau malheur – l'écrasement de l'insurrection de 1956 – que le lien politique est renoué[43]. Et l'évolution de la Hongrie kádárienne a favorisé la reprise des contacts, au point que la Hongrie apparaît aux yeux de Paris comme un des pays les plus « fréquentables » du bloc soviétique dans les années 1980. En 1989, outre la place qu'il occupe dans le démantèlement du rideau de fer, cet État est le plus ouvert à l'Occident et paraît le plus apte à faire face aux défis d'une société ouverte. Les relations bilatérales ont repris facilement après 1989. Dès le 11 septembre 1991, un traité d'amitié et de coopération a été signé[44]. À des niveaux très divers, la création en 1988 à Paris du Centre interuniversitaire d'études hongroises et de son pendant à Budapest, la formation de l'association *Initiatives France-Hongrie* en 1994[45], la saison hongroise de 2001 (MAGYart)[46], le dynamisme du groupe d'amitié France-Hongrie du Sénat et la présence en France d'un lobby hongrois très divers relayé dans le monde politique[47] témoignent d'une présence plus forte que celle des Tchèques, mais moins intense que celle des Polonais[48].

L'arrivée de Jacques Chirac à la présidence s'insère donc dans un contexte plutôt favorable. La Hongrie figure rapidement à son agenda européen et il se rend à Budapest en janvier 1997. Et c'est

---

43. Gusztav Kecskes, *La diplomatie française et la révolution hongroise de 1956*, Publications de l'Institut hongrois de Paris, 2005.
44. http://www.ambafrance-hu.org/spip.php?rubrique279
45. http://www.infh.eu.
46. http://www.culture.gouv.fr/culture/actualites/lettre/82.pdf.
47. Entretien avec François Nicoullaud, 3 octobre 2011, et avec Paul Poudade, 21 novembre 2011.
48. Sur les relations franco-hongroises, *Cahiers du Centre d'études hongroises* ; les autobiographies de François Fejtö, *Mémoires. De Budapest à Paris*, Calmann-Lévy, 1986 et Thomas Schreiber, *J'ai choisi la France*, France Empire, 2010, et « L'image de la Hongrie en France » in *La Hongrie au XXᵉ siècle : regards sur une civilisation*, Paris, L'Harmattan, 2000, p. 331-339.

le bon élève hongrois qui le reçoit, celui qui a résolu ses différends sur les minorités avec Bucarest en septembre 1996[49]. La France est le troisième investisseur en Hongrie, loin derrière l'Allemagne et les États-Unis, mais Jacques Chirac, fidèle à sa politique, est accompagné par de nombreux chefs d'entreprise déjà présents en Hongrie, car la cinquième place de la France comme partenaire commercial de Budapest n'est pas encore à la hauteur de ses possibilités[50]. Il réaffirme devant le Parlement hongrois son souhait d'une intégration rapide de la Hongrie dans l'Union européenne et au sein de l'OTAN[51]. Mais la priorité de Budapest, c'est l'OTAN. Pour ce qui est des projets d'européanisation de l'OTAN ou des ménagements à la Russie, les interlocuteurs du Président, son homologue Arpad Göncz, le Premier ministre Gyula Horn et László Kovács observent une réserve polie. Pourtant, Jacques Chirac a séduit ses interlocuteurs par sa spontanéité et son allant[52]. Tous les témoignages concordent sur son engagement lors de ces voyages, sur sa volonté d'insuffler de l'enthousiasme à ses compatriotes et aux entrepreneurs, sur ses propos pleins d'empathie pour ses interlocuteurs successifs, puis sur une certaine désillusion car les services, les administrations, les entreprises ne suivent pas : un problème récurrent qui n'est pas spécifique au cas hongrois, qui dessert la France face à ses concurrents, et qui est évoqué par presque tous les diplomates en poste.

Lors du dérapage de février 2003, c'est la Hongrie qui réagit le plus modérément. Est-ce la raison pour laquelle Jacques Chirac y effectue une seconde visite d'État les 23 et 24 février 2004 ? Il est vrai qu'il a de l'estime pour Peter Medgyessi, dont il a apprécié le rôle modérateur lors des négociations sur la Constitution européenne (notamment auprès de la Pologne) et dont les conceptions européennes ne sont pas éloignées de celles de Paris[53]. C'est à une véritable opération

---

49. Jacques Amalric, *Libération*, 16 et 17 janvier 1997 ; Béla Szompati, *Le Figaro*, 16 janvier 1997 ; Florence Labruyère, *La Croix*, 17 janvier 1997.
50. *Figaro-Économie*, 17 janvier 1997.
51. Alain Frachon, *Le Monde*, 17 janvier 1997.
52. Entretien avec François Nicoullaud, 3 octobre 2011, et Paul Guilbert, *le Figaro,* 17 janvier 1997. Le discours improvisé de Jacques Chirac a été suivi par un concert des Rita Mitsouko, remplaçant le groupe Noir Désir, initialement prévu (témoignage de Paul Poudade).
53. Claire Tréan, *Le Monde*, 24 février 2004.

de déminage diplomatique qu'il se livre devant le Parlement hongrois, visant l'ensemble des pays candidats, essayant de lever la méfiance éveillée par les initiatives récentes de pilotage de l'Europe par les seules grandes puissances et affirmant qu' « avec l'élargissement, l'Europe est enfin elle-même » et que « le 1er mai prochain s'ouvrira une nouvelle page du continent »[54]. *Le Parisien* titre le 24 février 2004 : « Chirac cajole les Hongrois ». En tout cas, Jacques Chirac a défini dans son discours devant le Parlement ses espoirs pour la nouvelle Europe élargie, qui pourrait avoir, dans un nouvel élan, une vocation universelle[55].

Est-ce voir trop grand, est-ce trop tard ? Ce qui est certain, c'est que les pays de la vague admise dans l'Union européenne le 1er mai 2004 ne sont toujours pas acquis aux objectifs européens de la France. Et ce constat explique en partie l'affaiblissement de l'activité centre-européenne de Jacques Chirac à la fin de son mandat.

L'Europe centrale a donc été relativement marginale dans sa politique étrangère, à l'image de la place qu'elle occupe dans la société française, à l'exception de certains milieux intellectuels et artistiques ; elle a été intégrée dans sa politique européenne, le Président ayant été rapidement convaincu qu'il fallait réunifier le continent européen[56]. Les obstacles nés de part et d'autre et les quiproquos ont affaibli les rapports entre la France et certains États de la région. Beaucoup a dépendu aussi des Centre-Européens : par exemple, la République tchèque n'a pas offert à Paris d'interlocuteurs francophones du calibre de Bronislaw Geremek ou de Janos Martonyi. Comme l'a noté Jérôme Sgard[57], « l'embardée calamiteuse » du 17 février 1997 n'aurait pas eu une telle importance si elle n'avait été le symptôme d'une arrogance que Paris reprochait à Washington

---

54. Luc de Barochez dans *Le Figaro* du 24 février 2004 fait état de la présence d'Eva Barre, d'origine hongroise, et de l'absence du ministre de l'Intérieur Nicolas Sarkozy. Ce dernier avait fait un séjour à Budapest en 1993, comme secrétaire d'État au Budget, n'y laissant pas de bons souvenirs.

55. *Mon combat pour la paix. Textes et interventions. 1995-2007*, Paris, Odile Jacob, 2007, p. 329-336, seul texte concernant la région avec son adresse à la Diète polonaise du 13 septembre 1996.

56. D'où sa politique très favorable à l'intégration de la Bulgarie et surtout de la Roumanie, avec l'espoir que leur francophonie pourrait se traduire par un renforcement de la position française, espoir finalement déçu.

57. Jérôme Sgard, *Libération*, 24 mars 2003.

– à propos de la « vieille Europe » – et de la difficulté à trouver un langage commun entre Européens de l'Ouest et du Centre. Pierre Hassner a justement souligné le décalage qui peut exister en politique extérieure entre les « mots » et les « choses » : nous avons ici un bel exemple où le maniement des mots a masqué et dégradé les « choses », qui, elles, n'étaient pas aussi négatives qu'il n'y paraissait dans les médias, que ce soit dans le domaine culturel ou le domaine économique[58]. Avec la marge réduite qui est celle de la France sur une région qui n'est pas sa zone d'influence traditionnelle, les mots sont peut-être plus importants que les faits. Malgré ces obstacles et ces accrochages, Jacques Chirac a pourtant été un acteur important de la finalisation de l'unification du continent. Nous pouvons d'ailleurs observer le contraste entre un premier mandat assez actif et un second mandat plus terne, sans grandes initiatives, malgré les deux vagues d'élargissement. Il faut ajouter *cum grano salis* que c'est peut-être l'entourage présidentiel qui a été le plus sensible à l'Europe centrale : Bernadette Chirac a en effet fondé en 1990, à la suite d'un voyage à Prague et d'une rencontre avec Václav Havel, l'association du Pont-Neuf, organisation dynamique et lien symbolique fort avec les jeunes d'Europe centrale et orientale, auxquels elle offrait des bourses pour compléter en France leur formation universitaire, ou un lieu d'exposition pour les jeunes artistes. Mais « le Pont-Neuf » n'a pas résisté au changement de présidence, signe clair de son lien avec le président Chirac[59]. D'ailleurs, Nicolas Sarkozy s'est installé dès les premières semaines de son mandat dans une volonté affichée de rupture par rapport à la politique de son prédécesseur en Europe centrale, du moins au niveau du discours, souhaitant « restaurer » les liens en multipliant les déplacements[60]. Il est vrai qu'il s'agit d'une

---

58. Pierre Hassner, « Les mots et les choses », *La politique extérieure de Valéry Giscard d'Estaing* Samy Cohen, Marie-Claude Smouts dir., Paris, FNSP, 1985, p. 242.
59. http://www.radio.cz/fr/rubrique/faits/lassociation-le-pont-neuf-dix-sept-ans-daction-aupres-des-jeunes-de-leurope-de-lest. En 17 années, elle a distribué plus de 800 bourses, organisé 188 conférences, expositions ou colloques (je remercie Sophie Fouace pour ces renseignements).
60. C'est en Hongrie que Nicolas Sarkozy effectue son premier déplacement parmi les nouveaux adhérents de l'UE (http://www.ambafrance-uk.org/Conference-de-presse-du-President, 9474). La presse souligne alors la volonté de rupture explicite du nouveau président qui souhaite « réparer » 2003. Mais son voyage éclair d'une journée déçoit ses interlocuteurs.

autre histoire, mais guère plus satisfaisante du point de vue de la dynamique entre la France et les pays d'Europe centrale, hypothéquée non seulement par de nouvelles ambiguïtés, mais aussi par la crise générale de l'Europe.

JACQUES CHIRAC, L'OTAN ET LA DÉFENSE EUROPÉENNE – UN PRAGMATISME À L'ÉPREUVE DU BROUILLARD STRATÉGIQUE

Frédéric Charillon

De l'Européen qui, en 1998, semblait avoir converti Tony Blair à la défense commune, à l'échec du référendum de 2005 qui allait geler pour un temps l'influence française au sein de l'UE, que retenir de la présidence de Jacques Chirac des projets « d'Europe puissance », comme on disait alors, et de sécurité euro-atlantique ? De la vaine tentative de Jacques Chirac visant à regagner les instances intégrées de l'OTAN, en 1995-97, jusqu'aux déchirures de la crise irakienne de 2002-2003 qui marquèrent la communauté transatlantique, que retenir de sa vision et de sa pratique de l'Alliance ? Comment évaluer, surtout, ce va-et-vient entre une priorité européenne fluctuante et des relations si tumultueuses avec l'Amérique ?

Les deux dossiers otanien et européen sont naturellement indissociables : construire l'Europe de la défense ne peut s'envisager sans le rapport à l'OTAN, et discuter de la place de la France au sein de l'OTAN suscite systématiquement des commentaires sur l'Europe de la défense. C'est sous les deux mandats de Jacques Chirac, que le lien de vases communicants entre les deux termes de cette même équation est apparu de façon la plus flagrante.

Penchons-nous d'abord sur l'homme et sa politique. On a prêté à l'action extérieure de Jacques Chirac plusieurs caractéristiques, que nous récapitulons brièvement afin de voir si elles expliquent sa double approche de l'OTAN et de la défense européenne. Voyons ensuite la rencontre de cet homme avec un contexte bouleversé par les suites des attentats du 11 septembre 2001. Interrogeons-nous enfin sur un bilan : Jacques Chirac a-t-il facilité la tâche de son successeur, et pour faire quoi ?

L'hypothèse d'un chiraquisme en politique étrangère et sa répercussion sur la sécurité euro-atlantique

La politique étrangère de Jacques Chirac a été qualifiée tour à tour de néo-gaullienne (notamment pour sa posture dans la crise irakienne de 2002-2003) et excessivement affective (pour l'importance qu'elle accordait aux relations amicales avec les dirigeants étrangers).[1] Elle a été critiquée pour son caractère impulsif ou désordonné, saluée pour son ouverture novatrice sur le monde extra-occidental.[2] Sur le premier point – celui d'une politique par trop néo-gaullienne – on peut imaginer aisément que l'argument ait servi à la fois d'explication rapide aux faibles avancées européennes et aux brouilles américaines. Essentiellement brandi par la presse et les think tanks anglo-saxons après 2003, il repose cependant sur des bases fragiles. Est-il gaullien le Jacques Chirac qui souhaite placer, en Irak comme au Kosovo, les Nations Unies au cœur de l'action multilatérale internationale, là où le général de Gaulle parlait avec mépris du « machin » ? Est-il gaullien le Jacques Chirac qui cherche en 1996 les conditions d'un retour dans les instances intégrées de l'OTAN ? Est-il gaullien enfin le Jacques Chirac qui recherche le partenariat avec la Grande-Bretagne en 1998 pour relancer l'Europe de la défense ?

Le second point, celui d'une pratique très interpersonnelle de la politique étrangère, a servi d'arguments aux détracteurs de la politique étrangère de Jacques Chirac. Aveuglé sur le monde arabe par son amitié avec l'ancien Premier ministre libanais Rafic Hariri, paternaliste à l'excès avec le roi du Maroc Mohammed VI,[3] et même avec George W. Bush à qui il demandait de dire à son père à quel point il le trouvait compétent,[4] adoré de Yasser Arafat qui l'appelait le « docteur Chirac », le cinquième président de la Ve République n'aurait décidément pas été fait pour naviguer efficacement dans la froideur des machines otanienne et européenne. Fragilité de l'argument là

---

1. Voir E. Aeschimann, Ch. Boltanski, *Chirac d'Arabie*, Paris, Grasset, 2006 ; G. Delafon, TH. Sancton, *Dear Jacques, Cher Bill. Au cœur de l'Elysée et de la Maison Blanche 1995-1999*, Paris, Plon, 1999.

2. Y compris par des auteurs a priori éloignés politiquement de Jacques Chirac. Voir P. Péan, *L'inconnu de l'Elysée*, Fayard, Paris, 2007.

3. J-P. Tuquoi, *Majesté, je dois beaucoup à votre père. France-Maroc, une affaire de famille*, Paris, Albin Michel, 2006.

4. T. Cantaloube, H. Vernet, *Chirac contre Bush. L'autre guerre*, Paris, Lattès, 2004.

encore : les accords de Saint-Malo n'ont pas empêché le président français de livrer une bataille sans merci contre le Premier ministre britannique cinq ans plus tard sur fond de guerre irakienne, ni de se rapprocher à la faveur de la même crise moyen-orientale, du chancelier Schröder avec qui les relations avaient pourtant mal commencé. A plusieurs reprises, les sentiments se sont effacés devant la *Realpolitik*. De la même manière, la visite immédiate et symbolique de Jacques Chirac à New York après les attentats du 11 septembre 2001 n'est qu'un lointain souvenir en 2003, et le soutien français à l'ami américain sur l'Afghanistan ne se retrouve pas en Irak.

Le dernier point – une politique impulsive portée instinctivement vers les mondes extra-occidentaux plutôt qu'euro-atlantiques – trouve davantage d'appui empirique. Il explique en partie l'intérêt que Jacques Chirac trouvait dans les Orients proche et lointain, et bien évidemment dans l'Afrique. Il donne un éclairage sur certaines colères (comme à Jérusalem en 1996 face à la sécurité israélienne) ou sur des initiatives parfois vite oubliées (sur le Bassin du Niger, enjeu toujours promu par la Fondation Chirac).

L'extrapolation des préférences politiques ou idéologiques supposées de Jacques Chirac à l'appui de l'explication de sa politique de défense, se révèle être un exercice difficile.[5] Il n'y a pas *a priori* de Chirac pro- ni anti- otanien, pro- ni anti-américain, pro- ni anti-européen. Du Chirac fustigeant le « parti de l'étranger » dans son « appel de Cochin » anti-européen de décembre 1978, il ne reste pas grand-chose, lorsque vingt ans plus tard, il tente de relancer l'Europe de la défense avec Tony Blair. Du Chirac européen appelant à voter oui au référendum sur le traité de Maastricht,[6] il ne reste pas grand-chose non plus, lorsqu'il estime le 17 février 2003, que les pays candidats à l'Union qui n'avaient pas suivi sa ligne dans la crise irakienne n'étaient « pas très bien élevés », et avaient « manqué une bonne occasion de se taire ». Reprendre la geste ou la rhétorique

---

5. Sur les questions de défense, Bastien Irondelle l'a démontré brillamment dans son étude sur la réforme des armées de 1996 : les observateurs qui pensaient pouvoir invoquer les croyances antérieures du président élu en matière de service national, ou son calcul supposé vis-à-vis de l'opinion publique, se sont perdus en conjectures face à Jacques Chirac. Voir B. Irondelle, *la réforme des armées en France. Sociologie de la décision*, Paris, Presses de Sciences Po, 2011.
6. Attitude d'autant plus courageuse qu'il était alors à la tête d'un RPR et d'une famille gaulliste pour le moins sceptiques sur le sujet.

gaullienne (avec notamment le retour du vocable de « politique arabe » lors de son discours à l'Université du Caire en avril 1996), n'a pas empêché Jacques Chirac d'estimer nécessaire l'amorce d'un retour de la France dans les instances intégrées de l'OTAN. Raconter périodiquement son année sabbatique aux Etats-Unis dans sa jeunesse, et être le premier président français à s'exprimer en langue anglaise en direct sur les médias américains, ne l'empêchent pas de s'opposer frontalement aux Etats-Unis dans les premiers mois de son second mandat. S'il y a bien un pragmatisme chiraquien dans les affaires euro-atlantiques, il reste à savoir par quelles considérations il a été guidé et par quels paramètres il a été contraint.

Jacques Chirac, l'Europe des années 1990 et l'Amérique des années 2000

Jacques Chirac, au pouvoir de 1995 à 2007, est le premier président entièrement « post guerre froide ». Non pas au sens où il échappe à la culture politique de cette période bipolaire, lui qui avait déjà une longue carrière politique avant d'entrer à l'Elysée, mais au sens où il hérite en 1995 d'une nouvelle Europe dont il n'a pas à gérer lui-même les transformations. Il assiste en revanche, en temps réel, au basculement des Etats Unis dans le monde post-11 septembre 2001, et par extension au débat sur le rôle de l'OTAN dans un monde marqué par le terrorisme global. Une UE élargie à 27 membres à la fin des deux mandats chiraquiens en 2007, une Alliance forgée pour l'Atlantique Nord et créée contre l'Union soviétique, désormais déployée en Afghanistan sous la conduite d'une Amérique devenue néoconservatrice : voici en quelques mots le décor stratégique et la marge de manœuvre politique qui servent de toile de fond à la rencontre entre Jacques Chirac et la sécurité euro-atlantique. Cette rencontre ayant été marquée également, il ne faut pas l'oublier, par cinq années de cohabitation avec le gouvernement Jospin, à la suite des élections anticipées de 1997.

On peut distinguer à propos de ces enjeux plusieurs phases dans cette période chiraquienne. De 1995 à 2000, on assiste aux derniers espoirs de développer un pilier européen dans l'OTAN. Le volontarisme politique français dans les Balkans, la tentative de « retour » dans l'OTAN de 1996, l'initiative de Saint-Malo de 1998 sont, jusqu'au Conseil européen de Nice de décembre 2000, les épisodes marquants. Par la suite, de 2001 à 2007, Jacques Chirac est surtout préoccupé de résister aux tentatives néoconservatrices américaines de reformuler le projet otanien selon les nouvelles lignes de partage, édictées à Washington, d'une « guerre contre la terreur » nécessitant un « global NATO » conçu comme une alliance démocratique proactive dans le monde.

Lors de la première période (1995-2000), le volontarisme politique français dans les Balkans démontre une volonté de faire respecter, sur le terrain et dans les prises de décision, les Européens sinon l'Union Européenne. Eclipsée en 1995 dans le dénouement des accords de Dayton (qui auront surtout mis en scène la diplomatie américaine)[7], cette Europe a également été bafouée sur le terrain par les troupes serbes, limitée qu'elle était par le carcan onusien. Par quelques épisodes fameux (comme la reprise du pont de Vrbanja le 27 mai 1995)[8] et par la constitution d'une force de réaction rapide avec les Britanniques, Jacques Chirac tente d'encourager l'idée d'une Europe militaire avec laquelle il faut compter. Plus tard dans la crise kosovo, sa volonté de réagir à la plupart des plans d'attaque américains voire de s'opposer à certains objectifs militaires définis par eux (notamment sur la ville de Belgrade), participe de la même logique : celle d'un partenaire français (donc européen) acteur à part entière du processus otanien, et respecté comme tel. C'est également en défense de cette logique que Jacques Chirac a esquissé en 1995 un mouvement de retour français dans les instances intégrées de l'OTAN, simultanément à l'annonce de la professionnalisation de l'armée française, qui conduit à une meilleure interopérabilité avec les alliés anglo-saxons (dont les armées ont déjà adopté ce modèle depuis longtemps). En décembre 1995, Paris annonce un retour au conseil des ministres et au comité militaire de l'OTAN, sans aller jusqu'à évoquer encore un retour dans le commandement militaire intégré. Mais cette option est présente à l'esprit du Président et de son Premier ministre, Alain Juppé, qui ouvrent avec Washington des négociations en ce sens.

---

7. L'administration Clinton refuse le plan Vance-Owen proposé pour la Bosnie depuis 1993.

8. La reprise par les troupes françaises du pont de Vrbanja le 27 mai 1995 aux troupes serbes, ordonnée par Jacques Chirac, précède une fermeté française nouvelle vis-à-vis de la Serbie de Slobodan Milocevic.

Car c'est en échange d'une plus grande prise en compte des Européens dans l'Alliance, réclamant la direction de ce qui est alors le commandement sud de l'OTAN par un pays européen, que la France propose d'ouvrir une nouvelle page.[9] Les conditions de Jacques Chirac ne sont pas acceptées par Washington, en dépit d'une réaction de Bill Clinton qui a pu paraître à certains moments comme ouverte. Comment l'échec de ce retour otanien est-il géré ? Le premier élément de réponse ne procède pas de la politique internationale : la défaite du camp présidentiel aux élections législatives anticipées de 1997 met fin à une initiative qui ne recueille pas l'assentiment du nouveau Premier ministre socialiste, Lionel Jospin. Le second élément réside dans une relance de l'Europe politique, et même dans une ambition de politique étrangère et de défense commune, compatible avec l'horizon atlantique : c'est, en décembre 1998, le sommet franco-britannique de Saint-Malo. En obtenant de la Grande-Bretagne une déclaration reconnaissant qu'une Europe puissance serait un atout pour l'Alliance atlantique plus qu'un danger, la France semble pour un temps lever un obstacle majeur. L'esprit de Saint-Malo poursuit en quelque sorte la logique selon laquelle Europe puissance et Alliance atlantique doivent progresser vers la complémentarité. La caution britannique à cette rhétorique est naturellement la condition *sine qua non* de sa crédibilité politique. La pratique n'est pas toujours à la hauteur de l'esprit, la méfiance restant de mise de part et d'autre de la Manche.[10] Les orages atlantiques de l'après 11 septembre 2001[11] relèguent l'épisode malouin au rang d'illusion.

---

9. Comme Alain Juppé le résume plus tard, pour expliquer l'esprit de l'époque : « C'est dans cet esprit que, en 1995, le président Chirac et le gouvernement que je dirigeais ont engagé un processus de rapprochement entre la France et l'OTAN. Nous y avions mis deux conditions clairement énoncées : d'abord parvenir à un partage équitable des responsabilités, c'est-à-dire des commandements, entre Américains et Européens ; ensuite obtenir de nos partenaires européens le lancement d'une politique européenne de sécurité et de défense (PESD) qui en soit une, ce qui supposait à la fois une volonté réelle de leur part et la levée de la réserve, voire du veto américain. A l'époque, ces conditions ne furent pas remplies et la démarche fit long feu ». A. Juppé, « Un débat de fond est nécessaire sur un choix qui engage l'avenir du pays », *Le Monde,* 20 février 2009.
10. Entretiens réalisés de 1999 à 2001 au ministère français des affaires étrangères.
11. L. Pisar, *Orage sur l'Atlantique. La France et les Etats-Unis face à l'Irak*, Paris, Fayard, 2010.

De 1998 à 2000, période qui inclut les Conseils européens de Cologne et d'Helsinki,[12] les différences franco-américaines, y compris celles qui ont amené à l'échec du retour français dans l'OTAN, semblent surmontables aux principaux acteurs qui suivent ces dossiers à Paris et à Washington.[13] Les réactions américaines à l'idée d'une capacité européenne autonome, même si on les souhaite « without prejudice to actions by NATO », et même si les « trois D » de Madeleine Albright restent dans les esprits,[14] demeurent modérées et parfois constructives. L'Alliance atlantique adopte deux nouveaux concepts stratégiques en 1991 et 1999, l'Allemagne puis la France proposent des visions nouvelles de l'Europe en 2000,[15] et un « New Transatlantic Agenda » est signé par Bill Clinton en 1995, lançant des sommets ministériels bi-annuels et une « task force ». De manière illustrative, cette dernière initiative ne survit pas à l'après 11 septembre 2001. Non pas que la solidarité avec les Etats-Unis au moment des attentats est remise en cause par la France ou d'autres alliés européens.[16] Non pas que les opérations lancées par Washington en Afghanistan sont considérées illégitimes par Paris, qui s'y associe d'emblée.[17] Mais la doctrine de sécurité de l'administration républicaine ne peut pas, aux yeux de la France, devenir celle

---

12. A Cologne, en juin 1999, des moyens à disposition de l'Europe sont définis ; à Helsinki, en décembre 1999, le processus de « Headline goal » est poursuivi, prévoyant la capacité pour l'Europe d'être en mesure à l'horizon 2003 de déployer 60.000 troupes pour une durée d'un an, afin de remplir les missions dites de Petersberg (il s'agit, selon l'article 17 du traité sur l'Union européenne, des missions humanitaires et d'évacuation, de maintien de la paix, de gestion des crises, y compris de rétablissement de la paix). Ces capacités ont été déclarées opérationnelles en décembre 2001, au Conseil européen de Bruxelles.

13. M. Brenner, G. Parmentier (eds.), *Reconciliable differences : US-French Relations in the New Era*, Washington DC, Brookings Institution, 2002.

14. Au sommet de l'OTAN de 1998, la Secrétaire d'Etat américaine a mis en garde ses alliés contre une possible « Diminution » de l'OTAN, contre une « Discrimination » entre ses membres, contre une « Duplication » de ses capacités.

15. En réponse à un discours de Joshka Fischer sur l'Europe le 12 mai 2000 à Berlin, Jacques Chirac reprend l'initiative dans une adresse au Bundestag en juin suivant. Même s'il est désavoué par son Premier ministre Lionel Jospin, de ces débats émerge l'idée d'un groupe pionnier de pays pour une « Core Europe ».

16. Jacques Chirac est le premier chef d'Etat à se rendre à New York après les attentats.

17. Des missions aériennes françaises en Afghanistan sont effectuées à partir d'octobre 2001.

de l'ensemble de l'Alliance atlantique. Ce fossé se cristallise dans le débat irakien d'abord, afghan un peu plus tard. Dans une interview donnée au *New York Times* le 8 Septembre 2002, soit peu avant la publication de la *National Security Strategy* américaine, Jacques Chirac met l'accent sur les dangers que comporte la doctrine de la guerre préemptive, et exprime ses craintes sur la priorité américaine accordée à une « guerre contre la terreur » jugée obsessionnelle. Aux yeux des néoconservateurs américains ou de ceux qui à Washington en acceptent l'état d'esprit, tout multilatéralisme est devenu synonyme de faiblesse, d'indécision, de trahison même, s'il ne suit pas la nouvelle grille de lecture qui impose que l'on soit « avec » l'Amérique ou « contre » elle, partenaire ou paria, allié docile ou traître qu'il faut punir. L'ONU ayant failli à sa tâche de formuler une résolution conforme à la volonté américaine sur la question irakienne en 2002-2003, il convient de lui substituer autre chose. Cette autre chose peut être une OTAN globale devenue gendarme du monde. Mais si cette OTAN a des états d'âme, on se passera alors d'alliance fixe et la mission déterminera la coalition.[18] L'idée même d'alliance stable est ainsi bafouée.

De 1995 à 2000, la France de Jacques Chirac semble donc vouloir réconcilier ou au moins combiner ses deux cadres d'appartenance sécuritaires que sont l'Union Européenne et l'OTAN : proposition d'un retour français dans l'OTAN contre une meilleure place faite à l'Europe dans l'Alliance, esprit de Saint Malo, souhait chiraquien de voir la France jouer tout son rôle comme nation individuelle dans les décisions et les planifications otaniennes. Ce qui n'exclue pas de présenter parfois ces deux dimensions européennes et atlantiques comme des alternatives : lorsque l'une ne donne pas satisfaction, on peut se tourner vers l'autre. Mais à partir de 2001, ces deux alternatives sont en crise. Les guerres de l'Amérique en Irak et en Afghanistan, la posture néoconservatrice de l'administration américaine, empêchent de relancer une ouverture vers l'OTAN, ou même de conserver un débat serein. On se souvient de Condoleeza Rice souhaitant « punir » la France pour son attitude dans la crise irakienne. Dans le même temps, l'élargissement européen de 2004, l'opposition encouragée par Donald Rumsfeld entre une « nouvelle »

---

18. Telle est la conception de l'Alliance édictée par Donald Rumsfeld : c'est la mission qui, au cas par cas, détermine la bonne coalition ad hoc.

et une « vieille » Europe (opposition symbolisée en 2003 par l'affrontement entre Jacques Chirac d'un côté,[19] et le Premier ministre britannique Tony Blair soutenu par plusieurs pays d'Europe centrale et orientale de l'autre), la faiblesse des tentatives européennes pour se doter d'une doctrine,[20] et enfin l'échec du référendum français de 2005 sur la constitution européenne, écornent singulièrement la carte de toute relance européenne, malgré les réelles avancées de l'Europe de la défense à partir de 2003.[21]

Jacques Chirac aurait-il pu mieux faire ? Aurait-il pu, avec un calendrier différent, à la fois réussir le retour dans le commandement militaire intégré de l'OTAN en 1996 et faire accepter aux Etats-Unis, grâce à l'aide britannique apportée à Saint-Malo, la contrepartie d'une reconnaissance de l'Europe puissance? Peut-être y serait-il parvenu en commençant par avancer les éléments rassurants de Saint-Malo, avant de poser ses conditions sur un retour otanien. A sa décharge, la fenêtre de tir aurait été bien étroite et la seconde partie du plan aurait posé problème au gouvernement de cohabitation.

La France après Chirac : normalisation otanienne, renoncement européen ?

Jacques Chirac a-t-il permis, par son action politique pendant ses deux mandats, une réconciliation entre l'Europe de la défense et l'Alliance atlantique ? Des liens peuvent-ils être établis entre, d'une part, l'action menée entre 1995 et 2007 et, d'autre part, les évolutions concrétisées sous le quinquennat de Nicolas Sarkozy, notamment le rapprochement franco-britannique de novembre 2010,[22] et le retour

---

19. Soutenu par le Chancelier allemand Gerhard Schröder, dont les critiques à l'égard de l'OTAN se font de plus en plus lourdes.

20. Edictée fin 2003 par Javier Solana (alors Secrétaire général du Conseil de l'Union Européenne et Haut Représentant pour la PESC), la Stratégie européenne de sécurité est largement raillée pour son flou, en comparaison avec la stratégie de sécurité nationale américaine.

21. Avec des opérations en Macédoine (opération Concordia), en Ituri (opération Artémis), puis en Bosnie (opération Althéa).

22. Accords de Lancaster House signés le 2 novembre 2010 par David Cameron et Nicolas Sarkozy, approfondissant une coopération bilatérale entre les deux pays en matière de défense et de sécurité, notamment dans le domaine de la coopération nucléaire.

cette fois mené à son terme de la France dans les instances intégrées de l'OTAN en 2009 ? Plusieurs observateurs ont vu en effet, à la fin des mandats de Jacques Chirac, une fenêtre politique possible pour une triple normalisation : a) normalisation de la posture britannique vis-à-vis de l'Europe de la défense, notamment après Saint Malo, b) normalisation de la posture française vis-à-vis de l'OTAN, après la tentative chiraquienne de 1996, c) normalisation de la posture de l'Allemagne vis-à-vis d'elle-même, de son rôle dans le monde et de son rapport à la puissance.[23] Seules les deux premières, bien évidemment, étant imputables, au moins partiellement, à l'action du Président français.

Sur le rapprochement franco-britannique, ce sont sans doute davantage les contraintes de moyens des années 2010 (plutôt que la voie tracée par un héritage chiraquien), qui amènent Paris et Londres à entamer une « Entente frugale » qui n'est d'ailleurs pas du goût de tous les acteurs de part et d'autre de la Manche. Car contrairement à ce qui est « l'esprit – au moins supposé – de Saint-Malo », il n'est plus question d'Europe de la défense dans l'accord de 2010, aux préoccupations exclusivement bilatérales. On retrouve davantage, en revanche, dans la rencontre de Lancaster House, les accents du rapprochement franco-britannique de 1995-97, lorsque Jacques Chirac et Alain Juppé estimèrent avec le gouvernement britannique conservateur de John Major qu'il n'était pas concevable que les intérêts de l'une des deux puissances fussent menacés sans que cela constitua automatiquement une menace pour l'autre. La France et le Royaume-Uni sont alors au lendemain du drame bosniaque et constatent, après les hésitations américaines, qu'elles doivent intervenir dans les Balkans, qu'elles doivent être capables d'agir ensemble, tant leurs intérêts sont proches dans l'environnement stratégique européen, et tant ces intérêts ne sont pas toujours partagés par les Etats-Unis.

---

23. Voir notamment les travaux de Frédéric Bozo, en particulier : *La France et l'Alliance atlantique: la fin de l'exception française?* Paris, Fondation pour l'Innovation Politique, février 2008 ; « La France, les Etats-Unis et la fin de la guerre froide », in R. Lukic (dir.), *Conflit et coopération dans les relations franco-américaines, du général de Gaulle à Nicolas Sarkozy*, Québec, Presses de l'Université Laval, 2009 ; On consultera également avec profit les travaux de Roland Dannreuther: *Security Strategy and Transatlantic Relations* (avec John Peterson), Londres, Routledge, 2006.

Sur le retour français dans les instances intégrées de l'OTAN tel que Nicolas Sarkozy le conduit, les différences entre les deux démarches de 1995 et 2009 sont également importantes. On retrouve certes, en 2009, les arguments déjà évoquées quatorze ans plus tôt. A savoir que ce retour correspond désormais aux intérêts français, dans une époque qui n'offre plus les mêmes paramètres que ceux qui ont présidé à la décision du général de Gaulle en 1966. La France, depuis plusieurs années, participe de façon importante à l'Alliance sans pour autant avoir accès aux discussions de certains groupes de travail : il est donc vital d'être présente dans le processus décisionnel de l'OTAN et dans la définition des grandes options stratégiques. Par ailleurs, la situation de la France vis-à-vis de l'OTAN, qui lui a permis un temps de marquer sa différence sans pour autant perdre la protection américaine, a fini par donner l'image d'une puissance nostalgique d'un optimum stratégique désormais perdu. Il faut corriger cette image. Surtout, le soupçon est fort en Europe que la France tient à l'essor d'un acteur politique européen pour mieux affaiblir la dynamique atlantique. C'est donc au nom d'une vision décomplexée de l'Europe politique, qui ne serait plus suspecte d'arrières pensées négatives, que Nicolas Sarkozy choisit le retour plein et entier (ou presque – puisqu'il exclut le comité des plans nucléaires)[24]. Mais contrairement à son prédécesseur, Nicolas Sarkozy finalise cette réintégration sans exiger de contrepartie américaine quant à la reconnaissance d'une Europe politique.

En échouant à imposer sous ses conditions le retour français dans les instances intégrées de l'OTAN en 1995-97, Jacques Chirac a-t-il ouvert la voie à une normalisation ultérieure de la position française dans l'OTAN au prix du renoncement à l'Europe puissance ? Présenter les choses sous cet aspect serait prêter à un seul chef d'Etat bien du pouvoir sur les structures dans lesquelles il évolue. Si le double rapprochement de la France avec les instances intégrées de l'OTAN d'une part, et avec la Grande-Bretagne sur un plan plus bilatéral d'autre part, est opéré sans contrepartie favorable pour une relance crédible de l'Europe de la défense, c'est bien davantage pour des raisons structurelles qui demeurent les mêmes depuis plusieurs années. Celles-ci sont au nombre de trois. a) Les Etats-Unis

---

24. Voir sur ces sujets P. Lellouche, *L'allié indocile. La France et l'OTAN, de la Guerre froide à l'Afghanistan*, Paris, Editions du Moment, 2009.

ne laissent à leurs alliés quasiment aucune marge de manœuvre pour réformer l'Alliance de l'intérieur, et c'est l'un des paramètres qui a conduit le général de Gaulle à la décision de 1966. b) Les Britanniques, alliés sans nul doute difficiles, sont les seuls partenaires européens viables et d'un poids stratégique suffisant, dès lors qu'il s'agit de défense et de sécurité, *a fortiori* lorsque cela requiert une intervention militaire (on l'a vu dans les années 1990 en Bosnie, puis en 2011 dans l'affaire libyenne). c) Les Européens eux-mêmes sont divisés sur l'ambition d'une Europe puissance, dans laquelle la France se retrouve de plus en plus seule. Il faut admettre à cet égard que les réserves britanniques sont partagées par une majorité d'Etats membres de l'Union européenne, pour des raisons souvent moins politiques et idéologiques que celles de Londres, et davantage liées à un refus d'engager des moyens ainsi qu'une responsabilité.

* * *

Jacques Chirac n'a pas réussi formellement la réconciliation franco-otanienne. Il n'a pas réussi non plus à compenser cette non-réconciliation par une relance de l'Europe puissance. Sa cohabitation avec le gouvernement de Lionel Jospin de 1997 à 2002 a néanmoins introduit une normalisation de la politique étrangère française,[25] marquée par une très bonne entente avec son ministre des affaires étrangères, Hubert Védrine. Celle-ci sera précieuse ultérieurement, lorsque droite et gauche aborderont ensemble les questions internationales, lors de la rédaction d'un *Livre Blanc pour la Défense et la Sécurité Nationales*, renonçant à défaire ce que le parti adverse avait fait. S'il est une réussite incontestable à mettre au crédit de la période chiraquienne, elle réside bien dans le caractère dépassionné des débats autour de ces questions. Pas plus que le débat qui a conduit à la professionnalisation des armées, le retour dans les instances intégrées de l'OTAN n'a pas déclenché de déchirements. On est resté loin des clivages déstabilisateurs qui avaient marqué les années 50 (sur l'armée européenne), les années 60 (sur le retrait français du commandement intégré de l'Alliance atlantique en 1966), les

_____

25. Voir sur ce sujet S. Cohen, « Cohabiter en diplomatie : atout ou handicap ? », *Annuaire Français des Relations Internationales*, Bruxelles, Bruylant, 2004.

années 1970 et 1980, lorsque Valéry Giscard d'Estaing suscitait la méfiance outre-Atlantique avec des prises de positions consensuelles (la France n'a pas d'ennemi) qui inquiétaient en période de guerre froide. En esquissant tour à tour des mouvements diplomatiques vers l'OTAN, et des tentatives de relance de l'Europe de la défense, Jacques Chirac a finalement, parfois malgré lui, normalisé et apaisé une partie du débat stratégique français.

LA RÉFORME DE LA DÉFENSE FRANÇAISE 1995-2002

Louis Gautier

On dispose désormais d'un peu plus de recul pour considérer la place qu'occupe la double présidence de Jacques Chirac dans la réforme de la défense française après la guerre froide, à la fois par rapport à un amont, la fin du second septennat de François Mitterrand, où notre politique militaire restait fortement influencée par les prédicats gaulliens et par rapport à un aval, le quinquennat de Nicolas Sarkozy, largement émancipé de ces principes. La présidence de Jacques Chirac est en quelque sorte un entre-deux. Elle est dégagée des problématiques post guerre froide qui marquent le début des années quatre-vingt-dix mais elle n'a pas encore basculé dans la nouvelle donne qui caractérise le monde de la première moitié du XXIe siècle. Pour la défense française qui engage, après 1991, une transformation aussi profonde que lente à s'accomplir puisqu'elle s'effectue sur deux décennies, c'est sous la présidence de Jacques Chirac et en particulier au cours de son premier mandat (1995-2002) que la rupture avec le modèle d'armée mis en place au début de la Vème République est véritablement consommée.

Les cadres de la réflexion stratégique pertinents au temps de la guerre froide sont en effet irrémédiablement dépassés quand il accède à la présidence de la République en 1995. L'outil militaire forgé sous l'impulsion du général de Gaulle, dans la première moitié de la Ve République, paraît frappé de péremption. Les trois piliers de la politique de défense de la Ve République : indépendance, dissuasion, conscription, sont fragilisés et prêts à s'effondrer, pour au moins deux d'entre eux. Les notions d'interdépendance, de projection à l'extérieur de nos frontières et de professionnalisation des armées deviennent les nouveaux mots d'ordre, les nouvelles priorités.

Aux temps de la guerre froide, la difficile conversion des certitudes doctrinales qui inspiraient notre politique de défense explique cependant le caractère souvent tardif, en tout cas très progressif, de la réforme militaire. Au début des années 1990, la réforme de la défense n'est pas dominée par un sentiment d'urgence mais plutôt par une certaine prudence politique et stratégique. Dans un contexte certes favorable, le changement initié « intellectuellement » sous François Mitterrand (autour des problématiques liées aux dividendes de la paix, aux leçons de la guerre du Golfe et de la Bosnie, au projet de construction d'une défense européenne) n'a pas encore trouvé à s'incarner pleinement. Les réformes piétinent. Il faut attendre l'élection de Jacques Chirac pour que certains arbitrages soient rendus. Cependant, en dépit de choix souvent présentés comme des ruptures, la continuité l'emporte finalement d'une présidence à l'autre. Et ce schéma se reproduit après l'accession au pouvoir de Nicolas Sarkozy. Les raisons sont triples. Il y a d'abord les convergences de vues entre la droite et la gauche sur la reformulation de la politique de défense : depuis 1991, de la guerre du Golfe à la Libye, la mission de projection extérieure l'emporte sur l'impératif autrefois constitué par la protection militaire du territoire ; la notion de sécurité, après le 11 septembre 2001, tend à supplanter celle plus classique de défense nationale ; la logique de l'interdépendance avec nos partenaires de l'Union européenne et nos alliés dans l'OTAN a pris le pas sur le principe d'indépendance nationale, à la fois pour des raisons stratégiques et d'efficacité opérationnelle. Ensuite, il y a la réforme de l'outil militaire proprement dite qui s'accomplit par étapes et dans la durée. Elle s'effectue en effet sous trois présidences successives (la fin du second septennat de François Mitterrand, le double mandat de Jacques Chirac et le quinquennat de Nicolas Sarkozy). Enfin, il existe des circonstances politiques internes particulières caractérisées par trois cohabitations entre 1993 et 2002 et la persistance dans l'opinion, malgré des changements de fond qui le rendent désormais insolite, d'un consensus ancien sur la politique de défense.

La fin du second septennat de François Mitterrand et l'élection d'un nouveau président de la République en mai 1995 marque cependant bien une césure dans la mise en œuvre de la réforme des armées françaises d'après-guerre froide. Disposant d'une solide majorité au Parlement, ce qui n'était pas le cas de François Mitterrand dans les dernières années de sa présidence[1], Jacques Chirac, dès son élection, annonce son intention de faire adopter sans délais des options nouvelles et significatives en matière de défense qu'il s'agisse du passage à l'armée de métier ou de la réintégration dans l'OTAN. Par rapport à son prédécesseur, plus captivé par le débat d'idées que par les problèmes d'intendance, Jacques Chirac montre un vif intérêt pour la réforme de l'outil militaire dont il cherche à accroître l'efficacité et les performances.

Ses choix sont cependant politiquement infléchis au cours de son premier mandat du fait de la « cohabitation » avec le gouvernement de Lionel Jospin qui entend jouer pleinement le rôle que la Constitution (article 21)[2] lui impartit en matière de défense. Au cours de son second mandat, ce sont les circonstances externes liées à l'opposition de la France à l'intervention américaine contre l'Irak, qui viennent compromettre la réussite de négociations diplomatiques intéressant la défense française.

Une volonté de réforme clairement assumée

Jacques Chirac fait d'emblée de la réforme militaire une marque et une priorité de sa présidence. Dès son entrée en fonction, il annonce une réorientation des choix militaires. Dans les vœux qu'il adresse le mardi 26 décembre 1995 aux Français, il affirme que 1996 sera pour les armées une année importante impliquant de «nouvelles orientations» (...) pour «l'organisation et l'équipement des armées». Au cours d'un entretien en direct sur les chaînes de télévision TF1 et France 2, le jeudi 22 février 1996, Jacques Chirac déclare d'emblée que «*notre outil de défense est tout à fait inadapté*», puis annonce une révision en profondeur du dispositif de défense, en particulier

---

1. En particulier après mars 1993, où l'Assemblée nationale est dominée par une majorité parlementaire qui lui est opposée.
2. Lionel Jospin est chef d'un gouvernement de cohabitation. Il souhaite remplir tout son rôle constitutionnel mais s'en tient aux compétences de sa fonction. Ainsi, sauf dans les domaines qui selon lui relèvent de la seule compétence gouvernementale, comme la restructuration de l'industrie de défense ou quand la responsabilité du gouvernement peut être directement mise en cause comme dans la lutte contre le terrorisme, il veille à ne pas donner l'impression d'empiéter publiquement sur les prérogatives du chef de l'Etat.

et conformément à ses déclarations lors de la campagne électorale préalable à son élection, l'extinction à terme du service militaire, la réduction des effectifs des armées, une baisse accentuée des crédits militaires, la révision de notre arsenal nucléaire, la restructuration des industries d'armement.

Par ailleurs, brisant le moratoire décidé par François Mitterrand sur les essais nucléaires et malgré d'importantes protestations, Jacques Chirac annonce le 13 juin 1995 la reprise des essais nucléaires. La France entend réaliser huit essais nucléaires entre septembre 1995 et janvier 1996. Ces essais semblent en effet indispensables à la validation de tests et au calibrage des futurs outils de simulation.

En outre, le 5 décembre 1995, la France réintègre le comité militaire de l'OTAN dont elle était sortie en 1966, à l'instigation du général de Gaulle, et cette décision semble préfigurer une réintégration complète de notre pays dans l'organisation militaire de l'Alliance, pour laquelle des négociations sont amorcées.

En mars 1996, le ministère de la Défense fait paraître un rapport d'orientation sur la politique de défense, annonce une loi de programmation militaire 1997-2002 et la mise en place d'un nouveau modèle d'armée à l'horizon de 2015. Le contenu de ce rapport est exposé dans ses grandes lignes dans les allocutions du Premier ministre et du ministre de la Défense lors d'un débat d'orientation sur la politique de défense à l'Assemblée nationale le 20 mars 1996. Un Conseil de défense du 29 avril 1996 entérine les grandes lignes d'un nouveau projet de loi de programmation militaire pour la période 1997-2002. Celui-ci est adopté par le Conseil des ministres du 13 mai 1996 et soumis au vote du Parlement en juin 1996[3].

Les choix de politique militaire arrêtés au début de la présidence Chirac sont annoncés comme des décisions de rupture. En fait, leur mise en œuvre est en partie contrariée ou modérée. En effet, les circonstances et les contraintes politiques du moment ont refreiné certains choix. Au bout du compte, la continuité et le consensus retrouvent leurs droits dans la définition de la politique de défense

---

3. Jacques Chirac : «Intervention du président de la République à la télévision le 22 février 1996». Propos sur la défense n°57, SIRPA, février 1996, p.129-150 ; compte-rendu donné des discours sur le Rapport d'orientation sur la politique de défense dans propos sur la défense n°58, SIRPA, 1996, p.108 à 143 ; «Déclaration du gouvernement sur la politique de défense». Assemblée nationale, 1ère séance du 20 mars 1996. Compte rendu analytique officiel, p.1-12.

de la France. C'est particulièrement manifeste dans trois dossiers : la dissuasion, la relation à l'OTAN et le passage à l'armée de métier. Le tollé international provoqué par la reprise des essais nucléaires français pousse en fait Jacques Chirac à ne faire que six des huit essais prévus à l'origine, à reprendre à son compte et à rendre définitives les mesures conservatoires de désarmement engagées par François Mitterrand. Les plus spectaculaires sont, en 1996, la signature du traité d'interdiction complète des essais nucléaires (TICE) et l'arrêt de la production de matières fissiles pour les armes nucléaires. En outre, la France, à partir des décisions prises pour elle-même, se déclare favorable à la négociation d'un traité sur l'interdiction de la production des matières fissiles pour les armes nucléaires (TIPMF). Ainsi, dans l'attente de la mise en vigueur d'un tel traité, la France est le premier État à avoir décidé, et commencé à partir de 1996, le démantèlement de ses installations de fabrication de matières fissiles pour les armes nucléaires dans les usines de Pierrelatte et Marcoule. C'est par ailleurs de façon très consensuelle que plusieurs conseils de défense restreints[4], en période de cohabitation entre 1998 et 2001, arrêtent les grandes mesures de réaménagement de notre politique de dissuasion.

L'échec des négociations sur la réintégration de la France dans l'OTAN, constatée au sommet de Madrid le 8 juillet 1997, et l'arrivée au pouvoir du gouvernement socialiste de Lionel Jospin redonnent au projet de défense européenne la priorité sur notre agenda diplomatique. L'axe européen, en matière de coopération et d'intégration militaire qu'avait toujours privilégié François Mitterrand, se trouve confirmé avec éclat par l'accord franco-britannique de Saint-Malo du 4 décembre 1998 qui relance la dynamique de la politique européenne de sécurité et de défense (PESD).

Enfin, la suspension du service national, mesure emblématique du premier mandat de Jacques Chirac, est, ironie du sort, votée par l'assemblée de gauche issue des élections législatives de 1997. Cette réforme de la conscription, élément de clivage politique potentiel entre la droite et la gauche, traduit finalement la reformulation des

---

4. En matière nucléaire, les conditions d'une entente secrète entre le président de la République et le gouvernement ont été assez vite dégagées. Jacques Chirac souhaitait poursuivre la modernisation de notre arsenal nucléaire. Il ne pouvait le faire sans associer le gouvernement maître du jeu en matière budgétaire. Divers conseils restreints nucléaires se sont donc tenus entre 1998 et 2000 qui ont débouché sur des arbitrages essentiels pour notre force de dissuasion.

termes du consensus sur la défense nationale et illustre le souci d'entente politique qui marquera le traitement des questions militaires durant la cohabitation de 1997 à 2002. C'est un gouvernement de gauche qui accomplit la réforme de la professionnalisation décidée par Jacques Chirac. Engagée sur le thème de la rupture, la politique militaire de Jacques Chirac ne quitte donc pas vraiment le lit de la politique de François Mitterrand. Jacques Chirac est conduit à inscrire sa démarche dans une perspective de construction d'une politique européenne de sécurité voisine de celle de son prédécesseur. De même, en ce qui concerne le désarmement, la simulation et la modernisation nucléaires, il confirme, les arbitrages rendus par ce dernier. Continuité politique ou pesanteur des héritages en matière de politique de défense, Jacques Chirac, sauf en ce qui concerne la professionnalisation, rompt finalement moins avec la tradition militaire de notre pays qu'il ne l'infléchit de façon substantielle.

Cela dit, en vertu d'une volonté affirmée d'adapter l'outil militaire, le premier septennat de Jacques Chirac est bien celui de la réforme de notre modèle d'armée. Il est également marqué par une plus grande attention portée par l'Exécutif à l'efficacité des armées françaises dans les opérations extérieures et aux conditions de leur emploi. En témoigne, notamment en 1995 s'agissant de la Bosnie et en 1999 pour le Kosovo, l'implication au plus haut niveau de l'Etat des responsables politiques dans la gestion opérationnelle des conflits.

Au cours du premier mandat de Jacques Chirac, grâce aux efforts conjugués au sein de l'Exécutif du président et de ses gouvernements successifs, la réorganisation de la défense menée tambour battant, enregistre plusieurs succès. La professionnalisation des armées françaises et la révision de leur format sont réalisées sans difficultés majeures. Entre l'action imprimée par le gouvernement d'Alain Juppé (1995-1997) et les résultats obtenus par le gouvernement de Lionel Jospin (1997-2002), la réforme de la défense française débouche donc sur la professionnalisation complète des armées achevée en 2001, un an en avance sur le délai initialement prévu. Une importante réduction du format des forces accompagne la mise sur pied d'une armée de métier (les effectifs militaires passent de 499 334 en 1997 à 355 225 en 2002). Le bilan de la professionnalisation des forces est plutôt satisfaisant, puisque la transition de la conscription vers le volontariat, sous ses diverses formes, s'est déroulée sans encombre et sans perturbation notable de l'activité des armées engagées sur plusieurs théâtres d'opérations.

Dans le même temps, la gestion maîtrisée des conflits de Bosnie et du Kosovo conforte la stature internationale de notre armée qui a joué un rôle de premier plan dans le dégagement de solutions permettant de stabiliser les Balkans. En outre, le processus de construction de la défense européenne est spectaculairement relancé. Les accords de Saint-Malo négociés par la France à l'automne 1998 aboutissent à l'adoption par les Etats membres de l'Union européenne des déclarations de Cologne et d'Helsinki en 1999 puis du traité de Nice en 2001. L'autonomie des moyens militaires de l'Union européenne est reconnue. Celle-ci dispose enfin d'institutions ad hoc pour la gestion des crises civilo-militaires. Enfin, la consolidation de l'industrie de défense française est obtenue en rapprochant des entreprises de ce secteur : notamment, la création d'un géant européen EADS constitué autour du noyau formé par les groupes Aérospatiale et Matra, la transformation de Thalès, la réforme de la direction des constructions navales. La compétitivité et la place du secteur français de l'armement dans le monde se trouvent alors renforcées.

Le dessein projeté pour la défense française par Jacques Chirac au début de son premier septennat s'est ainsi trouvé accompli par un gouvernement de gauche qui finalise l'essentiel de la réforme militaire et la reformule sur certains de ses aspects. Une des particularités de la longue cohabitation Chirac/Jospin est aussi de donner une nouvelle lecture et une nouvelle pratique institutionnelle des rôles respectifs du président de la République, du gouvernement et du Parlement conduisant à rééquilibrer temporairement leur implication respective en matière de défense.

L'élan réformateur s'essouffle après 2002

De façon inattendue, le processus de réforme de la défense française s'enraye au cours du second mandat de Jacques Chirac. En dépit d'une hausse des crédits militaires, la réforme des armées se trouve en effet confrontée à des problèmes de financement qui entravent la bonne gestion du ministère de la Défense. En outre, l'affirmation à l'extérieur des objectifs européens de la défense française souffre d'un agenda international défavorable, notamment en raison du déclenchement de la guerre en Irak.

En raison d'une médiocre gestion de son financement, la réforme du ministère de la Défense, qui aurait mérité d'être prolongée pour parachever dans de bonnes conditions la professionnalisation et la réorientation de la programmation des équipements militaires, est paradoxalement victime, après 2002, du desserrement de la contrainte budgétaire. En réaction à la rigueur imposée au ministère de la Défense par la gauche à partir de 1999, le président Jacques Chirac décide d'opérer un redressement des moyens financiers de la défense à l'horizon de son deuxième quinquennat. C'est l'objet de la loi de programmation militaire 2003-2008 arbitrée par lui en Conseil de défense, présentée en Conseil des ministres le 11 septembre 2002 et promulguée en janvier 2003. Mais le modèle d'armée 2015 qui soustend les travaux de programmation militaire s'avère à la longue intenable, faute d'une remise à plat des commandes d'équipements et de la politique d'effectifs. Le budget des armées est en permanence sous tension. Le coût de la professionnalisation apparaît avoir été largement sous-estimé sur le long terme et le financement dans la durée du modèle d'armée devient donc problématique. L'armée de métier coûte cher. En dépit de crédits votés en augmentation, l'enveloppe dédiée aux équipements militaires est en permanence menacée d'implosion. Cette situation découle d'une programmation 2003-2008 hâtivement bouclée et d'un tri insuffisant parmi les choix d'équipements. Elle a pour origine conjoncturelle les engagements auxquels il a été procédé entre 2002 et 2004 notamment la hausse à contresens des effectifs de l'armée de terre (qui passe de 125 à 135 000 emplois budgétaires). Seule la réforme des états-majors de 2005, qui met en œuvre la logique d'« interarmisation » des forces et consacre le rôle sans partage du chef d'état-major des armées (CEMA) pour l'opérationnel mais aussi dans le domaine organique, constitue un élément marquant qui s'inscrit au bilan du second mandat chiraquien. Passée inaperçue au départ et surtout mal évaluée dans ses effets, cette réforme a eu par la suite des conséquences très importantes sur la gouvernance globale du ministère de la Défense ainsi que sur les structures de commandement et de gestion des armées. La restructuration des industries de défense au niveau français et au niveau européen est loin d'être achevée en 2002. Pourtant, elle n'enregistre aucune avancée significative après cette date. Non seulement les diverses négociations menées au niveau européen achoppent mais les dissensions concernant le directoire d'EADS perturbent la coopération franco-allemande en matière d'armement.

Enfin, malgré le progrès que constitue sa création, l'agence européenne de défense peine à exister un tant soit peu entre 2002 et 2007.

Par ailleurs, la manière dont est gérée diplomatiquement l'opposition de la France à la guerre en Irak cause un préjudice considérable à la politique de défense européenne, qui connaît alors une quadruple panne : panne politique du fait des divisions non cicatrisées sur l'Irak depuis 2003, panne institutionnelle après l'échec du référendum français sur le traité établissant une Constitution pour l'Europe en 2005, panne militaire avec l'affaissement de tous les objectifs opérationnels contenus dans les traités de Laeken et de Nice, panne industrielle en raison de l'inachèvement de la consolidation du secteur aéronautique et de l'armement sur le vieux continent.

Pour la défense française, la présidence de Jacques Chirac qui avait commencé par d'utiles clarifications et d'indéniables réussites s'achève donc sur des contradictions et des conclusions mitigées. Amorcée avec le projet de tirer un bénéfice politique d'un retour projeté dans l'OTAN, la présidence de Jacques Chirac se termine par une dégradation, sans précédent depuis 1966, de la relation de la France aux Etats-Unis sur fond de querelles au sujet de l'Irak. Paradoxalement, après 2003, la France se réinsère cependant de plus en plus dans les structures militaires de l'OTAN sans toutefois en tirer des avantages politiques manifestes : les forces françaises sont placées sous commandement de l'OTAN au Kosovo en 1999, en Afghanistan après 2003 ; l'armée de l'air française participe au dispositif de surveillance aérienne de l'OTAN à partir de 2006, notamment pour le contrôle de l'espace aérien des Etats baltes ; elle rejoint pratiquement tous les organes délibérants de l'OTAN ; des militaires français, officiers de liaison au nombre de 175, sont insérés dans les chaines de commandement du SACEUR.

La multiplication des engagements extérieurs (Afghanistan, Liban, Côte d'Ivoire principalement) pose à la fois un problème de cohérence et de lisibilité de la politique poursuivie. Elle est aussi à l'origine de tensions sur les capacités militaires. La réussite incontestable de la professionnalisation en phase de montée en puissance est tempérée par l'incapacité, entre 2002 et 2008, à stabiliser les formats d'armées en régime de croisière. La viabilité du modèle d'armée 2015 est dès lors sujette à caution. Le septennat de Jacques Chirac se termine ainsi sur une crise budgétaire de la défense qui est aussi problématique que celle laissée par son prédécesseur qu'il avait en son temps critiquée. Alors que les crédits militaires depuis 1991 ne connaissaient que des phases de contractions plus ou moins fortes suivies de tentative de stabilisation, force est de constater que ces crédits sont orientés à la hausse après 2002. Mais cette croissance reste insuffisante pour combler les retards accumulés dans le financement des programmes et pour maîtriser la gestion des dépenses.

En matière de défense, la présidence de Jacques Chirac, longue de douze années, marquée par cinq ans de cohabitation avec le gouvernement de Lionel Jospin, peut être résumée en quelques formules :
De la reprise des essais de 1995 au discours de l'Ile Longue de 2006, on constate la volonté jamais démentie d'adapter la dissuasion nucléaire française aux conditions du nouveau contexte stratégique. La France poursuit dans la voie du désarmement nucléaire initié par François Mitterrand au lendemain de la guerre froide, prenant même des positions en pointe dans ce domaine.
La professionnalisation des armées, qui remet en cause un des fondements historiques de la défense française, est menée sans encombre et au pas de charge. Toutefois, le modèle d'armée qui en découle reste instable.
L'échec de la négociation sur la réintégration de la France dans l'OTAN en 1997 débouche sur une relance spectaculaire de la défense européenne en 1998. Après 2003, l'essai est en partie compromis par les divisions européennes quant à l'Irak et qui interdisent de nouvelles évolutions. S'agissant de l'OTAN, la défense française, presque militairement intégrée, reste cependant politiquement au milieu du gué
A la suite du 11 septembre, la problématique de la lutte contre le terrorisme réoriente les problématiques de sécurité de la France et les engagements militaires extérieurs de plus en plus polarisés par les conflits du Proche et du Moyen-Orient (Liban, Afghanistan).
Après un premier septennat caractérisé par la refonte de l'outil de défense français, sous le second mandat de Jacques Chirac, les réformes militaires marquent le pas. Les marges de manœuvre de la France en matière de coopération de défense sont également réduites ainsi que les progrès de la défense européenne. Ce qui nourrit les critiques de son successeur, Nicolas Sarkozy, qui procède sans coup férir, à la réintégration de la France dans l'OTAN et, dès son élection, remet sur le métier la question du format des armées.

« THE FRENCH WERE RIGHT »[1]
LA GUERRE D'IRAK ET LA BROUILLE FRANCO-AMÉRICAINE

Pierre Melandri

« J'ai un principe simple en politique étrangère.
Je regarde ce que font les Américains et je fais le contraire.
Alors je suis sûr d'avoir raison ».
Jacques Chirac s'adressant à Tony Blair et Gerhard Schröder.[2]

« Il est temps pour les Américains de se persuader d'une chose. La France n'est pas seulement un allié agaçant. Elle n'est pas seulement une rivale jalouse. La France est en train de devenir l'ennemie des Etats-Unis ».[3] Venant en septembre 2003 d'un journaliste du *New York Times*, la violence de la remarque reflète l'acuité de la crise que l'opposition frontale de la France aux Etats-Unis sur l'Irak au Conseil de Sécurité a déclenchée. Divers affrontements ont, il est vrai, à maintes reprises déjà opposé les Etats-Unis à une France que certains de leurs dirigeants qualifient, comme encore fin 2002, recevant l'ambassadeur François Bujon de l'Estang, George W. Bush le fait, « d'ami le plus ancien et le plus fidèle » de leur pays.[4] Pourtant, cette fois, nombre d'observateurs n'hésitent pas à affirmer que la fissure est plus profonde qu'elle l'a jamais été.

---

1. Titre emprunté à l'article de Paul Starobin dans *the National Journal*, cité plus bas.
2. Propos du Président rapportés par Lionel Jospin et cités in Franz-Olivier Giesbert, *La tragédie du président : scènes de la vie politique, 1986-2006,* Paris, Flammarion, 2006, p.329.
3. Thomas Friedman, "France and the United States Are At War", *International Herald Tribune* (par la suite *IHT*), 19 septembre 2003, p.8.
4. Cité in Henri Vernet et Thomas Canteloube, *Chirac contre Bush : L'autre guerre,* Paris, Jean-Claude Lattès, Paris 2004, p.121.

Dans quelle mesure la brouille s'inscrit-elle en continuité ou en rupture avec le passé ? Représente-t-elle un autre de « ces débats passionnés » qui, comme Jacques Chirac l'avait lui-même noté, avaient toujours « épicé » l'amitié entre les deux alliés ?[5] Ou traduit-elle le fossé que le 11 septembre 2001 a creusé entre une Amérique qui estime avoir désormais une guerre à mener et une Europe pour qui 1989 a ouvert une ère d'unité et de paix ?

Quand, tel un séisme, les attentats du 11 septembre 2001 ébranlent le paysage géopolitique, Jacques Chirac a déjà, comme président, une relation complexe avec l'Amérique. D'un côté, il a pu constater que celle-ci était bien, les guerres dans l'ex-Yougoslavie l'ont cruellement rappelé, la « nation indispensable » que son ami Bill Clinton aime à évoquer. De l'autre, les hésitations des Etats-Unis à s'engager jusqu'à l'été 1995 dans la crise de Bosnie puis dans celle du Kosovo l'ont persuadé que, plus que jamais, l'Europe devrait se doter de moyens autonomes pour défendre ses intérêts, même si l'Amérique semble, à tout le moins, sceptique sinon hostile à un tel projet.[6]

A l'aube du 11 septembre 2001, les relations entre Washington et Paris continuent en effet de buter sur ce qui est, depuis la fin de la Seconde Guerre mondiale, la source essentielle de leurs conflits : le rôle et la place d'une Europe dans laquelle les Français perçoivent plus que jamais le meilleur levier pour influencer le nouveau monde en train de s'ébrouer mais les Américains ne veulent toujours voir qu'un sous-ensemble d'un système atlantique qu'ils entendent – la détermination de l'Administration Bush à imposer sa vision d'un système antimissile l'a encore récemment rappelé - contrôler. En effet, s'il est un sujet d'affrontement profond, quoique larvé, qu'une série de divergences ponctuelles – sur le réchauffement climatique, le Proche-Orient, la Cour pénale internationale – ne cesse d'illustrer, c'est bien la tentation - déjà sensible sous l'Administration Clinton mais désormais exacerbée - des Etats-Unis de recourir à un unilatéralisme toujours plus affirmé. Aux yeux du chef de l'Etat français, cette propension va à contre-courant des réalités, c'est-à-dire de la « multipolarité » que l'évolution de la planète est en train d'engendrer. Au-delà de considérations divergentes quant à l'impact d'une

---

5. A l'occasion d'un hommage à Pamela Harriman, *IHT*, 10 février 1997.
6. Voir Jacques Chirac, *Le temps présidentiel : Mémoires t. 2*, Paris, NiL, 2011, p.236-248.

intervention militaire américaine sur la région, ces deux sources de tension vont être au cœur de l'affrontement entre les deux nations. Dans un premier temps, les terribles attentats qui frappent les Etats-Unis ont paru provoquer un réel réchauffement entre Washington et Paris. Pour témoigner de sa sympathie envers son grand allié et concrétiser la fameuse formule « Aujourd'hui, nous somme tous Américains » lancée le 12 septembre 2001 dans *Le Monde* par Jean-Marie Colombani, Jacques Chirac non seulement rompt avec la tradition en faisant jouer pour la première fois un hymne étranger, « la bannière étoilée », dans la cour de l'Elysée, mais il est le premier à venir assurer dès le 18 septembre son collègue américain de la totale solidarité de la France dans le deuil où son pays est plongé avant de survoler le lendemain le site du World Trade Center dévasté. La France, qui préside alors le Conseil de sécurité, contribue directement à l'adoption à l'unanimité de la résolution 1368 qui qualifie les actes de terrorisme de menace pour la paix internationale et tient pour redevables tous ceux qui auront parrainé, abrité ou hébergé ces derniers. Non content de souscrire à l'évocation, pour la première fois de l'histoire, de l'article 5 de l'OTAN, Paris propose d'intervenir en Afghanistan au côté de ses alliés.

Indice de sa volonté de coopérer : même si ses efforts ne semblent que modérément appréciés, la France affiche une rare compréhension à l'endroit de ses alliés. Alors que les dirigeants de Washington entendent exiger une coopération sans réserve de ces derniers (« soit vous êtes avec nous, soit vous êtes avec les terroristes » a lancé George W. Bush le 20 septembre), eux ne cachent pas, en effet, leur détermination à agir à leur gré : à leurs yeux, non seulement leur suprématie militaire incontestée leur assure la capacité de défendre seuls leurs intérêts, mais l'attaque dont ils ont été l'objet place sous le sceau de la légitime défense toutes les opérations qu'ils jugeront devoir mener. L'Administration ne tient guère à voir l'OTAN intervenir dans la conduite des opérations qu'elle va lancer à partir du 7 octobre en Afghanistan contre le régime des talibans : le Pentagone ne veut en aucun cas renouer avec le type de « guerre gérée en commission » à laquelle le Kosovo est identifié. De même, l'Amérique semble parfaitement s'accommoder d'une coopération avec les seuls Anglais. Certes, l'appui naval, que les Français ont accepté de fournir quelques jours avant que la guerre ne soit lancée, est apprécié. Mais les Américains tiennent à garder la haute main sur la conduite des hostilités. Ce n'est qu'après la prise de Kaboul que l'Afghanistan verra peu à peu arriver jusqu'à quelque 1 500 soldats français.

Jacques Chirac n'hésite sans doute pas à manifester ses réticences face à certains choix de ses alliés. Dès le 18 septembre, il n'a pu masquer ses hésitations devant la détermination de ces derniers à considérer qu'une authentique « guerre » venait de commencer. « Je ne sais pas s'il faut employer le mot guerre » a-t-il noté, manifestement embarrassé par le terme que, deux jours auparavant, son homologue américain a lancé.[7] Encore lors du sommet de l'OTAN à Prague, le 21 novembre 2002, soucieux de répondre à la demande des Etats-Unis qui souhaitent confier la charge du maintien de la paix en Afghanistan à leurs alliés, les Français se résignent à voir – ce qu'ils ont jusqu'ici toujours refusé - l'OTAN autorisée à agir dans la zone « hors traité » et intègrent la Force de Réaction rapide (NRF ou *Nato Response Force*) créée, à l'instigation de Rumsfeld, au sein de l'organisation alliée.[8]

D'emblée, pourtant, ces manifestations de solidarité s'accompagnent d'une mise en garde clairement exprimée contre une perspective jugée des plus dangereuses par les Français. Peu après les attentats, le bruit court en effet que les Etats-Unis pourraient étendre à l'Irak la guerre qu'ils viennent de lancer. Cette perspective est renforcée quand, lors de son message sur l'état de l'Union du 29 janvier 2001, George W. Bush dénonce un « Axe du Mal » que, selon lui, des Etats comme l'Irak, l'Iran, et la Corée du Nord et « leurs alliés terroristes » formeraient : « Je ne resterai pas passif tandis que le péril ne cesse de se rapprocher. Les Etats-Unis d'Amérique ne permettront pas aux régimes les plus dangereux du monde de nous menacer avec les armes les plus destructrices du monde. »

Dès novembre 2001, le président français qui redoute de voir un « choc des civilisations » se substituer au « dialogue des cultures » qu'il juge urgent et vital d'instaurer, fait déjà part à George W. Bush de son anxiété. Il lui rappelle que le Moyen-Orient est bien plus compliqué qu'il ne le pense, mise en garde bientôt relayée par les ministres et conseillers du président français. Les mois suivants sont loin de calmer l'anxiété tandis que, du côté américain, les déclarations martiales ne cessent de se multiplier. « J'ai pris ma décision que

---

7. Henri Vernet et Thomas Cantaloube: *Chirac contre Bush, Op. cit.,* p.64.
8. *Ibidem* p.129-130.

Saddam Hussein devrait partir » déclare ainsi le président américain en avril.[9] Surtout, une guerre contre l'Irak apparaît en filigrane dans le discours que George W. Bush prononce à West Point le 1er juin 2002 : « Nous devons porter la bataille chez l'ennemi, perturber ses plans et faire face aux pires menaces avant qu'elles n'émergent ».[10] Sa probabilité paraît encore renforcée quand la teneur de la *National Security Strategy* que l'Administration doit rendre publique à la fin de l'été commence à se propager : face à des ennemis qui, à la différence de l'URSS, ne peuvent être ni endigués ni dissuadés, l'action « préventive » s'y verra érigée en option privilégiée.

Tous ces développements ne peuvent qu'alerter les dirigeants français. Ils s'inquiètent en particulier des retombées qu'une telle intervention pourrait entraîner. Pour commencer, elle risque de détourner la communauté internationale de ce qui est sa priorité : extirper la menace qu'Al-Qaïda continue d'incarner. Ensuite, elle menace de provoquer la colère d'un monde arabe toujours plus irrité par la politique du « deux poids, deux mesures » que, sur le conflit israélo-palestinien, l'Amérique semble embrasser. Enfin et surtout, une intervention aussi unilatérale serait une étape de plus dans la marginalisation de l'organisme auquel la France est particulièrement attachée, du fait du statut d'exception qu'elle continue d'y garder : le Conseil de sécurité.

Avec le souci de bâtir une politique européenne susceptible de faire entendre sa voix dans le nouveau paysage géopolitique en train d'émerger, préserver le rôle et les prérogatives de ce dernier et, avec eux, l'influence que la France peut en tirer, va être, tout au long de la marche à la guerre, au cœur des préoccupations du président français. Il cherchera, dans un premier temps, à réserver au Conseil l'ultime pouvoir de décision sur ce dossier, puis, quand cette tentative aura échoué, à faire obstacle à la volonté des Américains de réduire le Conseil à un simple bureau d'enregistrement des décisions qu'ils auront arrêtées.

La première phase s'ouvre, fin août 2002, avec la déclaration de Dominique de Villepin, qui a remplacé Hubert Védrine depuis mai, devant les ambassadeurs français rassemblés pour leur réunion annuelle au Quai d'Orsay. Manifestement, le ministre cherche à tirer

---

9. Cité in *The Guardian,* 6 avril 2002.
10. *New York Times,* 1er juin 2002.

parti du débat que, au sein des élites américaines, le discours de West Point a déclenché. Mais, en face, les « faucons », en particulier le secrétaire à la Défense, Donald Rumsfeld et le vice-président Dick Cheney, ainsi que les néoconservateurs nombreux chez leurs conseillers, restent très hostiles à une implication des Nations unies : à leurs yeux, leur pays ne tardera pas à s'y retrouver paralysé. Aussi conduisent-ils une offensive musclée pour l'éviter, affirmant qu'un retour des inspecteurs resterait sans effet et constituerait même une « illusion » trompeuse en réalité. « Les risques de l'inaction sont beaucoup plus grands que le risque de l'action » conclut le vice-président Cheney le 26 août, résumant parfaitement ce qui s'affirme toujours plus comme la ligne directrice de l'Administration.[11]

Prononcée au lendemain même de ce discours guerrier, l'allocution du ministre des Affaires étrangères français vise manifestement à renforcer le camp de ceux qui, aux Etats-Unis, souhaitent voir la voie « multilatérale » empruntée. Alors que les Allemands ont déjà manifesté sans ambages leur hostilité à l'intervention que les Américains semblent envisager, lui adopte ostensiblement une attitude nuancée. Il laisse entendre que la France pourrait ne pas exclure un recours à la force armée, dès lors qu'il aurait été avalisé par le Conseil de sécurité : « Nous, Européens ne savons que trop le prix de la faiblesse face aux dictatures si nous fermons les yeux et restons passifs. »[12]

S'adressant le 6 septembre, à un George W. Bush qui se veut rassurant : « Contrairement à des spéculations faites ici où là, aucune décision n'est prise »,[13] Jacques Chirac expose le plan que, aussitôt la conférence des ambassadeurs achevée, ses services ont imaginé, plan qu'il explicite dans une très longue interview au *New York Times* publiée trois jours après. « Il faut, explique-t-il, « qu'il y ait une résolution du Conseil de sécurité sur le retour des inspecteurs…Alors, ensuite, si les inspecteurs ne peuvent pas revenir, il faudrait une deuxième résolution du Conseil de sécurité pour dire s'il y a lieu ou non d'intervenir. Et en fonction de cette résolution, la France prendra définitivement sa position. » *A contrario*, a-t-il précisé, toute tentative pour renverser Saddam Hussein sans l'aval de la communauté

---

11. Bob Woodward, *Plan d'attaque*, Paris, Denoël, 2004, p.252-253.
12. Voir l'article d'Elaine Sciolino, *IHT*, 28 août 2002, p.1.
13. Vincent Nouzille, *Dans le secret des présidents : CIA, Maison-Blanche, Elysée. Les dossiers confidentiels, 1981-2010*, Paris, Fayard, 2010, p.385.

internationale risquerait d'introduire le chaos dans le système mondial. Une ligne rouge est ainsi fixée. Qualifiant la prétention de l'Amérique à conduire des « guerres préventives » de doctrine « extraordinairement dangereuse et qui peut avoir des conséquences dramatiques », le président ironise sur le nombre de dirigeants dont le renversement pourrait paraître désirable et, se disant inquiet « de la montée de l'anti-occidentalisme dans le monde, dans les pays pauvres et dans les pays émergents », il évoque une alternative à la voie guerrière qu'a choisie l'Amérique pour combattre le terrorisme : la création d'une « deuxième coalition, une coalition pour défendre l'environnement... une coalition pour régler des problèmes, des conflits, des crises qui sévissent un peu partout dans le monde...»[14] Deux jours après, devant l'Assemblée des Nations unies, George W. Bush se dit apparemment prêt à passer par le Conseil de Sécurité. Plus que les incitations de Paris, en réalité, ce sont les pressions de Scowcroft, de Powell et de Blair qui ont joué. Le Britannique, qui dès avril 2002 a promis son soutien à l'Américain mais redoute de s'engager dans un conflit dont la légalité serait contestée, est en effet venu le 7 septembre redire au président à quel point un passage par l'ONU est un point obligé. Commence alors une négociation où les Français sont, pour les Américains, l'interlocuteur privilégié.

Le premier projet présenté par les Américains le 26 septembre est si frappé au sceau des « durs » du Pentagone que tous les membres du Conseil refusent de s'y rallier et que Colin Powell se demande s'il n'a pas « été conçu pour être refusé d'emblée ».[15] Il autorise Washington à recourir à « tous les moyens nécessaires » dès lors que les Irakiens auraient été reconnus coupables d'une « violation patente » (*material breach*) des résolutions votées depuis 1991 par le Conseil de sécurité.[16] Il va directement à l'encontre de l'idée des Français. Ceux-ci souhaitent en effet voir le Conseil seul pouvoir autoriser, par une seconde résolution, un recours aux hostilités. Alerté par Rice

---

14. *http://discours.vie-publique.fr/notices/027000261.html.* ; Vincent Nouzille, *Dans le secret...*, p.384 ; Pierre Péan, *L'inconnu de l'Elysée*, Paris, Fayard, 2007, p.421.

15. Sur toute cette affaire, voir Charles Cogan, *French Negotiating Behavior : Dealing with La Grande Nation*, Washington, D.C., United States Institute of Peace Press, 2003, p.197-205; Vincent Nouzille, *Dans le secret...*, p.387-390. Sur la réaction de Powell : Bob Woodward, *Plan d'Attaque...*, p.330.

16. Henri Vernet et Thomas Cantaloube, *Chirac contre Bush...* p.113.

et Powell, George W. Bush appelle le 27 septembre Chirac qui lui exprime « les plus extrêmes réserves » que lui inspire le texte.[17]

Le tout débouche après sept semaines de négociations serrées sur la fameuse résolution 1441 votée le 8 novembre à l'unanimité, la France ayant, ce dont les Américains lui sauront gré, rallié la Syrie a priori hostile au projet. Elle affirme que « l'Irak a été et reste en violation patente de ses obligations au titre des résolutions le concernant » et lui offre « une dernière chance » de s'acquitter de ses obligations de désarmement. En conséquence, elle instaure « un régime d'inspection renforcé dans le but de parachever de façon complète et vérifiée le processus de désarmement » établi par le Conseil de sécurité.[18] Les Américains ont sans doute fini par écarter l'idée des Français qui voulaient voir une seconde résolution requise pour la mise en œuvre « des graves conséquences » auxquelles l'Irak se serait exposé. Inversement, les Français ont réussi (avec les Russes) à obtenir que toute « violation patente » par l'Irak sera simplement référée au Conseil de sécurité à qui il reviendra de statuer. Surtout, leur ténacité a persuadé des Américains sceptiques de concéder que seule la conjugaison « d'une fausse déclaration *et* (et non pas « *ou* » comme Washington le voulait) d'un manque général de coopération » constituera une « violation patente » de la résolution.[19] De même, Paris est parvenu à substituer l'expression « graves conséquences » à la formule « tous les moyens nécessaires » qui impliquait presque automatiquement la guerre. Comme Charles Cogan l'a bien noté : le texte relève de « l'ambiguïté créative ».[20] Il contient une menace implicite d'intervention militaire mais il ne précise pas les conditions auxquelles elle devra satisfaire.

Le problème est que parfaitement conscients du danger, les dirigeants français partent sans doute de l'hypothèse qu'il leur sera encore possible de détourner leurs alliés d'un recours à la force armée. C'est qu'à Paris, il reste sans doute plus difficile de se persuader de ce que l'ambassadeur de France aux Etats-Unis, François Bujon de l'Estang, ne tarde pas à réaliser : forte du climat permissif que les attentats ont

---

17. Vincent Nouzille, *Dans le secret*... p.387 ; Henri Vernet et Thomas Cantaloube, *Chirac contre Bush* .., p.114.
18. Leah Pisar, *Orage sur l'Atlantique : la France et les Etats-Unis face à l'Irak*, Paris, Fayard, 2010, p.105.
19. Henri Vernet et Thomas Cantaloube, *Chirac contre Bush* ...p.118
20. Charles Cogan, *French Negotiating*.... p.205.

créé, un climat où rares sont ceux qui osent la contrarier de peur de voir aussitôt leur « patriotisme » contesté, l'équipe républicaine ne doute ni de sa capacité ni de son droit à agir à son gré et reste sourde aux conseils de ses alliés qu'au demeurant elle s'attache à tranquilliser, quitte à biaiser.[21] Ainsi, de passage à Berlin et à Paris en mai, George W. Bush répète tant en public qu'en privé : « Je n'ai pas de plan de guerre sur mon bureau ».[22]

« La vérité, affirme Ivo Daalder, le futur ambassadeur américain à l'OTAN, c'est que George W. Bush avait décidé fin 2001 – début 2002 qu'il ferait la guerre. Point final. La stratégie de l'ONU n'a jamais été considérée comme une alternative à la guerre, mais comme le moyen de bâtir une large coalition. La querelle entre Cheney et Powell a été résolue en adoptant la voie de Powell pour atteindre l'objectif de Cheney ».[23] C'est là sans doute un jugement que seule l'ouverture des archives américaines permettra de valider. Mais tout suggère en réalité qu'au moins à l'été 2002, seul un départ ou un renversement de Saddam Hussein pourrait prévenir un conflit qui est autrement programmé. Le 17 septembre, cinq jours seulement après son intervention aux Nations unies, George W. Bush publie la nouvelle version de la *National Security Strategy* qui proclame le droit de son pays de conduire une « guerre préventive ». Et, le 10 octobre, profitant de la peur des démocrates de voir leur patriotisme contesté à l'approche des partielles de novembre, le Président obtient de ses parlementaires un « feu vert » pour un recours à la force militaire. Non sans habileté, il a laissé entendre que seule la menace de cette dernière persuaderait le Conseil de sécurité de bouger et qu'elle limiterait, ainsi, le risque d'une intervention armée.

En réalité, les Américains semblent s'être ouverts assez largement de leurs intentions aux Anglais qui dès avril 2002 ont promis d'être, en cas de guerre, à leur côté. Le 23 juillet 2002, de retour de Washington, Matthew Rycroft, *Private Secretary* auprès de Tony Blair, peut ainsi affirmer dans un document ultrasecret depuis divulgué qu'une « intervention militaire (y) était désormais considérée comme

---

21. Sur les mises en garde de l'ambassadeur à partir de mars-avril 2002, voir Vincent Nouzille, *Dans le secret…*, p. 380 et p.383 ; Leah Pisar, *Orage sur l'Atlantique…*, p.115 ; Henri Vernet et Thomas Cantaloube: *Chirac contre Bush…* p.100.
22. Bob Woodward, *Plan d'attaque…*, p.205-206.
23. Cité in Henry Vernet et Thomas Canteloube, *Chirac contre Bush…* p.108.

inévitable. George W. Bush voulait renverser Saddam Hussein par une action militaire que viendrait justifier une conjonction entre terrorisme et armes de destruction massive. ... Les renseignements et les faits étaient en train d'être articulés en fonction de cette politique (*fixed around the policy*) ».[24]

Dès lors, la confrontation semble difficile à éviter. Les Français n'excluent sans doute pas une intervention armée. Ils sont même prêts à participer à une guerre qu'un comportement erratique ou une provocation de Saddam Hussein, deux éventualités que Jacques Chirac refuse d'écarter, viendraient justifier. Le général Jean-Louis Georgelin, le chef d'Etat-Major particulier du Président, se voit ainsi chargé de sonder Washington à ce sujet et le général Jean-Patrick Gaviard est dépêché au Pentagone le 16 décembre 2002 pour discuter des modalités selon lesquelles cet appui pourrait être apporté.[25] Encore le 7 janvier 2003, Jacques Chirac demande aux responsables de ses forces armées de se mettre en état d'intervenir si l'ordre en était donné.[26] Quitte à rapidement atténuer ses propos que CNN, Fox News et autre chaînes s'empressent d'interpréter comme un ralliement à une intervention et à rappeler, l'après-midi même que « la décision doit être prise par le Conseil de Sécurité ».[27] C'est là, il est vrai, pour la France, la condition clé : elle ne s'engagera pas hors un feu vert de ce dernier, bref, tant que la preuve d'une « violation patente » de la résolution n'aura pas été apportée. Les Américains ont eux de la résolution 1441 une interprétation très exactement opposée : « Ce n'était pas, écrit George W. Bush, aux inspecteurs de prouver qu'il possédait des armes mais à Saddam Hussein de démontrer qu'il n'en avait pas ».[28] Or, l'évolution sur le terrain ne peut qu'accentuer cette divergence de vue entre Français et Américains. Paradoxalement, l'envoi de dizaines de milliers d'hommes qui, pour

---

24. « Secret and Strictly Personal – UK Eyes Only, to David Manning, from Matthew Rycroft, 23 juillet 2002. http://downingstreetmemo.com/memos.html. Un "Office of Special Plans" sera effectivement mis en place en septembre 2002 au département de la Défense afin de filtrer les renseignements et en donner l'interprétation la plus favorable aux vues des faucons.
Voir aussi *IHT*, 15 juin 2005, p.7
25. Voir Vincent Nouzille, *Dans le secret...* p. 393-394.
26. Charles Cogan, *French Negotiating...*, p.206.
27. Henri Vernet et Thomas Cantaloube, *Chirac contre Bush... op. cit.* p. 140.
28. George W. Bush, *Instants décisifs,* Paris, Plon, 2010, p.248.

ces derniers, ne sont que l'avant-garde de la force qu'ils rassemblent plus ou moins en secret, convainc l'Irak de coopérer. Il rend du coup plus que jamais inutile aux yeux des Français l'intervention militaire que leurs alliés sont en train de préparer au moment où ils comprennent que Washington va de toute façon y procéder.

Dès la mi-décembre 2002, les dirigeants de Paris s'inquiètent en effet de la réaction très négative des Etats-Unis au document de douze mille pages que Saddam Hussein remet au Conseil de Sécurité. Mais c'est surtout l'arrivée incessante de nouveaux contingents américains au Moyen-Orient qui finit par convaincre les Français que leur mission n'est pas de contraindre le dictateur à obtempérer mais bel et bien de conduire une guerre pour le renverser. Alerté par Gérard Araud, le directeur des affaires stratégiques et sécuritaires au Quai,[29] le chef de l'Etat envoie le 13 janvier 2003 son conseiller, Maurice Gourdault-Montagne rencontrer, avec Jean-David Levitte, les plus hauts responsables de la Maison-Blanche. Les deux hommes sortent de leurs entretiens avec Condoleezza Rice et son adjoint, Stephen Hadley, persuadés que rien ne pourra arrêter leurs alliés.[30]. Force est de constater, comme le remarque le président français, que « tout est plié » et que le temps de la diplomatie n'a duré que celui nécessaire à la mise en place du dispositif armé.

Dès lors, une seconde phase vient de commencer. Pour ne laisser aucune incertitude sur la position des Français, Dominique de Villepin décide de convoquer une réunion sur le terrorisme le 20 janvier, réunion qui n'est qu'un prétexte pour la conférence de presse qu'il tient, celle-ci achevée : il affirme que le travail des inspecteurs est tout sauf terminé, que des mois seront peut-être nécessaires avant que leurs investigations soient achevées et que « rien aujourd'hui ne justifie une action militaire. ».[31] A un journaliste qui évoque un éventuel recours par la France au droit de veto, il réplique que son pays, « comme membre permanent du Conseil de Sécurité, assumera toutes ses responsabilités… ».[32]

---

29. Leah Pisar, *Orage sur l'Atlantique…*, p.114.

30. Vincent Nouzille, *Dans le secret…*, p. 394-395 ; Jacques Chirac, *Le temps présidentiel…*, p.384-386.

31. Charles Cogan, *French Negotiating ….*, p.120; Leah Pisar, *Orage sur l'Atlantique…*, p.119 et suivantes.

32. Henri Vernet et Thomas Cantaloube, *Chirac contre Bush, op. cit.* p.160.

Peut-être parce qu'il estime s'être fait piéger, peut-être parce qu'il redoute de voir les « faucons » de l'Administration lui reprocher d'avoir prôné la voie des Nations unies que, depuis le début, ils voulaient éviter, Colin Powell ne cache plus sa colère à l'encontre des Français. « La seule façon, déplore-t-il, dont on pouvait faire pression sur Saddam Hussein était de brandir la menace de guerre, et les Français venaient de balayer d'un coup, un seul, cette menace des Nations unies. Comment pouvait-on être aussi bête ? ».[33] Mais pour les Français, Saddam Hussein sait très bien que cette menace se concrétiserait, dès lors qu'il refuserait de coopérer. Le véritable problème est de donner aux inspecteurs le temps d'accomplir la tâche que le Conseil de sécurité leur a confiée, une tâche qui reste très en deçà du « changement de régime » que les Américains veulent imposer. Aussi l'heure est-elle plus que jamais à ce refus de la « logique de guerre » qu'un temps, lors de l'invasion du Koweït, François Mitterrand avait incarné. Dès lors, la lutte s'engage à fleurets non mouchetés et bientôt, elle ébranle tant l'Union européenne que l'organisation alliée. Le 22 janvier, en effet, avec Gerhard Schröder à ses côtés, Jacques Chirac déclare : « L'Allemagne et la France ont sur la crise irakienne un jugement qui est le même ».[34] Sept jours après, les dirigeants de huit pays européens (le Danemark, la Grande-Bretagne, la Hongrie, l'Italie, la Pologne, le Portugal, la Slovaquie et la Tchéquie) publient une lettre proclamant leur appui aux Etats-Unis. Encore quelques jours et dix pays d'Europe de l'est, les « Vilnius Ten », publient le 6 février une lettre de soutien à l'Amérique, dont le Sénat doit encore ratifier l'entrée de plusieurs d'entre eux dans l'Alliance atlantique.

Les Français sont évidemment ulcérés de voir comment Washington a réussi à démontrer à quel point l'Europe était déchirée et à neutraliser toute prétention de leur part à l'incarner. Ils savent, en effet, que les deux déclarations, qui vont à l'encontre de l'opinion des populations des pays concernés, sont tout sauf spontanées. Celle des « Huit » résulte d'une initiative de Mike Gonzalez, un éditorialiste du *Wall Street Journal* dont Washington est parfaitement informé. La seconde est le produit de Bruce Jackson, un lobbyiste des firmes d'armement : il a carrément convaincu les « Dix » de signer un texte

---

33. Bob Woodward, *Plan d'attaque…*, p.423.
34. Cité in Leah Pisar, *Orage sur l'Atlantique,* p.131.

approuvant à l'avance « les preuves indiscutables » que Powell, qui n'a pas encore parlé, est censé apporter le 5 février au Conseil de Sécurité.[35] Le but de ces manœuvres n'a rien de secret : « L'idée, expliquera Bruce Jackson par la suite, était de briser le monopole franco-allemand sur la conduite de la politique étrangère européenne… ».[36] Sévère, la crise pourrait pourtant encore être endiguée quand une nouvelle exigence du Premier ministre anglais qui, confronté à un puissant mouvement d'opposition, persuade en effet George W. Bush, qui y est a priori opposé, de demander le vote d'une seconde résolution au Conseil de sécurité.[37] L'ambiguïté qui seule avait permis à la résolution 1441 d'être adoptée va ainsi bientôt déboucher sur une situation à fronts renversés : « Les Américains, notent Phil Gordon et Jeremy Shapiro, qui avaient affirmé ne pas avoir besoin d'une seconde résolution insistaient maintenant pour en mettre une au vote. La France, qui s'était durement battue pour exiger cette seconde résolution, suggérait maintenant aux Etats-Unis et à la Grande-Bretagne d'éviter de revenir devant le Conseil de sécurité ».[38] Dès lors la tension ne cesse de monter. Outre-Atlantique, l'opinion et même d'anciens opposants à la guerre tendent à se rallier à la « démonstration » que, le 5 février, Colin Powell a faite des violations par l'Irak des résolutions du Conseil de sécurité, une « démonstration » dont quelques jours après, le rapport des inspecteurs de l'ONU contestera en partie le bien-fondé et à laquelle, par la suite, l'ancien secrétaire d'Etat regrettera amèrement d'avoir prêté le poids de sa crédibilité.[39] Jacques Chirac et Gerhard Schröder signent le

---

35. Henri Vernet et Thomas Cantaloube, *Chirac contre Bush,* p.175-185 et Phil Gordon et Jeremy Shapiro, *Allies at War : America, Europe and the Crisis over Iraq,* New York, McGraw Hill, 2004, 131-134.

36. Henri Vernet et Thomas Cantaloube: *Chirac contre Bush,* p.180-181.

37. Bob Woodward, *Plan d'attaque,* p.440-441. En fait, Bush proposera même à un moment à Blair de ne pas participer à une intervention armée pour ne pas mettre son gouvernement en danger, ce que le Britannique refusera d'envisager. Voir Condoleezza Rice, *No Higher Honor : A Memoir of My Years in Washington,* New York, Crown, 2011, p.202-203.

38. Phil Gordon et Jeremy Shapiro, *Allies at War,* p.148.

39. Certaines d'entre elles reposent sur les allégations du transfuge irakien connu sous le nom de code Curveball, par la CIA, Rafid Ahmed Aiwan al Janabi, qui a confirmé dans une interview au *Guardian*, avoir menti sur l'existence d'un programme secret d'armes biologiques en Irak pour provoquer un changement de régime. (*Time*, 28 février 2011, p.11).

10 février avec Vladimir Poutine une déclaration hostile à toute intervention armée. La colère que cette initiative ne manque pas de susciter est d'autant plus forte que George W. Bush est sorti d'une conversation avec Jacques Chirac le 7 février plutôt optimiste sur les dispositions du Français et que Colin Powell était jusqu'ici persuadé que Paris s'abstiendrait au Conseil de sécurité.[40] Elle est bientôt embrasée par la déclaration pleine de panache que Dominique de Villepin prononce à la suite du rapport des experts le 14 février. Soigneusement pesée et approuvée à l'avance par l'Elysée, elle provoque d'autant plus l'ire des Américains que, fait rarissime, elle suscite des applaudissements au Conseil de sécurité. Rappelant que la preuve vient d'être apportée que les inspections produisent des résultats, il conclut que si la France n'exclut pas un jour la nécessité d'une intervention militaire, rien, pour le moment, ne justifie une guerre et qu'il convient seulement de tout faire pour permettre aux inspecteurs de poursuivre leur mission.[41]

Entre Paris et Washington, le divorce peut paraître consommé. Et c'est sans doute pour l'éviter qu'une ultime démarche est tentée par les Français. Le 21 février, l'ambassadeur Jean-David Levitte est reçu, à sa demande, à la Maison-Blanche. Il y propose à Stephen Hadley une solution susceptible de limiter au maximum l'affrontement en train de se dessiner. Les Américains peuvent, selon lui, invoquer la résolution 1441 pour justifier les hostilités. Paris contestera sans doute leur décision mais la querelle restera limitée.[42] Son interlocuteur reconnaît le bien-fondé en principe de l'idée mais rétorque que la seconde résolution est une nécessité pour les Anglais à qui George W. Bush a promis de l'arracher et que Washington dispose des 9 voix nécessaires pour la faire approuver.[43]

Dans ce contexte, la France se voit contrainte de faire directement campagne contre ses alliés, pour éviter précisément l'émergence d'une majorité au Conseil de Sécurité. Elle prend du coup le risque

---

40. Bob Woodward, *Plan d'attaque…*, p.465-467. Sur la conversation du 7 février et l'interprétation que l'Américain en fait, voir surtout Vincent Nouzille, *Dans le secret…*, p.401-403.

41. Cité in Vincent Nouzille, *Dans le secret..*, p.404.

42. Cité in Leah Pisar, *Orage sur l'Atlantique*, p.265.

43. Voir à ce sujet Leah Pisar, *Orage sur l'Atlantique*, p.254-255 ; Charles Cogan, *French Negotiating*, p.209-210 ; Henri Vernet et Thomas Cantaloube, *Chirac contre Bush*, p.217-224

de déchaîner contre elle des sentiments passionnés. Loin de se confiner aux milieux de l'Administration, la rage monte en effet tant dans les médias et dans l'opinion qu'au Congrès. Depuis plusieurs mois, en effet, la Maison-Blanche a lancé une subtile campagne visant à impliquer Saddam Hussein dans les attentats du 11 septembre. Non sans succès puisque en mars 2003, elle a convaincu 66% des Américains. Dans ces conditions, les Français font fatalement figure de « traitres » qui refusent à l'Amérique le droit de châtier le tyran qui l'a endeuillée. Pour l'Administration, le climat est propice à une campagne qui désigne la France à la vindicte publique. Tout au long de la crise, elle a pu compter pour manipuler son opinion publique sur une presse docile où, bien souvent, le groupe Murdoch et Fox News, sa chaîne câblée, donnent la tonalité. Une série de fuites subtilement orchestrées, en particulier sur les prétendues motivations commerciales qui motiveraient l'attitude des Français sème, en dépit des efforts de l'ambassade pour la contrer, la colère dans une opinion révoltée par tant d'ingratitude et de déloyauté.[44] Le 11 mars, des élus du Congrès décident de rebaptiser les fameuses « *French Fries* » en « *Freedom Fries* » ! « Il se déroule, déclarera George W. Bush au Mexique le 3 mars, un phénomène intéressant en ce moment aux Etats-Unis : un retour de bâton contre les Français, qui n'est orchestré par personne, juste les gens eux-mêmes »[45]

Par ailleurs, les dirigeants américains n'hésitent pas à évoquer les représailles dont Paris pourrait être frappé. Ils laissent entendre qu'un veto de Paris pourrait mettre en péril le statut de la France comme membre permanent du Conseil de sécurité. L'idée émerge aussi d'un contournement de la France au sein de l'Alliance, via un recours systématique au Comité des Plans de Défense, le seul organisme où elle reste absente. Des sanctions d'ordre économique sont aussi évoquées qui suscitent l'anxiété des milieux patronaux français et provoquent une démarche du MEDEF en faveur d'un assouplissement de la position des Français.[46] Ces menaces trouvent vite leurs limites, il est vrai. Tout d'abord, nombre de rétorsions américaines seraient en violation des règles de l'OMC. Ensuite, la plupart des

---

44. En fait, les échanges de la France avec l'Irak ne représentent que 0,2% du commerce extérieur français.
45. Henri Vernet et Thomas Cantaloube: Chirac contre Bush, p.230.
46. Jacques Chirac, *Le temps présidentiel*, p.389.

sanctions affecteraient les militaires, qui coopèrent souvent avec les Etats-Unis. Enfin et surtout, aux yeux des Français, cela fait long-temps que la guerre économique dont on prétend les menacer a été déclarée.

Le heurt est d'autant plus violent que les enjeux sont élevés. Tout d'abord, la crise soulève la question de la place de l'Europe dans le dispositif atlantique. « L'enjeu est beaucoup plus important à pré-sent, a écrit Tony Blair à George W. Bush le 19 février…l'Europe est-elle un allié des Etats-Unis ou un rival ? »[47] Mais plus encore, il s'agit de décider où réside la légitimité : dans les jugements de la communauté internationale à travers le Conseil de sécurité comme le veulent les Français ou dans les décisions que Washington décide d'arrêter, avec l'appui d'une « coalition des volontaires » rassemblée pour l'assister ?

Le 24 février, un projet de résolution a été déposé, en effet, par les Américains, les Espagnols et les Anglais. Vague, il consiste à décla-rer l'Irak en violation de ses obligations et dès lors implicitement exposé à une intervention. Les Français ménagent d'autant moins leurs efforts pour le contrer que Jacques Chirac en est peut-être venu à douter que Saddam Hussein dispose des armes qu'on lui reproche de dissimuler. La France, confie-t-il à Hans Blix et Mohamed el Baradei le 17 janvier, n'avait pas de « preuves sérieuses » à ce sujet : « Parfois, les services de renseignement 's'intoxiquent mutuelle-ment'. Personnellement, il ne croyait pas que l'Irak eût des armes de destruction massive. »[48]Le 5 mars, Dominique de Villepin rejette le projet en compagnie de ses collègues russe et allemand réunis à Paris avant de se lancer dans une tournée des pays africains membres du Conseil de sécurité. Surtout, pour dissuader les « flottants » de le voter et éviter ainsi à Paris d'avoir à opposer concrètement un veto aux Etats-Unis, Jacques Chirac brandit celui-ci : « Quelles que soient les circonstances, lance-t-il le 10 mars à l'occasion d'une inter-view télévisée, la France votera 'non' parce qu'elle considère, ce soir, qu'il n'y a pas lieu de faire une guerre pour atteindre l'objectif que nous nous sommes fixé, le désarmement de l'Irak ».[49] Aux yeux du

---

47. George W. Bush, *Instants décisifs, op. cit.*, p. 252.
48. Hans Blix, *Disarming Iraq: The Search for Weapons of Arms Destruction*, Londres, Bloombsberry, 2004, p.127-128.
49. Cité in Leah Pisar, *Orage sur l'Atlantique*, p.265.

Français, « quelles que soient les circonstances » signifie manifestement « quelle que soit la majorité ». Mais Américains et Britanniques s'empressent d'imputer à l'intransigeance des Français leur échec au Conseil de sécurité.[50]Jacques Chirac cherchera, sans grand succès, à contrer ce reproche dans une interview, le 16 mars, à la journaliste de CNN Christiane Amanpour, rappelant que « si la stratégie des inspections échouait, la France envisagerait toutes les options, y compris la guerre ».[51]

Le 19 mars, quand l'opération « *Iraqi Freedom* » est finalement lancée, la colère contre la France est d'autant plus exacerbée que longtemps, les Américains (et sans doute quelques Allemands) semblent avoir pensé que, comme par le passé, après avoir multiplié les obstacles, la France finirait par se rallier. Déjà, en 1990, au lendemain de l'invasion du Koweït, s'adressant au père de George W. Bush, Margaret Thatcher avait noté : « Mitterrand vous créera des difficultés jusqu'à la fin. Mais, au moment du prendre et du faire, la France sera là ».[52] Mais cette image de la France amie des jours difficiles (« *bad weather friend* ») ne s'est pas vérifiée et les Américains en sont plus que déçus, ulcérés.

Le « *French-Bashing* » fait dès lors rage outre-Atlantique. La crise va se révéler à la fois plus brutale et moins durable que beaucoup l'avaient pensé.

La conquête de l'Irak achevée, la donne se trouve subitement changée. Dans un premier temps, l'euphorie engendrée par son coup d'éclat à l'ONU dissipée, la France découvre le péril qu'il y a pour elle à s'être coupée de son grand allié. Alors qu'il lui faut constater que sa vision d'une « Europe puissance » faisant contrepoids aux Etats-Unis est loin de prévaloir chez ses partenaires, il lui est difficile d'influer sur la paix, faute d'avoir participé à l'intervention militaire. Comment, dès lors, s'étonner si, aux yeux du président français, l'heure semble arrivée de renouer avec son grand allié ?

Quelques mois après, il est vrai, la situation a évolué tandis que l'Irak semble glisser dans un chaos meurtrier, que le coût humain, financier et moral de leur intervention se révèle beaucoup plus lourd que

---

50. Bob Woodward, *Plan d'attaque*, p.540.
51. Disponible sur Youtube : http://www.youtube.com/watch?v=wX2rS6p3akw
52. Cité in Herbert S. Parmet, *George Bush : The Life of a Lone Star Yankee*, New York, Scribner, 1997, p.452-453.

les Américains ne l'avaient estimé et que sa justification officielle, le démantèlement d'armes de destruction massive sans doute depuis longtemps détruites, se voit pulvérisée. D'abord comme enivrés par la victoire qu'ils ont cru remporter, les dirigeants de Washington commencent peu à peu à se rendre compte des dangers de l'*hubris* qu'ils ont laissée les gagner et à comprendre qu'ils ont besoin de l'aide de leurs alliés pour faire face à la tâche écrasante qu'ils viennent d'endosser. « Je crois dans l'OTAN. Je crois que l'OTAN se transforme et s'ajuste pour faire face aux véritables menaces du 21ᵉ siècle » ira jusqu'à confier George W. Bush à Jaap De Hoop Scheffer, le secrétaire général de l'Alliance, en janvier 2004.[53]

D'abord, il est vrai, les terribles difficultés auxquelles ils se voient confrontés incitent les Américains à exploiter sans états d'âme la volonté de rapprochement des Français qu'ils perçoivent comme le reflet de la situation de faiblesse où se retrouvent ces derniers. Mais, avec le temps, ils ne peuvent espérer ignorer une France qui est, après tout, un des principaux membres de l'Alliance. Dans la foulée de l'invasion, Condoleezza Rice conseille peut-être au Président « de pardonner à la Russie, d'oublier l'Allemagne et de punir la France ». Mais seulement quelque dix-huit mois après, c'est cette dernière qu'elle choisit pour annoncer le 8 février 2005, à Sciences Po, une inflexion moins unilatéraliste de la politique des Etats-Unis. Peu à peu, d'entretiens en rencontres au sommet, de piques en protestations d'amitié, les relations tendent à s'apaiser.

Quelle que soit sa stridence rhétorique et son impact médiatique, la crise irakienne n'est, il est vrai, qu'une des facettes de la relation franco-américaine. Sur la plupart des dossiers - le renseignement (où depuis la fin 2001 la coopération est renforcée et un organisme de coordination antiterroriste internationale, la Base Alliance, installée fin 2002 sur le territoire français), l'Afghanistan mais aussi le Liban, le Sahara occidental, Haïti - la coopération reste étroite, voire tend à s'intensifier. Il reste difficile de dire exactement quand les effets de la crise commencent vraiment à s'estomper mais à partir de la rencontre entre George W. Bush et Jacques Chirac en juin 2004 à l'Elysée, même si outre-Atlantique le *french-bashing* reste toujours d'actualité, la relation ne cesse de s'améliorer au point où début 2006 le journaliste David Ignatius n'hésite plus à suggérer

---

53. *IHT*, 21-22 janvier 2004, p.1.

que les « nouveaux alliés » de George W. Bush pourraient bien être les Français.[54] Avec l'arrivée de Nicolas Sarkozy qui tout au long de ces années a multiplié aux Américains les manifestations d'amitié, la page semble définitivement tournée.

Au lendemain de l'invasion de l'Irak, la situation est difficile pour les Français. Conscient de son impuissance à rassembler l'Europe face aux Etats-Unis, mais soucieux de ne pas perdre l'aura de son baroud d'honneur aux Nations unies, Jacques Chirac développe un jeu d'une subtile dualité. D'un côté, ferme sur les principes mais souple sur les modalités, il s'efforce de défendre la justesse de ses idées, de rappeler les dangers que la décision américaine a engendrées et d'évoquer la nécessité de construire une Europe puissante apte à équilibrer le poids de son grand allié, bref de proclamer que les Français avaient raison en réalité. De l'autre, sur un mode plus discret voire parfois secret, il multiplie les tentatives pour se rapprocher des Américains, n'hésitant pas à leur accorder des concessions de grande portée essentiellement à propos du rôle et des missions d'une OTAN dont ses alliés, il le comprend, vont avoir plus besoin que jamais. Ce qui fera d'ailleurs dire en février 2005 au sénateur Joe Biden qui vient de le rencontrer, qu'il veut avoir un pied sur le quai (en cas d'échec américain) et un pied dans le train (en cas de succès).[55]

La pente a été difficile à remonter. Au lendemain du clash, l'ambassadeur Jean-David Levitte est si inquiet de la violence du ressentiment, que tant les dirigeants que la population ne cachent pas éprouver[56], qu'il multiplie les initiatives pour l'endiguer. Fait exceptionnel, le 15 mai 2003, il n'hésite pas à adresser, *via* une lettre ouverte, une plainte formelle à la Maison-Blanche, aux médias et au Congrès, pour dénoncer la campagne de « désinformation répétée ». Il y accuse des sources au sein de l'Administration de répandre des rumeurs aussi outrancières qu'infondées.[57] Loin de se contenter d'une démarche défensive, l'ambassade ne ménage aucun effort pour

---

54. « Bush's New Ally : France ? » *Washington Post*, 1er février 2006, Cité in Frédéric Bozo et Guillaume Parmentier, « France and the United States : Waiting for Regime Change », *Survival*, vol. 49, no.1, printemps 2007, p.181.

55. *IHT*, 9 février 2005, p.3.

56. Voir l'article d'Elaine Sciolino, *IHT,* 25 avril 2003, p.1.

57. *IHT* 16 mai 2003, p.1. Voir surtout Vincent Nouzille, *Dans le secret…* p.416 - 417.

expliquer la position de Paris aux élus du Congrès où elle est en mesure, le 22 octobre 2003, d'annoncer la naissance d'un « caucus français ».[58].

Mais évidemment c'est avant tout au niveau des chefs d'Etat que le dialogue doit être renoué. Comme cela fait bientôt huit semaines que Jacques Chirac et George W. Bush ne se sont pas parlé, l'Elysée arrache, non sans difficultés, pour le 15 avril 2003 un entretien téléphonique à une Maison-Blanche qui, forte de ses premiers succès, se fait évidemment prier. C'est pour le président français l'occasion de témoigner sa détermination à renouer avec son allié, jusqu'à se dire ouvert « à un rôle raisonnable de l'OTAN à Kaboul, tel que le propose l'Allemagne » et suggérer qu'il pourrait « également l'envisager en Irak »[59]. Enfin, à l'occasion du sommet du G-8 à Evian, Jacques Chirac fait un geste important qui ne sera révélé que plusieurs mois après : il va envoyer quelque 300 hommes de ses forces spéciales poursuivre en Afghanistan des opérations ponctuelles sous direction américaine.[60]

En même temps, le président français multiplie les manifestations d'indépendance face aux Etats-Unis, dans un mouvement de balancier qui va devenir coutumier. Fin mai, cherchant à capitaliser la popularité que son opposition à la guerre lui a assurée mais aussi à donner un tour concret au dialogue des cultures qu'il souhaite impulser, il organise ainsi, parallèlement au sommet du G-8 à Evian, une rencontre des leaders des pays non industrialisés[61] avant d'aller dénoncer « la loi de la jungle » en Malaisie où il reçoit en juillet une médaille pour son opposition au conflit[62]

Entre-temps, les Américains n'ont guère ménagé les Français. Powell a beau déclarer fin mai que l'Administration n'a pas l'intention de « punir » ces derniers, une réunion s'est bien tenue le 23 avril à la Maison-Blanche pour voir comment les sanctionner et Washington s'attache à bien marquer que les relations sont tout sauf normalisées.

---

58. *IHT*, 21 novembre 2003, P.6.

59. Vincent Nouzille, Dans le secret, p.413. Voir également IHT, 24 avril 2003, p.8.

60. *Henri* Vernet et Thomas Cantaloube: *Chirac contre Bush,* p. 289 ; Vincent Nouzille, Dans le secret, p.368.

61. John Vinocur, *IHT*, 2 juin 2003, p.1.

62. John Vinocur, *IHT*, 24 juillet 2003, p.5. La version officieuse de l'Elysée est plus nuancée : « Nous ne pouvons plus accepter la simple loi des plus forts ».

Le secrétaire d'Etat annonce d'ailleurs lui-même que les Français ne seront pas invités au prochain exercice annuel (dit « *Red Flag* ») de l'aviation américaine dans le Nevada.[63] Et s'il ne produit pas d'éclat, le tête-à-tête des deux hommes le 2 juin à Evian ne contribue pas à effacer l'amertume laissée par les derniers mois.[64]

Tout au long de l'été 2003, Jacques Chirac ne cesse donc d'osciller entre gestes de conciliation et mises en garde envers ses alliés. Tout en répétant ne pas avoir l'intention d'envoyer des troupes participer à la force d'occupation, il n'exclut pas que les circonstances « puissent changer ». En même temps, il qualifie la situation de l'Irak, un pays arabe et musulman, dirigé par un « gouverneur qui est un Chrétien et un étranger » de dangereuse et « très difficile à accepter ».[65] Surtout, son rappel devant l'Assemblée que « nul ne saurait s'arroger le droit d'utiliser la force unilatéralement et préventivement »[66] comme ses demandes répétés d'un retour de l'Irak à la souveraineté, au moment même où des représentants du Conseil de gouvernement provisoire irakien s'apprêtent à réclamer cette dernière au Congrès, ne peuvent qu'agacer les Américains qui s'apprêtaient peut-être, à écouter Robert Blackwill, à tourner la page.[67]

Ainsi, six mois ou presque après la fin officielle des « opérations majeures de combat », la tension reste exacerbée. Indice de sa crainte de se retrouver isolé le président entame à l'automne une nouvelle série de gestes de bonne volonté. Non seulement il se résout à ratifier le 16 octobre une résolution légitimant la présence américaine en Irak, mais il confie à Maurice Gourdault-Montagne, son conseiller, la mission d'entamer avec Condoleezza Rice des pourparlers aussi réguliers que discrets et de remettre au premier plan une coopération qui s'est poursuivie sur nombre de dossiers et ainsi assurer dans les relations avec les Américains la haute main à l'Elysée.[68] Recevant le sénateur Joe Biden début décembre 2003, qui lui concède que les faits « ont démontré que vous aviez raison », il reprend une thématique qu'il ne cesse de marteler, il souligne l'ampleur de la contribution de la France aux missions alliées. Affirmant ne pas s'opposer à

---

63. *IHT*, 23 mai 2003, p.1.

64. Condoleezza Rice, *No Higher Honor,* p.216.

65. *IHT*, 22 septembre 2003, p.1.

66. Cité in Vincent Nouzille, *Dans le secret*, p.418.

67. *Ibid.*, p.420.

68. *Ibid.,* p.421-423. La première réunion a lieu à Londres le 21 novembre 2003.

une implication de l'OTAN en Irak même si celle-ci présente à ses yeux des dangers, il lui confie avoir demandé la nomination de deux généraux français dans l'Etat-Major de la nouvelle force de réaction rapide alliée.[69]

La bonne volonté de Paris est alors tellement affichée que le bruit court que le président n'exclurait pas l'envoi d'un contingent de l'OTAN en Irak dès lors qu'il serait placé dans une force dont les Nations unies, et non les Américains, auraient la responsabilité et que les Irakiens auraient recouvré leur souveraineté.[70] Le 14 janvier, c'est dans « un esprit positif de coopération » que Michèle Alliot-Marie s'est envolée pour Washington où le conseiller diplomatique du président français, Maurice Gourdault-Montagne, doit lui aussi prochainement arriver.[71]

La querelle n'est pas, et de loin, pour autant apaisée. La France continue de faire, outre-Atlantique, l'objet d'attaques acérées tant dans les médias que dans les livres où, encore en 2005, sa politique comme son passé continuent de se voir férocement dénoncés,[72] et son image s'est considérablement dégradée : entre février 2002 et février 2004, les opinions positives se sont effondrées de 79% à 49% (et même 33% seulement chez les républicains).[73] De son côté, Jacques Chirac torpille discrètement le projet américain qu'il juge dangereux de « Grand Moyen-Orient ».[74] Néanmoins, sous l'effet des difficultés dramatiques auxquelles l'occupation ne cesse de se

---

69.*Ibid.,,* p.426-427.

70. *IHT*, 16 janvier 2004, p.3.

71. *Ibid.*

72. Leah Pisar cite les principaux ouvrages vilipendant la France publiés durant ces années (p.301-303) : Denys Boyle, *Vile France : Fear, Duplicity, Cowardice and Cheese*, San Francisco, Encounter Books 2005 ; Richard Chesnoff, *The Arrogance of the French,* New York, Sentinel, 2005 ; John Miller and Mark Molesky, *Our Oldest Enemy : A History of America's Disastrous Relationship with France*, New York, Doubleday, 2004; Kenneth Timmerman, *The French Betrayal of America*, New York, Three Rivers Press, 2005. A quoi il convient d'ajouter l'ouvrage de Richard Perle et David Frum, *An End to Evil : How to Win the War on Terror,* New York, Random House, 2003.

73. *Documents Jacobson,* Sciences Po, 19 mars 2004. Il est vrai qu'à peu près au même moment, en mars 2004, Bush suscite des opinions défavorables chez 85% des Français (selon un sondage du Pew Center, *IHT*, 31 mai 2004).

74. Voir là-dessus Vincent Nouzille, *Dans le secret...*, p.437-444 ainsi que la communication de Jean-Pierre Filiu.

heurter, les esprits sont en train d'évoluer. Le 7 novembre, la couverture du *National Journal,* un magazine influent dans les milieux politiques, a titré « *The French Were Right* ». L'auteur, Paul Starobin rappelle que Paris avait, à juste titre, adressé trois mises en garde avant la guerre : Saddam Hussein n'était pas une menace imminente, la pacification et la reconstruction de l'Irak seraient longues et sanglantes, une intervention sous égide américaine provoquerait un regain de l'antiaméricanisme de par le monde.[75] Au demeurant, note le politologue Jeremy Shapiro, le Congrès est en train de glisser « vers la position originale des Français, à savoir qu'occuper l'Irak et y construire la démocratie représentait une tâche terriblement difficile à réaliser ».[76] Surtout, après l'avoir dénigrée, l'Administration se rallie partiellement, sans le concéder, à la position depuis longtemps prônée par le président français : elle annonce le 15 novembre qu'elle rendra dès la fin juin 2004 leur souveraineté aux Irakiens.

Les cérémonies célébrant le 60e anniversaire du débarquement en Normandie apparaissent bientôt comme un test clé pour les relations entre les deux pays. En juin 2004, les divisions sont loin d'être dissipées. Encore à la fin de ce mois, Jacques Chirac se dit « complètement hostile » à une présence de l'OTAN en Irak, qu'il n'avait pas exclue un temps en privé : « Ce serait dangereux, contre-productif et mal compris par les Irakiens, qui, après tout, méritent un petit peu de respect »[77] Il n'empêche ! La venue du président américain a en réalité ouvert une phase plus apaisée : non seulement les deux leaders s'entendent sur un texte de l'ONU voté quelques jours après qui approuve le transfert à l'Irak de sa souveraineté mais ils renforcent leur coopération sur de nombreux dossiers, en particulier sur le Liban où leur collaboration aboutit à l'adoption, le 2 septembre 2004, de la résolution 1559 du Conseil de sécurité.[78] Mieux ! La force de l'OTAN en Afghanistan va être dirigée, à partir du mois d'août, par un général français.

Certes, la campagne présidentielle américaine vient rappeler que le passé est tout sauf oublié. Non seulement le rival de George W. Bush,

---

75. Paul Starobin, « The French Were Right », *National Journal,* 7 novembre 2003.
76. *IHT*, 22 novembre 2003, p.6.
77. *IHT*, 30 juin 2004, p.4.
78. Vincent Nouzille, *Dans le secret…*, p.444 et suivantes. Voir aussi la communication de Jean-Pierre Filiu ainsi que Jacques Chirac, *Le temps présidentiel…*, p.512-522.

John Kerry, se voit reprocher « d'avoir l'air français » (*Kerry looks French*) mais la presse américaine révèle que des responsables français auraient, dans le cadre du programme *Oil for Food*, accepté des fonds de Saddam Hussein. Chez les dirigeants, pourtant, le temps est toujours plus à l'apaisement. Devant la conférence annuelle des ambassadeurs français, le Président loue l'ONU pour avoir rendu à l'Irak sa souveraineté et dit la France « ouverte au dialogue avec les autorités irakiennes sur tous les sujets » mais n'envisage qu'une réduction de 50% de la dette de Bagdad, en lieu et place des 90% que l'Amérique réclame.[79]

Il ne va pourtant pas tarder à céder. La vision européenne de la France, il est vrai, éprouve le plus grand mal à se concrétiser. Surtout, la réélection de George W. Bush crée, comme Tony Blair s'empresse de le rappeler, une nouvelle « réalité à laquelle, selon lui, ses partenaires européens n'auront d'autre choix que de s'adapter.[80] Une « réalité » qui ne tarde pas à se concrétiser quand le Français se résigne, sans le clamer, à ne pas faire moins que les Allemands pour la dette irakienne qu'il se résout à réduire non pas de 50% mais de 80%. Soit, comme le remarque Vincent Nouzille, quelque 4 milliards d'euros, ou « dix fois le montant annuel des forces françaises en Afghanistan ».[81]

La situation n'est pas sans ironie alors que plus que jamais tout semble donner raison à Paris. Comme, peu auparavant, Jacques Julliard l'a noté, les Américains finissent toujours par faire ce que les Français préconisaient, mais seulement six mois après. De même, les sombres prédictions de Jacques Chirac sur la multiplication des « petits Ben Laden » seront en quelque sorte validées en 2006 par un rapport des services américains de renseignement, qui décrira la guerre comme « une *'cause célèbre'* pour les djihadistes, nourrissant un profond ressentiment face à l'engagement américain dans le monde musulman ».[82]

---

79. *IHT*, 28-29 août 2004, p.3.

80. Voir l'article de Patrick Tyler, *IHT*, 6-7 novembre 2004, p.1.

81. *IHT*, 14 janvier 2005, p.3. Sur cette affaire, voir surtout dans Vincent Nouzille, *Dans le secret…* le chapitre intitulé : « Comment Bush a fait payer Chirac », p.409-436..

82. *IHT*, 18 novembre 2004, p.1. Sur la « cause célèbre », voir Mark Danner, « Iraq : The War of Imagination », *NYRB*, 21 décembre 2006, p.81-96.

A la longue, les efforts de Paris finissent, il est vrai, par faire sentir leurs effets. Dès janvier 2004, les Américains ont fait quelques gestes limités et intégré deux généraux français dans l'Etat-Major de la force rapide alliée.[83] Mais ce sont probablement, après la rencontre de juin, le coup de fil de Jacques Chirac à George W. Bush pour le féliciter de sa réélection le 9 novembre 2004 et son geste sur la dette irakienne qui scellent le début d'un vrai dégel.

En janvier 2005, les traces du passé ne sont sans doute pas effacées. Une rencontre entre Chirac et Ghazi al-Yawar, le président irakien, qui a déjà été reportée deux fois au cours des cinq derniers mois, ne donne guère de résultats : alors que le Français propose à son interlocuteur de former des policiers hors d'Irak, celui-ci refuse de s'engager. Il n'empêche. Entre Américains et Français, la tension s'est manifestement relâchée. Les propos de Michel Barnier qui préconise en janvier une « nouvelle relation avec les Etats-Unis »[84] trouvent un écho presque parfait dans le discours de Condoleezza Rice à Sciences Po le 8 février. Comprenant que les Américains ont autant besoin des Européens que ceux-ci des Américains, la nouvelle secrétaire d'Etat proclame elle aussi le moment arrivé « d'ouvrir un nouveau chapitre dans notre relation » et appelle la France et le reste de l'Europe à mettre leurs disputes de côté. « Les Etats-Unis…se réjouissent de l'unité croissante de l'Europe. L'Amérique a tout à gagner à avoir une Europe plus forte comme un partenaire dans la construction d'un monde plus sûr et même meilleur ».[85] L'assassinat, au Liban, le 14 février 2005, de l'ancien Premier ministre Rafic Hariri va contribuer à accélérer le rapprochement entamé depuis plusieurs mois entre la Maison-Blanche et l'Elysée.[86]

En 2006, si elle n'est pas complètement oubliée, la crise apparaît largement surmontée : « Quand Chirac rend visite à l'Inde et s'abstient de toute référence à un « monde multipolaire », note alors Roger Cohen … Et quand, à son retour, la semaine passée, il téléphone à son nouveau copain, George W. Bush, pour discuter de la nécessité d'un 'consensus international' sur les activités nucléaires de l'Inde,

---

83. *IHT*, 21-22 février 2004, p.1
84. *IHT*, 10 janvier 2005, p.1.
85. *IHT*, 9 février 2005 ? p.1. Voir aussi Condoleezza Rice, *No Higher Honor*…, p.3335-336.
86. Vincent Nouzille, *Dans le secret op. cit.,* p.463 -476.

on sait que l'absence de vitriol pourrait même avoir fait place à un frisson de bonne volonté entre les deux les plus grincheux des alliés. »[87]Encore quelques mois et les « *french fries* » seront de retour au Congrès.[88]

Il reste, évidemment, à répondre à la question : dans quelle mesure cette crise s'inscrit-elle dans la continuité ou traduit-elle un bouleversement plus profond ?

Sous bien des aspects, elle s'inscrit dans une continuité : elle résulte comme par le passé de l'insistance des Français à rappeler que, pour reprendre la formule d'Hubert Védrine, « amis » et « alliés » ne signifient pas « alignés ».[89] Plus spécifiquement, tout au long de la guerre froide, les heurts entre l'Amérique et la France avaient toujours tourné autour de quatre sujets.[90] Le premier était l'absence de solidarité des alliés dans la zone « hors traité », le Moyen-Orient en particulier : en 1956, par sa violence, la crise de Suez avait même paru un temps menacer l'avenir de l'Alliance. Une seconde cause avait souvent été une divergence moins sur l'objectif (l'endiguement de l'Union soviétique) que sur les moyens: ainsi, en 1980, au lendemain de l'invasion soviétique de l'Afghanistan, les Français s'étaient inquiétés de voir les Américains rejeter la politique de détente avec le Kremlin au risque de remettre en cause la stabilité sur le continent européen. Une troisième source de divergence avait été le refus des Américains d'accorder à la France au sein de l'Alliance la place que son statut officiel de troisième membre du Standing Group impliquait. Enfin, le quatrième et principal sujet d'affrontement avait été la construction européenne : alors que Paris voyait dans une Europe unie un contrepoids à la puissance des Etats-Unis, ceux-ci ne la concevaient qu'encadrée dans un système atlantique intégré, à la fois

---

87. Roger Cohen, *IHT*, 1er mar s 2006, p.1.

88. *IHT*, 5-6 août 2006, p.4.

89. Hubert Védrine, *Les mondes de François Mitterrand: A L'Elysée, 1981-1995*, Paris Fayard, 1996, p.131.

90. Voir à ce propos mon article, "The Troubled Friendship: France and the United States, 1945-1989 » in Geir Lundestadt, *No End To Alliance. The United States and Europe: Past, Present, Future*, Londres, Macmillan, 1998, p.112-133. Pour une autre interprétation générale de la crise, voir aussi la thèse de Delphine Lagrange, « La France face aux Etats-Unis : « Ressources démocratiques » d'une puissance moyenne dans sa contestation de l'hégémon », Paris, Sciences Po, sous la direction de Bertrand Badie, 2012.

assez forte pour les décharger d'une partie de leurs responsabilités et trop peu pour leur résister.

Si la crise de 2003 a fait figure de paroxysme historique, de « *perfect storm* », c'est peut-être en partie parce qu'elle a conjugué tous ces aspects : centrée sur le Moyen-Orient, elle a opposé Américains et Français moins sur la fin, le désarmement du dictateur irakien, que sur les moyens, les inspections ou une intervention, le dialogue ou le choc des civilisations ; elle a vu les Français tenus d'emblée à l'écart d'une marche à la guerre où l'Amérique travaillait main dans la main avec l'Angleterre et a tourné en dérision leur espoir de voir une Europe unie tenir tête à Washington. Cette seule accumulation suffit-elle à expliquer la spécificité d'une crise qui voit, pour la première fois, les Français non seulement renâcler, mais aller jusqu'au bout de leur opposition à leur grand allié ? Et les dirigeants de ce dernier menacer de « punir Paris », leurs supporters ne plus hésiter à qualifier de « traîtres » leurs alliés et des médias américains de haut niveau reprendre des propos, quolibets et ragots toujours confinés, lors des crises passées, à la presse de caniveau ?

Il semble bien en réalité que seules deux autres données permettent d'expliquer pourquoi la tension s'est autant exacerbée. D'abord, la fin de la guerre froide et, avec elle, de la menace soviétique qui avait toujours servi d'ultime ciment entre les alliés, a sans aucun doute libéré les Français comme les Américains de la peur de voir un affrontement trop brutal faire le jeu du seul Kremlin. Ensuite et surtout, le 11 septembre 2001 a manifestement créé un climat apte à exaspérer les divergences entre une Amérique désormais « en guerre » et une Europe persuadée encore en 2003 de n'avoir jamais été aussi sûre ou prospère[91] et, plus spécifiquement, entre des Américains poussés par la découverte brutale et douloureuse de leur vulnérabilité à privilégier plus que jamais leur souveraineté et des Français convaincus que prévenir « les tentations unilatérales » est la condition première de l'avènement d'une indispensable « gouvernance mondiale ».

Sous cet aspect, c'est donc la rupture qui, dans cette crise, paraît l'emporter. « Pour les Américains, le 11 septembre a changé le monde ; pour les Européens, il a changé l'Amérique » relèvent alors bien des

---

91. *A Secure Europe in a Better World: European Security Strategy*, Bruxelles, 12 décembre 2003.

commentateurs outre-Atlantique.[92] Tout le problème est que tant les Américains que les Français n'ont peut-être pas tiré les bons enseignements des mutations en train de se concrétiser. L'entêtement obstiné des premiers à conduire une guerre que rien ne les forçait à mener va, de toute évidence, sinon provoquer, du moins puissamment accélérer, le déclin auquel, en ces années 2010, ils se voient confrontés. Si les Français ont eu doublement raison de mettre les Etats-Unis en garde contre le conflit et de leur rappeler l'avènement d'un « monde multipolaire » avec lequel il leur faudrait compter, eux-mêmes ne vont pas tarder à découvrir que ce monde est loin de ressembler à celui dont ils rêvaient : comme Pierre Hassner l'avait justement noté dès 2005, ils attendaient Grouchy (l'Europe et le Japon) mais c'est Blücher (la Chine et l'Inde) qui pour les Etats-Unis va être toujours plus le vrai défi.[93]

---

92. Cité Philip H. Gordon et Jeremy Shapiro, *Allies at War...* p.84 et Leah Pisar, *Orage sur l'Atlantique, Op. cit.,* p.29.
93. Pierre Hassner, « Europe/Etats-Unis : une amitié si fragile...» *Politique internationale*, no.110, hiver 2005-2006, p.100.

LE RAPPROCHEMENT
AVEC LA « NOUVELLE » RUSSIE :
UNE RELATION INSTRUMENTALE ?

Anne de Tinguy

Jacques Chirac a une vision très positive de la Russie, convaincu que celle-ci est « un grand pays ami de la France » et que, dans le monde de l'après guerre froide, les deux Etats ont des intérêts communs. Cette conviction l'a conduit, au cours de ses deux mandats, à développer la relation entre les deux pays et à œuvrer pour encourager l'ancrage de la Russie à l'espace euro-atlantique. Les initiatives prises sont nombreuses, parfois novatrices et elles produisent d'indéniables résultats. Néanmoins, la politique menée suscite un certain nombre de questionnements : quelle est la nature de l'ancrage souvent évoqué de la Russie à l'espace euro-atlantique ? Jacques Chirac a-t-il eu un projet ambitieux auquel il a renoncé ? Ou bien sa politique russe a-t-elle été avant tout réaliste et instrumentale, le partenariat avec la Russie étant destiné à donner à la France un supplément d'influence ?

Une forte volonté de rapprochement
avec un « grand pays » ami

Jacques Chirac est un ami de la Russie et il ne s'en cache pas. Il a pour la culture russe et pour la Russie un « attachement et une admiration » qu'il lie à la formation en langue russe qu'il a reçue de son « père spirituel », Vladimir Belanovitch[1]. A ses yeux, la Russie est un

---

1. Allocution de Jacques Chirac, 10 février 2003 lors du dîner à l'Elysée pour Vladimir Poutine, reprise in Jacques Chirac, *Mon combat pour la paix – Textes et interventions*, Paris, Odile Jacob, 2007, p.147; Jacques Chirac, *Mémoires*, t.2 *Le temps présidentiel*, Paris, NiL Editions, 2011, p.146-147. Voir aussi Pierre Péan, *L'inconnu de l'Elysée*, Paris, Fayard, 2007, p. 38-40

« très grand pays », « héritier d'une grande histoire et façonné par une culture séculaire ». Elle fait partie « des grandes nations » et des « grands pôles politiques » du monde[2]. Certes, elle est très affaiblie au lendemain de l'effondrement de l'URSS, mais dispose, à ses yeux, d'un potentiel dont il serait une erreur de ne pas tenir compte. Elle a vocation à se relever. Membre permanent du Conseil de Sécurité des Nations unies, elle partage avec la France « une responsabilité particulière ». Et elle est depuis longtemps une « grande amie de la France », «proche par l'histoire, la culture et la géographie »[3]. Dans une société internationale volontiers perçue par le président comme « une société de classe dans laquelle il importe de faire partie des clubs dominants », cette perception de la Russie a une traduction politique. Le chef de l'Etat souhaite qu'elle « joue un rôle éminent parmi les grandes nations et qu'elle contribue à l'équilibre du monde », une analyse qui correspond à un point de vue largement partagé en France[4]. Jacques Chirac inscrit cette politique dans la continuité d'une action gaullienne qui a été, estime-t-il, très bénéfique à la France : en lui permettant d'avoir pendant la période de la guerre froide une position particulière entre ses alliés occidentaux et l'URSS, elle a conforté son poids politique dans le monde. Cette époque est révolue, mais le président de la République estime qu'un lien particulier demeure entre les deux Etats.

---

2. Expressions maintes fois employées par Jacques Chirac, entre autres dans ses interventions des 31 août 1995, 4 novembre 1999, 4 janvier 2002, 18 novembre 2004 et 4 mai 2005 ; voir aussi ses *Mémoires*, t. 2, *op. cit.* p.146 ; voir aussi A. de Tinguy « Paris-Moscou : vers un partenariat privilégié dans une Europe réconciliée ? » in « La politique étrangère du président Chirac », *Relations Internationales et Stratégiques*, printemps 1997, p. 82-92
3. Allocution de Jacques Chirac le 18 novembre 2004 à Londres, International Institute for Strategic Studies, in Jacques Chirac, *Mon combat pour la paix*, op. cit. p. 89 ; voir aussi les allocutions de son Premier ministre, Dominique de Villepin, à Moscou le 13 février 2006, www.diplomatie.gouv.fr
4. Frédéric Charillon, *La politique étrangère de la France, de la fin de la guerre froide au printemps arabe*, Paris, La Documentation Française, 2011, p.10-11 ; message de félicitations de Jacques Chirac à Vladimir Poutine le 27 mars 2000 et ses déclarations des 4 novembre 1999 et 10 février 2003 ; René André et Jean Louis Bianco, *Rapport d'information sur les relations entre l'UE et la Russie*, présenté en décembre 2004 à l'Assemblée nationale, p. 5 et 73 ; Hubert Védrine, « France-Russie : un esprit de dialogue » *Géopolitique* n°101, mars 2008 p. 3-4 et 8

Les objectifs sont à première vue ambitieux. Le premier est d'intensifier le partenariat, conçu comme « global », entre les deux Etats et entre les sociétés, notamment les jeunes, des deux pays. Il est aussi d'aider la Russie à avancer sur la voie des réformes dans laquelle elle s'est engagée, notamment en confortant les forces démocratiques du pays. Le partenariat avec la « nouvelle » Russie s'inscrit dans un paradigme de la transition vers la démocratie et l'économie de marché[5]. Encourager l'ancrage de la Russie à l'espace euro-atlantique fait également partie des grands objectifs poursuivis par Jacques Chirac. Cet ancrage, qui suppose de ne pas « l'humilier » et de ne chercher « ni à l'affaiblir ni à l'isoler », passe, à ses yeux, par son association aux affaires européennes, en particulier à la définition de la nouvelle architecture de sécurité au moment où l'Alliance Atlantique s'élargit vers l'Est. Jacques Chirac entend répondre à la vive inquiétude que suscite en Russie cet élargissement qui « ne doit en aucun cas être considéré par les Russes comme désobligeant, dangereux ou humiliant pour eux »[6]. Des initiatives prises par le chef de l'Etat entre 1995 et 1997 confirment son souhait d'agir en ce sens. En octobre 1995, il invite Boris Eltsine à « réfléchir à un concept de défense commune entre son pays et le pilier européen de l'Alliance atlantique », dont il préconise alors la création. Et le 26 mai 1997, il lui suggère de proposer que le sommet de l'OTAN, prévu en juillet à Madrid, soit organisé de manière à montrer « que rien d'important ne peut désormais être décidé sur les questions de sécurité européenne sans la Russie »[7].

---

5. Allocution déjà citée du 10 février 2003, *Mon combat pour la paix, op. cit.* p.144 et 146 ; Jacques Chirac, *Mémoires,* t.2 *op. cit.* p.315-316 ; voir aussi ses allocutions le 8 juin 1996 à l'IHEDN et le 24 février 2004 à Budapest, l'interview qu'il accorde à Itar Tass et à la télévision russe le 4 mai 2005 et le site internet du MAEE.
6. Propos tenus le 8 juin 1996 à l'IHEDN, qu'il tiendra à maintes autres reprises; lettre à Boris Eltsine du 27 septembre 1996, Archives Nationales, consultées par l'auteur en novembre 2011 –les Archives Nationales citées dans cet article ont toutes été consultées à cette date- ; voir aussi discours à Varsovie le 13 septembre 1996 et à Budapest le 24 février 2004, *Mon combat pour la paix, op.cit.* p.316-317 et 334
7. Jacques Chirac, *Mémoires,* t. 2, op. cit. p.113-114 ; compte rendu de son entretien avec Boris Eltsine à Paris le 26 mai 1997, Archives Nationales; voir aussi discours à l'IHEDN le 8 juin 1996 et compte-rendu de son entretien avec Viktor Tchernomyrdine le 26 novembre 1996, Archives Nationales.

Par ailleurs, le partenariat avec la Russie a pour objet de contribuer à la définition des nouveaux équilibres internationaux, notamment au renforcement de la multipolarité, grâce auxquels la France pourra continuer à jouer un rôle « central » dans un monde « en constante évolution ». Renforcer la multipolarité, c'est aussi oeuvrer à la construction de l'« Europe-puissance ». Lorsque Jacques Chirac emploie ce terme, c'est d'abord à l'UE qu'il pense, mais cette ambition rejoint la relation avec la Russie qui « doit permettre à l'Europe de peser davantage dans les affaires du monde » (10 février 2003). En outre, c'est consolider le rôle des Nations Unies, « clé de voûte de tout le système », dans la vie internationale[8]. La Russie, très attachée à l'ONU, seule grande enceinte internationale où elle a un droit de veto sur les affaires du monde, a là aussi toute sa place.

Une relation bilatérale confortée

Le partenariat avec Moscou est encouragé par une vision optimiste du processus de transition démocratique en Russie et il est facilité par la relation personnelle que Jacques Chirac entretient avec ses homologues russes. A partir de la fin 1995, Boris Eltsine et lui se tutoient et le ton de leur correspondance témoigne de leur proximité. Dans ses *Mémoires*, le chef de l'Etat dit avoir « confiance » dans cet homme « apparemment facétieux et incontrôlable », mais « détermin[é] et courag[eux] ». Cette confiance a une traduction politique : perçu comme le garant des réformes engagées par la Russie, Boris Eltsine est un élément clef du soutien apporté à la Russie. La relation nouée avec Vladimir Poutine, si elle est de nature différente, est elle aussi très bonne, en particulier à partir de 2003

---

8. Sur la multipolarité, cf. discours à l'IFRI le 4 novembre 1999, à l'IHEDN le 8 juin 1996 et interview à propos de l'Irak le 10 mars 2003 à TF1 et France 2, *Mon combat pour la paix, op.cit.* p. 59 et 247 ; voir aussi l'allocution déjà citée à l'IISS le 18 novembre 2004 ; sur l'Europe-puissance, voir notamment allocutions le 12 septembre 1996 à Varsovie, le 3 décembre 1996 devant l'Assemblée parlementaire de l'UEO, le 27 juin 2000 à Berlin devant le Bundestag et à Luc le 19 avril 2005 ; sur l'ONU, voir par exemple l'allocution à l'IFRI le 4 novembre 1999.

(affaire irakienne). Jacques Chirac admire l'homme dont il fait dans ses *Mémoires* un portrait flatteur[9].

Un dialogue politique nourri

Entre 1995 et 2007, le dialogue politique est nourri à tous les niveaux par de multiples liens. Les rencontres présidentielles sont fréquentes et de nouveaux mécanismes de concertation sont mis en place. Au CEFIC (Conseil économique, industriel, financier et commercial) fondé en février 1992, s'ajoutent le Séminaire gouvernemental franco-russe - présidé par les deux Premiers ministres, il se réunit une fois par an depuis février 1996 - et le CCQS (Conseil de coopération franco-russe sur les questions de sécurité) créé en juillet 2002. Ce Conseil, qui a pour but de mettre en place une consultation régulière sur les questions stratégiques et de sécurité, réunit deux fois par an les ministres des Affaires étrangères et de la Défense des deux pays. Jacques Chirac et Lionel Jospin n'ayant pas de désaccords importants sur la question russe, la cohabitation (1997-2002) n'entrave pas le dialogue[10]. Et celui-ci est d'autant plus nourri que le chef de l'Etat s'implique et suit personnellement, chaque fois qu'il le peut, les grands dossiers, bilatéraux ou multilatéraux, concernant la Russie. A titre d'exemple, c'est le cas au début des années 2000 du dossier concernant le conflit du Karabakh[11]. Ce partenariat s'appuie sur ce que Jacques Chirac affirme être « une grande convergence de vues » entre les deux Etats sur de nombreux sujets (Afghanistan et gestion des problèmes liés au terrorisme dans les années 2000, Irak en 2003, « rôle clé de l'ONU », etc)[12]. Il s'inscrit dans un dialogue européen, en particulier à trois avec l'Allemagne. Paris et Berlin ayant un même désir d'associer la Russie aux affaires européennes, Jacques

---

9. Jacques Chirac, *Mémoires*, t. 2, *op.cit.* p. 146-7, 313-316 et 436-437 et son interview du 4 mai 2005 à Itar Tass et à la télévision russe ; Aleksandr Bregadze, « Russia-France : old friends are best », *International Affairs,* 2003 n°1, vol.49, p. 64 ; Gerhard Schröder, *Ma vie et la politique*, Paris, Odile Jacob, 2006, p. 181
10. Evguéni Kojokine « La politique étrangère française est-elle soluble dans une Europe unie ? » *La Revue Internationale et Stratégique*, printemps 2002, p.105-111 ; et Aleksandr Bregadze, « Russia-France… », *op. cit.* p. 64
11. Entretien de l'auteur avec un diplomate français, Paris, le 30 novembre 2011.
12. Conférence de presse, 15 janvier 2002 à l'Elysée avec Vladimir Poutine (qui affirme lui aussi que « sur les problèmes clés de nature internationale, les positions de la Russie et de la France sont soit proches, soit correspondantes ») et propos du 24 juillet 2004.

Chirac agit souvent de concert avec ses homologues allemands. Une première rencontre Eltsine-Chirac-Kohl se tient à Bor en Russie le 26 mars 1998. D'autres suivront. Au moment de l'affaire irakienne en 2003, le rapprochement est spectaculaire.

Ce partenariat s'accompagne d'un développement des échanges économiques et commerciaux qui augmentent sensiblement pendant les années Chirac : d'après les statistiques russes, les exportations russes vers la France ont été multipliées entre 1995 et 2007 par près de six, ses importations par sept[13]. La coopération scientifique est elle aussi dynamique. En témoigne le projet d'installation de lanceurs Soyouz sur le site de Kourou, qui fait l'objet d'un accord en 2003.

L'ancrage de la Russie
à l'espace euro-atlantique encouragé

La Russie tire un bénéfice politique certain de ce partenariat qui conforte son analyse d'un monde multipolaire[14] et contribue à son ancrage à l'espace euro-atlantique. Grâce à Jacques Chirac et à Helmut Kohl, elle est admise le 25 janvier 1996 au Conseil de l'Europe en dépit de la guerre en Tchétchénie. Par ailleurs, Jacques Chirac appuie son entrée dans le Club de Paris, qu'elle rejoint en tant que créancier en septembre 1997, comme son adhésion à l'OMC (au sein de laquelle elle ne sera acceptée qu'en 2011) et à l'OCDE. Il joue aussi un rôle moteur dans la transformation, souhaitée par Moscou, du G7 en G8, co-présidant avec Boris Eltsine en avril 1996, dans la capitale russe, une réunion à huit sur les problèmes de sûreté nucléaire.

Moscou trouve par ailleurs en Jacques Chirac un défenseur de ses positions dans les difficiles dossiers de la sécurité européenne. Au début de son mandat, celui-ci soutient les efforts faits par la Russie pour s'imposer comme un des grands acteurs dans les affaires yougoslaves[15]. A nouveau, lors de la crise du Kosovo, il soutient les médiations russes. Dans ce dossier comme dans d'autres, il plaide la cause russe auprès des Etats-Unis qui, affirme-t-il dans ses *Mémoires,*

---

13. Rosstat (Comité des statistiques) de Russie *Rossiia v tsifrakh* 2008.

14. Youri Roubinski, *La France et la Russie à la recherche d'un monde multipolaire,* Paris, Les Cahiers de l'IFRI, n°27, 1998, 73 p.

15. Echanges de lettres entre Jacques Chirac et Boris Eltsine des 27 juillet, 2 et 14 août, 7 et 20 septembre, 12 octobre et 12 décembre 1995, Archives Nationales; voir aussi Jacques Chirac *Mémoires,* t.2, *op. cit.* p.113-4

considèrent la Russie comme « quantité négligeable »[16]. Les archives disponibles montrent que Vladimir Poutine s'adresse volontiers à lui pour qu'il intercède en faveur de son pays auprès Washington et de Bruxelles. C'est ce qu'il fait, par exemple, à propos des répercussions de l'élargissement à l'est de l'UE[17].

Pour « donner toute sa place à la Russie » dans le domaine de la sécurité européenne, Jacques Chirac avance en outre plusieurs propositions. En 1996, il préconise le renforcement de l'OSCE pour qu'elle devienne « une organisation de plein exercice avec le statut juridique correspondant » et le cadre de la nouvelle architecture européenne de sécurité[18]. Il propose d'accepter la renégociation du traité de 1990 sur les forces conventionnelles en Europe, une demande formulée de longue date par la Russie et en décembre 1996, une décision est prise en ce sens. Il demande que soit établie entre la Russie et l'Alliance atlantique « une relation de confiance et de coopération ». Cette démarche débouche le 27 mai 1997, deux mois avant la réunion de l'Alliance qui doit décider de son élargissement, sur la signature de l'Acte fondateur des relations entre l'OTAN et la Russie qui prévoit entre autres la création du Conseil conjoint OTAN-Russie. En 2002, Jacques Chirac soutient la mise en place d'un second conseil OTAN-Russie, cette fois-ci à vingt, qui vise à associer « la Russie aux activités de l'OTAN sur un pied d'égalité, y compris », déclare-t-il le 15 janvier 2002, « pour traiter de la conduite d'opérations dans la gestion des crises »[19]. En outre, Jacques Chirac propose d'associer

---

16. Jacques Chirac, *Mémoires t.2, op. cit.*, p.113-114, 144-145 et 159-160 ; Strobe Talbott, secrétaire d'Etat adjoint en charge des affaires russes dans l'administration Clinton, confirme le soutien que Jacques Chirac apporte à la Russie, *The Russia Hand – A Memoir of Presidential Diplomacy*, New York, Random House, 2002, p.225-226.

17. Voir notamment la lettre de Vladimir Poutine à Jacques Chirac le 22 août 2002, Archives Nationales.

18. Discours à l'IHEDN le 8 juin 1996, à Varsovie le 13 septembre 1996 et à Lisbonne lors du sommet de l'OSCE le 2 décembre 1996 ; lettres de Jacques Chirac à Boris Eltsine le 27 septembre 1996 et de Boris Eltsine à Jacques Chirac le 31 octobre 1996, Archives Nationales.

19. Propos tenus à l'IHEDN le 8 juin 1996 et à l'université Keio, au Japon, le 18 novembre 1996 ; voir aussi le compte rendu de son entretien avec Viktor Tchernomyrdine le 26 novembre 1996 (Archives Nationales) et la lettre déjà citée de Boris Eltsine à Jacques Chirac du 31 octobre 1996 (Archives Nationales) ; allocution lors de la présentation des vœux du corps diplomatique le 4 janvier 2002.

la Russie, y compris sur le plan institutionnel, aux processus européens. C'est ce qu'il préconise entre autres le 4 janvier 2002 : « l'UE
se dote de la capacité de conduire des opérations militaires, ouvrons
la possibilité à la Russie de s'y associer ». Ce soutien contribue à
favoriser la coopération qui commence à se mettre en place entre
l'UE et la Russie à partir d'octobre 2000, les événements du 11
septembre 2001 lui donnant une certaine impulsion. En juin 2002
lors du Conseil européen de Séville, un dispositif « sur la consultation et la coopération UE-Russie en matière de gestion de crise » est
décidé, des « arrangements » étant prévus « hors et en période de
crise ». L'année suivante, la Russie accepte de contribuer à la Mission
de police de l'Union européenne (MPUE) en Bosnie-Herzégovine
lancée en janvier 2003, la première du genre menée par l'UE. Le
potentiel de coopération apparaît alors d'autant plus important
que la Politique européenne de sécurité et de défense (PESD) est
accueillie positivement par la Russie, qui la voit comme une alternative possible à la politique de l'OTAN[20].

Les options diplomatiques
de la France confortées

La France tire elle aussi un bénéfice politique de son partenariat avec
la Russie. Ouvert aux cultures non occidentales, attaché au « dialogue des cultures » et à la diversité culturelle, Jacques Chirac semble
pressentir l'importance dans la vie internationale de ceux qu'on
appellera quelques années plus tard les grands émergents. La relation
avec Moscou s'inscrit dans la « réalité nouvelle (qui) conduit, dit-il,
à une remise en cause de la prééminence séculaire de l'Occident et
de ses modèles sur le reste du monde »[21]. L'attention portée à la place
de la Russie et de la Chine dans les affaires mondiales est révélatrice

---

20. *De Laeken à Copenhague – Les textes fondamentaux de la défense européenne*,
Paris, Institut d'études de sécurité de l'UE, Cahiers de Chaillot, n°57, février
2003, p. 92-93 ; *Diplomatitcheskiï Vestnik* n°11, novembre 2000, p. 34 et 36 et
n°11, novembre 1999 p. 22 ; Vladimir Baranovsky *Russia's Attitudes towards the
EU's : Political Aspects*, Berlin, Institut für Europäische Politik, 2002 p.100, 115
et 121 ; Anne de Tinguy, « La Russie et l'Europe à 25 : vers un espace commun
de sécurité ? » *Défense Nationale* août-septembre 2004 p.131-142
21. Discours à Londres, 18 nov. 2004 ; Pierre Péan, *L'inconnu de l'Elysée, op. cit.* p.
413-415 ; et entretien de l'auteur avec un diplomate français, Paris, 23 août 2011.

de cette évolution de la vision du monde en même temps qu'elle la conforte.

La Russie est un partenaire sur lequel Jacques Chirac s'appuie volontiers. A maintes reprises, il sollicite l'aide du Kremlin. C'est le cas en Yougoslavie : lorsque le 30 août 1995 deux pilotes français sont capturés par les Serbes de Pale, il lui demande de l'aider à les faire libérer. En Afghanistan : la Russie apporte à la France une aide qui facilite le déploiement des forces françaises dans ce pays. Au Liban : si l'on en croit les *Mémoires* de Jacques Chirac, en novembre 2003, Vladimir Poutine s'associe à la démarche française faite auprès de Bachar al-Assad pour lui conseiller de changer de politique dans ce pays. Et Paris obtient en 2004 que la Russie s'abstienne dans le vote au Conseil de sécurité de la résolution 1559 qui demande le départ des forces syriennes. C'est aussi le cas dans le difficile dossier iranien : la seule mention que fait le chef de l'Etat dans ses *Mémoires* du rôle de la Russie concerne son attitude qualifiée de coopérative dans les négociations 'EU 3 + 3'. C'est aussi le cas dans des dossiers concernant l'environnement (protocole de Kyoto) ou la recherche et l'industrie (implantation d'ITER à Cadarache[22]). C'est aussi et surtout le cas en 2003, lors de l'intervention américano-britannique en Irak. Etant donné les enjeux existants, la position prise par Vladimir Poutine (vote le 8 novembre 2002 de la résolution 1441 et ralliement le 10 février 2003 à la politique française - « il y a encore une alternative à la guerre » - est « de la plus haute importance pour Jacques Chirac ». Son soutien conforte grandement la position française (et allemande) au sein du Conseil de Sécurité, il permet que le désaccord entre Paris et Washington apparaisse, non pas comme une querelle bilatérale, mais comme un grand débat sur la guerre, sur le

---

22. Lettre de Jacques Chirac à Boris Eltsine le 12 décembre 1995, Archives Nationales; Jacques Chirac *Mémoires* t.2, *op.cit.*, p. 119-121 sur les deux pilotes ; p. 510 et 516-7 sur le Liban et p. 511 sur l'Iran ; sur le protocole de Kyoto, cf. par ex. la lettre de Jacques Chirac, Tony Blair et Gerhard Schroeder à Vladimir Poutine, 20 mai 2004 et sur le projet ITER, celle de Jacques Chirac à Vladimir Poutine, 11 décembre 2003, Archives Nationales.

respect du droit et de la concertation internationale, sur la gouvernance mondiale[23].

Le dialogue avec Moscou contribue par ailleurs, si l'on en croit Jacques Chirac, à « l'établissement d'un partenariat stratégique ambitieux entre la Russie et l'UE » (10 février 2003). Le lien de cause à effet est bien réel : la France soutient la coopération qui se développe entre Moscou et Bruxelles après l'entrée en vigueur en 1997 de l'Accord de partenariat et de coopération (signé en 1994), qui constitue le cadre de leur relation. De plus, la relation triangulaire Paris-Berlin-Moscou crée une dynamique qui a un effet d'entraînement sur la relation UE-Russie. La réalité est cependant complexe. Les nouveaux Etats membres d'Europe centrale et orientale, qui éprouvent à l'égard de leur voisin russe une profonde méfiance, voient avec inquiétude l'amitié du chef de l'Etat français pour ce dernier[24]. Le rapprochement Paris-Berlin-Moscou suscite lui aussi de fortes réserves dans ces Etats, notamment en Pologne, qui redoutent que des décisions soient prises, sans tenir compte de leurs intérêts, en dehors du cadre de l'UE. Autrement dit, il fragilise la cohésion européenne plutôt qu'il ne la renforce.

Sans aucun doute, la relation franco-russe correspond à un partenariat chaleureux, qui se conforte pendant la présidence Chirac et dont la France comme la Russie tirent des bénéfices politiques qui sont identifiables. Elle apparaît néanmoins complexe et ambivalente.

La politique russe est-elle une fin ou un moyen ?

Le partenariat avec la Russie suscite un certain nombre de questions, auxquelles, dans l'état actuel des connaissances, il n'est pas toujours possible de répondre. Ce partenariat est-il vraiment « privilégié », comme le dit souvent le discours officiel ? La politique russe de Jacques Chirac est-elle aussi ambitieuse qu'elle le paraît ? Pourquoi le chef de l'Etat a-t-il accordé aussi peu d'attention à l'évolution du système politique russe, en particulier pendant les années Poutine ?

---

23. Jacques Chirac, *Mémoires* t.2, *op.cit.*, voir notamment p.380-382 ; Gerhard Schröder, *Ma vie et la politique*, *op.cit.*, p.177-178 et p.181 ; Pierre Péan, *L'inconnu de l'Elysée*, *op.cit.* p.429 et 432 ; Frédéric Charillon, *La politique étrangère de la France*, *op.cit.* p.80
24. Maurice Vaïsse, *La puissance ou l'influence ? La France dans le monde depuis 1958*, Paris, Fayard, 2009, p.285-286

La politique qu'il mène conduit en définitive à s'interroger sur sa finalité : est-elle une fin en soi ou est-elle avant tout instrumentale, ce qui expliquerait certaines des attitudes du président ?

Le partenariat est-il vraiment privilégié ?

Qualifier le partenariat de « privilégié » est à nuancer. « Considérée de Moscou, la France n'a été que rarement un partenaire particulièrement privilégié », écrit l'ambassadeur Froment-Meurice en 2007[25]. Avec la fin de la guerre froide, le statut particulier qu'avait la France s'efface : les rapports entre les deux pays sont désormais « banalisés », selon l'expression employée en 1989 par Roland Dumas, alors ministre des relations extérieures[26]. Certes, la France reste pour la Russie un partenaire apprécié, mais en Europe, d'autres Etats, en particulier l'Allemagne, désormais perçue comme l'un des tout premiers pays amis de la Russie dans le monde, comptent de plus en plus aux yeux de Moscou[27]. Dans le domaine économique et commercial, l'Allemagne est depuis longtemps un des grands partenaires de la Russie, le premier à partir de 1997. Les échanges avec la France, on l'a dit, ont beaucoup progressé. Néanmoins en 2007, d'après les statistiques russes, la France n'est que le 13ème client de la Russie et son 9ème fournisseur. Dans le domaine financier, c'est encore l'Allemagne qui a été le grand soutien de la Russie lorsque celle-ci a connu dans les années 1990 des heures difficiles : elle a alors été de loin son premier créditeur. Au niveau des sociétés, les liens se sont développés depuis 1991, mais ils sont moins denses entre la France et la Russie qu'entre l'Allemagne et la Russie. Il y a un domaine où la France est très présente, mais il n'est pas sûr que cela conforte la relation entre les Etats, c'est celui de l'asile politique.

---

25. Henri Froment Meurice, « Quelle politique avec la Russie ? » *Commentaire,* été 2007, p.385 ; voir aussi Anne de Tinguy, « La relation franco-russe aujourd'hui : quelle spécificité ? » (en russe) in Iouri Roubinskiï, Marina Arzakanian (dir.), *Rossiia-Frantsiia – 300 let osobykh otnocheniï* (Russie-France - 300 ans de relations particulières), Moscou, Rosizo, 2010, p. 303-314
26. *France-URSS Magazine*, juillet 1989
27. Jean-Christophe Romer, « Les relations franco-russes de 2000 à 2006 », *Annuaire français des relations internationales*, 2007, p. 427 ; enquête faite en décembre 2006 par le centre Levada d'enquête de l'opinion publique pour le EU-Russia Center, Bruxelles; Alexander Rahr, « Germany and Russia : a special relationship » *The Washington Quarterly*, printemps 2007, p. 138.

A partir de 2004, la Russie fait partie des principaux pays d'origine de la demande présentée dans les pays industrialisés. La France est, avec la Pologne, l'Etat le plus concerné par le phénomène[28].

En dépit de la russophilie de nombreux Français, qui tient entre autres à la traditionnelle attraction exercée par la culture russe, l'image de la Russie, en France comme dans pratiquement tous les pays européens, s'est beaucoup dégradée au cours des années 2000. Cette détérioration a pour conséquence une moindre perméabilité des Français comme des autres Européens aux positions prises par la Russie. Au sein de la société française, celle-ci est un sujet de débats. Depuis 1994, la brutalité de la politique russe en Tchétchénie est constamment dénoncée. Depuis le début des années 2000, les dérives autoritaires du pouvoir de Vladimir Poutine, la situation des médias, l'assassinat d'Anna Politkovskaia en 2006 et de plusieurs autres journalistes, l'arrestation en 2003 de Mikhaïl Khodorkovski, patron de Ioukos, considéré par beaucoup comme étant de nature avant tout politique font l'objet de vives critiques qui n'émanent pas que des seuls intellectuels.

La convergence de vues entre Paris et Moscou est par ailleurs loin d'être totale. Des deux élargissements de l'UE et de l'OTAN, les deux pays ne font pas la même analyse. Concernant le second, Jacques Chirac s'efforce, on l'a vu, de rassurer la Russie, mais en même temps il participe à la décision tant redoutée par Moscou. Il en est de même de l'intervention de l'OTAN au Kosovo : Jacques Chirac tente d'associer la Russie aux négociations et d'obtenir l'aval du Conseil de sécurité. Lorsque cela s'avère impossible, il se retrouve du côté de ceux que Moscou critique virulemment[29]. Dans le dossier iranien, la Russie joue un rôle clef du fait de ses liens avec la République islamique. Et par certains côtés, Russes et Français (et plus généralement Occidentaux) ont des intérêts communs. En continuant à soutenir Téhéran, la Russie cultive cependant les ambiguïtés. Là encore, positions russes et françaises ne coïncident pas

---

28. Anne de Tinguy, *La grande migration – La Russie et les Russes depuis l'ouverture du rideau de fer*, Paris, Plon, 2004, chap. 6 et 8 ; OFPRA (Office Français de Protection des Réfugiés et Apatrides), www.ofpra.fr et UNHCR *Asylum Levels and Trends in Industrialized Countries*, www.unhcr.org/statistics, données annuelles.

29. Strobe Talbott, *The Russia Hand*, op.cit. p. 316-317 et p. 454 note 12.

toujours[30]. La Tchétchénie est aussi l'objet de vifs désaccords entre Paris et Moscou. Jacques Chirac évoque dans ses *Mémoires* « un de (ses) rares sujets de mésentente avec Boris Eltsine » à qui il dit « que rien ne pouvait justifier le bombardement des populations civiles ». S'agit-il d'une réécriture a posteriori d'un dossier souvent critiqué en France ? S'il ne semble pas avoir infléchi sa politique en signe de protestation, c'est cependant un sujet sur lequel il s'est souvent exprimé. A maintes reprises, il souligne « qu'il n'y aura pas de règlement durable dans la région sans une solution d'ordre politique ». Et il aborde le problème dès son élection en 2000 avec le président Poutine qui se montre « nettement moins conciliant » sur cette question que sur d'autres et même « intraitable »[31]. La tragédie du 11 septembre ne fait que renforcer la présentation que fait la Russie de sa politique dans le Caucase du nord.

Jacques Chirac aurait-il pu être plus ambitieux ?

Associer la Russie à l'espace euro-atlantique est le leitmotiv du discours de Jacques Chirac. Son approche reste cependant traditionnelle. Le chef de l'Etat tend la main à la Russie, mais il ne précise pas ce que pourrait être un projet commun, ne propose pas de stratégie, ne cherche pas à bouleverser les fondements des rapports entre l'UE, l'Alliance Atlantique et la Russie[32]. Lorsque Silvio Berlusconi, président du Conseil italien, se prononce en 2002 en faveur d'un élargissement de l'UE qui comprendrait la Russie, il réagit vivement, affirmant que cette idée est « hautement prématurée ». Cette position correspond à celle de la Russie qui n'est pas candidate à l'UE et à une analyse objective des problèmes qu'engendrerait un tel projet

---

30. Interview de Dominique de Villepin à *Rossiïskaia Gazeta* 13 février 2006; voir aussi Anne de Tinguy (dir.), *Moscou et le monde – L'ambition de la grandeur : une illusion ?* Paris, Autrement, 2008, p. 190-192

31. Jacques Chirac, *Mémoires, t.2, op.cit,* p.312-315 et p. 318 et compte rendu de la conversation téléphonique entre Jacques Chirac et Vladimir Poutine du 8 avril 2000 (Archives Nationales).

32. Céline Bayou, « Le dialogue russo-européen sert-il un projet ? Une analyse des référentiels discursifs », *Revue d'Etudes comparatives Est-Ouest*, vol.36 n°3, 2005, p. 71-107 ; Thomas Gomart, « Paris et le dialogue UE-Russie : nouvel élan avec Nicolas Sarkozy ? », *Russie.Nei.Visions* n°23, octobre 2007 : l'auteur parle « d'une impression de rendez-vous manqué », p. 5-6

qualifié « d'incongru » dans un rapport parlementaire de 2004[33]. Mais en ne cherchant pas à susciter un débat sur la forme que pourrait prendre une association allant au-delà de l'Accord de partenariat et de coopération (APC), un débat susceptible de faire évoluer les mentalités et le regard porté sur la Russie, Jacques Chirac s'arrête en quelque sorte à mi-chemin. Le même constat peut être fait dans le domaine de la sécurité européenne. Lorsqu'on essaie vingt ans après la fin de la guerre froide et l'effondrement de l'URSS de faire le bilan des évolutions des relations russo-occidentales, l'élargissement à l'est de l'Alliance atlantique apparaît comme le sujet qui a cristallisé le plus fortement les oppositions de la Russie. Après 1991, sous l'impulsion entre autres de Jacques Chirac, un partenariat est mis en place entre l'Alliance et la Russie. Mais il fonctionne difficilement, en particulier dans les années 1990, et, pour autant que l'on sache, il n'y a pas de réflexion sur un projet commun de grande envergure, voire sur une adhésion de la Russie qui scellerait la réconciliation russo-occidentale après la fin de la guerre froide. Le 23 octobre 1995 sur CNN, Jacques Chirac prend explicitement position contre un projet de ce type, qui aurait certes été difficile à mettre en place pour des raisons tenant à la politique interne et internationale de la Russie, mais l'aurait-il été davantage que l'entrée de la RFA dans l'OTAN en 1955 ou la réconciliation franco-allemande en 1963[34] ? Etant donné la volonté de Jacques Chirac de rapprochement avec la Russie et la chaleur des relations établies avec ses homologues russes, n'aurait-il pu aller plus loin ? Il n'y a probablement pas été encouragé, ni par Washington ni par Moscou. L'analyse de la politique américaine à l'égard de la Russie, faite par Jacques Chirac dans ses *Mémoires*, mériterait d'être plus nuancée qu'elle ne l'est, en particulier pendant

---

33. Conférence de presse de Jacques Chirac à l'issue du Conseil OTAN-Russie, Rome, 28 mai 2002 ; René André et Jean-Louis Bianco *Rapport d'information sur les relations entre l'UE et la Russie, op. cit.* p. 73

34. Anne de Tinguy, « L'Union soviétique et l'unification allemande : une défaite ou le point de départ d'un partenariat privilégié ? », in Stephan Martens (dir.), *L'unification allemande et ses conséquences pour l'Europe, 20 ans après*, Presses universitaires du Septentrion, 2011, p.69-88. Jacques Chirac a attaché au Conseil OTAN-Russie une importance qu'il n'a pas eue ; voir les propos du général Ivachov lors du premier anniversaire du Conseil OTAN-Russie, *Nezavissimaia Gazeta* 27 mai 1998 ; et *Herald Tribune* 5-6 septembre 1998.

l'administration Clinton[35]. Néanmoins sa volonté d'ancrer davantage la Russie à l'espace euro-atlantique s'est probablement heurtée à des réserves des Etats-Unis.

En prenant des positions ambigües, en ne formulant pas clairement ce qu'elle attend de l'Europe, la Russie non plus n'encourage pas un projet ambitieux. Hormis au début des années 1990, elle n'a jamais posé la question de son intégration, sous une forme ou sous une autre, à l'Alliance Atlantique et le 22 octobre 1999 elle déclare officiellement qu'elle n'est pas candidate à l'UE : « puissance mondiale s'étendant sur deux continents », elle entend en effet « conserver la liberté de définir et de conduire ses politiques intérieures et extérieures »[36]. En outre, elle n'est pas un partenaire facile. Après une période au début des années 1990 de « romantisme »[37], en proie à un profond désarroi, elle raidit son attitude à l'égard du monde occidental, cherche à rééquilibrer sa politique étrangère que beaucoup estiment trop pro-occidentale. Par la suite, en particulier lors du premier élargissement de l'Alliance Atlantique (1997-1999), puis du conflit du Kosovo en 1999 et pendant la plus grande partie des années 2000, elle mène une politique étrangère qui pèse bien souvent négativement sur ses rapports avec les pays européens et les Etats-Unis et sur l'image qu'elle renvoie d'elle-même. Sur la question clef de l'évolution de l'Alliance Atlantique, elle est continûment sur la défensive, se montre intransigeante et dramatise à outrance les décisions prises par celle-ci. Dans l'espace postsoviétique, elle éprouve par ailleurs de fortes difficultés à sortir de son statut d'ancienne puissance impériale et de schémas de pensée traditionnels. Sa politique manque de ce fait souvent de lisibilité. De part et d'autre l'incompréhension monte. A l'été 2006, dans *Foreign Affairs* Dmitri Trenine, politologue russe très écouté, affirme que « Russia leaves the West ». Lorsque Jacques Chirac quitte le pouvoir, entre Moscou d'un côté, Washington et Bruxelles de l'autre, en dépit de multiples coopérations à tous les niveaux, la défiance prévaut. Elle n'est guère compatible avec de grands projets.

---

35. Strobe Talbott, *The Russia Hand, op.cit.* ; John Dumbrell, *Clinton's Foreign Policy*, Londres, New York, Routledge, 2009, p. 94-97 et p. 99-106
36. « Stratégie du développement des relations de la Fédération de Russie avec l'UE dans une perspective de moyen terme (2000-2010) » (en russe), MAE de Russie, *Diplomatitcheskiï Vestnik*, nov. 1999, p.20-22
37. *Herald Tribune* 9-10 avril 1994

Pourquoi tant de prévenances à l'égard de la Russie ?

Autre interrogation posée par la politique russe de Jacques Chirac, celle liée à ce que certains estiment être sa « complaisance » à l'égard de Moscou. Ce qui est reproché au chef de l'Etat, c'est de ne se préoccuper ni des dérives autoritaires du pouvoir de Vladimir Poutine ni des ambitions internationales de la Russie et donc « d'ignorer des évolutions » qui sont « inquiétantes ». Hubert Védrine résume la situation lorsqu'il écrit : « dans la période Chirac il y avait à la fois une juste appréciation de l'importance des relations France-Russie et Europe-Russie, mais peut-être une complaisance allant au-delà du nécessaire »[38].

Au début de son mandat, comme la plupart des dirigeants occidentaux, Jacques Chirac inscrit sa politique, on l'a vu, dans le paradigme de la transition démocratique[39]. Ce qui est remarquable, c'est qu'il maintient, apparemment en tous cas, cette analyse lorsque les évolutions internes de la Russie rendent cette grille d'analyse obsolète. Ne paraissant pas être embarrassé par le décalage qui va croissant entre le discours qu'il tient et la réalité, il garde une vision optimiste de l'évolution démocratique de la Russie, continuant à se référer à la « démocratie » russe dont il salue les progrès et à la capacité des pays européens à peser sur l'évolution politique de la Russie. Dans ce domaine, comme le souligne Hubert Védrine, « le juste milieu n'est pas aisé à trouver ». Le chef de l'Etat estime-t-il qu'il n'est pas dans l'intérêt de la France de protester contre le durcissement politique qui se produit en Russie dans les années 2000 ? Le dilemme n'est pas nouveau et la Russie est loin d'être le seul Etat concerné. Cela n'explique cependant pas pourquoi le chef de l'Etat continue, comme il le fait, à parler de *progrès* démocratiques, ni pourquoi il remet le 22 septembre 2006 au président Poutine les insignes de Grand Croix de la Légion d'Honneur, une initiative qui lui a valu de vives critiques. Jacques Chirac fait par ailleurs preuve dans certains dossiers internationaux d'une mansuétude qui paraît parfois excessive. C'est le

---

38. Françoise Thom, « Le mirage russe en France et en Europe », *Commentaire*, été 2004 n°106 p. 409-416 ; Jean-Christophe Romer, « Les relations franco-russes... », *op.cit.* p. 418 ; Thomas Gomart, « Paris et le dialogue UE-Russie... », *op.cit.* p.15 ; Hubert Védrine (entretien avec) « France-Russie...», art.cit. p. 3-4
39. La grille d'analyse des Etats Unis pendant les années 1990 n'est guère différente sur ce point, cf. John Dumbrell, *Clinton's Foreign Policy*, *op.cit.* p. 99-106

cas en Yougoslavie. Pendant les années 1990, Jacques Chirac semble admettre sans difficulté que la Russie soit l'alliée des Serbes qu'il considère pourtant comme des criminels de guerre. Au moment du conflit du Kosovo, il adopte à l'égard de Moscou une position conciliante qui dans un premier temps donne des fruits : des sanctions contre la Serbie sont décidées en 1998 par le groupe de contact dont la Russie est membre. Par la suite, celle-ci devient beaucoup moins coopérative. Jacques Chirac le constate sans pour autant paraître en prendre ombrage[40]. Dans le dossier de l'élargissement de l'OTAN, le chef de l'Etat fait également preuve d'une grande patience à l'égard du Kremlin. Dans ses *Mémoires*, il ne mentionne même pas de difficultés de son côté. Il insiste par contre sur la complexité de la relation avec l'allié américain.

Pourquoi tant de mansuétude à l'égard des Russes ? Dans les années 1990, Jacques Chirac juge-t-il contre-productif de demander davantage à un Etat empêtré dans ses difficultés, affaibli et de fait marginalisé dans la vie internationale ? A-t-il le souci de ne pas déstabiliser Boris Eltsine et une Russie qui s'est engagée au début de la décennie sur la voie de la démocratie avec un objectif affiché d'intégration dans l'espace euro-atlantique ? Estime-t-il que Moscou pourrait être un utile médiateur dans les affaires yougoslaves ? Autre hypothèse qui, si elle s'avère exacte, éclaire sous un autre jour l'attitude de Jacques Chirac : considère-t-il le partenariat avec la Russie davantage comme un moyen que comme une fin ?

Une relation avant tout instrumentale ?

Le refus de l'unipolarité et d'une politique américaine jugée excessivement unilatérale est un des objectifs majeurs de la politique étrangère de Jacques Chirac. Si là est à ses yeux l'essentiel, le partenariat avec la Russie, en particulier à partir du moment où il se complique, apparaît sous un autre jour : l'objectif prioritairement recherché n'est plus tant l'intégration de celle-ci à l'espace euro-atlantique que le renforcement de la multipolarité, ce qui amène le chef de l'Etat à

---

40. Cf. les lettres de Jacques Chirac à Boris Eltsine des 2 août, 20 septembre et 28 décembre 1995, Archives Nationales, et allocution du 14 décembre 1995 à Paris lors de la conférence sur la Yougoslavie, *Mon combat pour la paix, op. cit.* p.205 ; Jacques Chirac *Mémoires* t.2, *op.cit.* p.238 et 249-250 ; pour une autre lecture de la politique russe à l'égard de la Serbie et du Kosovo, cf. Strobe Talbott, *The Russia Hand, op.cit.* p.301, 303

relativiser le comportement du Kremlin dans un certain nombre de domaines. Pourquoi risquer d'affaiblir un lien dont la France tire un bénéfice politique certain ? Pourquoi prendre des initiatives susceptibles de compliquer et donc d'entraver ce qui est à ses yeux l'objectif essentiel ? Vue sous cet angle, la politique russe de J. Chirac est avant tout instrumentale. Cette hypothèse, si elle se vérifie, permet entre autres de mieux comprendre les rapports entre le chef de l'Etat et Vladimir Poutine. Le premier garde au second une vive reconnaissance pour le soutien qu'il lui a apporté au moment de l'affaire irakienne à un moment où l'UE est divisée, une partie de ses membres soutenant Washington, où les pressions des Etats-Unis pour rallier le monde extérieur à leurs positions sont très fortes et la tension extrême[41]. Il y a vraisemblablement là à ses yeux un élément fondamental qui compte en définitive beaucoup plus que les débats sur la démocratie russe. Cette hypothèse permet également de mieux comprendre ce que Jacques Chirac attend du rapport de la Russie à l'Europe.

Conforter la multipolarité implique, on l'a rappelé, de renforcer l'Europe ce que l'ancrage de la Russie au vieux continent peut contribuer à faire, non pas en intégrant celle-ci à l'UE, mais au contraire en encourageant une Europe bipolaire dont la Russie, chef de file de la Communauté des Etats indépendants (CEI), est un des deux pôles. C'est une vision que le chef de l'Etat développe le 31 août 1995 dans son discours devant les ambassadeurs : « l'établissement de liens solides entre celle-ci et ses partenaires de la CEI doit être encouragé dès lors que ce rapprochement s'effectuerait dans le respect des souverainetés et des intérêts de chacun. Ce vaste ensemble formerait, aux côtés de l'UE, le second pilier d'une architecture continentale fondée sur la coopération de deux grands ensembles ». Dix ans plus tard, Jacques Chirac est tout aussi explicite dans l'interview qu'il accorde le 4 mai 2005 à Itar Tass et à la télévision russe. Cette analyse des équilibres européens explique que le chef de l'Etat considère la Russie comme le principal partenaire de la France au sein de l'espace postsoviétique et qu'il ne s'intéresse guère à l'Ukraine (où il ne s'est rendu qu'une seule fois, en 1998) et aux autres Etats de la région.

---

41. Jacques Chirac, *Mémoires* t. 2, *op.cit.* p. 397, 400 et 436-437

Au cours des deux décennies qui suivent la fin de la guerre froide, Jacques Chirac est l'un des responsables politiques occidentaux le plus ouvert à la coopération avec la Russie. Il a à son égard « une attitude d'écoute et de compréhension » et une empathie qui lui permettent « de prendre ses préoccupations en considération ». Il conforte le partenariat qui lie les deux Etats, il contribue à renforcer l'ancrage de la Russie à l'espace euro-atlantique et à limiter les tensions, parfois fortes, entre cet Etat et les pays européens et les Etats-Unis. Toutefois, il ne bouleverse pas les fondements du rapport de l'Europe à la Russie, il n'est pas l'artisan d'une véritable réconciliation russo-occidentale, il ne transforme pas le regard porté sur la Russie. Pourquoi n'a-t-il pas été plus ambitieux ? Après une première période d'optimisme (1995-1997), a-t-il estimé qu'il n'était pas pertinent de chercher à aller plus loin ? En a-t-il été empêché par les réticences, voire l'opposition des Etats-Unis ? Ou bien a-t-il estimé que la priorité devait aller non pas à une politique russe compliquée par un pays sur la défensive, empêtré dans ses difficultés internes, mais au renforcement de la multipolarité ? La relation avec la Russie aurait-elle pu être une fin en soi si elle s'était montrée déterminée à intégrer l'espace euro-atlantique et si les Etats-Unis avaient été davantage favorables à une telle évolution ? Ces deux conditions n'étant pas réunies, Jacques Chirac s'est-il en définitive contenté d'avoir avec la Russie une relation instrumentale qui a été en elle-même nourrie ? Pour aller plus loin dans l'analyse et tenter de dissiper une part du « mystère Chirac », il faudra attendre l'ouverture des archives.

LA POLITIQUE AFRICAINE : STRATÉGIE D'IMPUISSANCE, OU IMPASSES D'UNE POLITIQUE D'INDÉCISION

Richard Banégas et Roland Marchal

Cannes, février 2007 : à quelques semaines de la fin de son mandat, Jacques Chirac organisait son dernier sommet franco-africain. Pour sa « dernière messe noire », le « grand chef blanc[1] » avait convié tous ses amis du continent : les présidents Denis Sassou Nguesso, Omar Bongo, Idriss Deby Itno, Paul Biya, Blaise Compaoré, Ismaël Omar Guelleh[2]. Ses fidèles partenaires d'Afrique du Nord étaient également venus lui rendre hommage, tout comme le soudanais Omar El Béchir pourtant sous le coup de sanctions par les Nations unies. Il y avait aussi une forte délégation de chefs d'État d'Afrique anglophone, de plus en plus fréquemment associés à ces rencontres rituelles. Enfin, autre signe des temps et pas le moindre, la chancelière allemande Angela Merkel, présidente en exercice de l'Union européenne, était l'invitée d'honneur du sommet. Un sommet qui, par sa mise en scène, voulait indiquer la fin d'une époque, celle où seule la France manifestait sa « grandeur » dans son tête-à-tête postcolonial, et l'ouverture d'une nouvelle ère d'européanisation et de multilatéralisation croissantes des relations avec le continent. Jacques Chirac, comme à son habitude, vantait une « relation d'exception entre la France et l'Afrique », redisait son amour du continent, de « ses territoires, ses peuples et ses cultures » et s'offusquait avec véhémence des subventions des pays riches à leur secteur cotonnier

---

1. Pour reprendre le titre d'un journal burkinabè, *L'Observateur Paalga,* 15 février 2007.
2. Ce dernier était pourtant menacé d'une convocation de la Justice française dans le cadre de l'affaire de l'assassinat, à Djibouti, du juge français Bernard Borrel.

qui étouffaient les producteurs du Sahel – une attitude « inhumaine et inacceptable » pour celui qui, parallèlement, demeura jusqu'à la fin le plus vigoureux défenseur du maintien de la politique agricole commune de l'Union européenne.

Durant sa longue carrière politique, Jacques Chirac a toujours cultivé un tropisme africain, conforme à son héritage gaulliste mais aussi à certains penchants personnels pour les civilisations non-occidentales. Dans ses fonctions de premier ministre ou de président, il a foulé à de nombreuses reprises le sol du continent, appréciant l'accueil chaleureux qui lui était réservé par des Africains « joyeux par nature[3] ». Mêlant indissolublement une vision culturaliste « Banania » des sociétés africaines, un conservatisme politique teinté de clientélisme et un volontarisme humaniste, l'ancien maire de Paris n'a jamais véritablement choisi entre la Corrèze et le Zambèze. Lors de ses deux mandats présidentiels, il s'est au contraire engagé dans une active diplomatie pro-africaine qui, paradoxalement, a mis en lumière l'incapacité croissante de l'ancienne puissance coloniale à peser sur le cours des événements au sud du Sahara.

Contradictions et paradoxes d'un activisme pro-africain

Le paradoxe est frappant : en effet, après l'élection de Jacques Chirac en 1995 la politique de la France en Afrique a connu des bouleversements majeurs aussi bien dans son dispositif institutionnel (avec notamment la réforme du ministère de la Coopération en 1998) que dans ses doctrines et ses pratiques d'engagement (avec une volonté affichée d'« africaniser », de régionaliser et de « multilatéraliser » la gestion des crises[4]). Les relations de Paris avec le continent se sont

---

3. Lors d'une interview donnée à Marseille en novembre 2004, Jacques Chirac disait : « Chaque fois que je vais en Afrique, le chef d'État concerné vient me chercher en général très gentiment à l'aérodrome et, sur les quelques kilomètres du parcours, il y a toujours beaucoup de monde (…) Ils sont joyeux, parce que les Africains sont joyeux par nature. Ils sont enthousiastes. Ils ont le sourire. Ils applaudissent. Ils sont contents. Ils voient qu'il y a un monsieur qui passe, cela leur permet d'être sur le bord de la route. Ils sont contents, bien ! », *Le Monde*, 16 novembre 2004.
4. Cf. le dispositif Recamp (Renforcement des capacités africaines de maintien de la paix).

diversifiées au-delà de l'ancien pré carré francophone avec la création de la nouvelle Zone de solidarité prioritaire (ZSP) et l'établissement de partenariats privilégiés avec des pays « hors champ » comme le Nigeria, l'Afrique du Sud ou l'Angola. Le personnel politico-administratif responsable des dossiers africains à Paris a également changé, marqué par des profils sociologiques, des formations professionnelles et des rapports personnels à l'Afrique assez différents de ceux qui prévalaient jusqu'alors parmi les anciens « Africains » des réseaux Foccart ou de l'École nationale de la France d'Outre-Mer (Enfom)[5]. Les intérêts économiques de la France en Afrique ont aussi fortement évolué durant cette période, avec une déconnexion croissante entre les stratégies d'investissement des firmes françaises et les orientations officielles de la diplomatie. Pourtant, au terme des deux mandats de Jacques Chirac, nombre d'indices laissaient penser que « tout avait changé pour que rien ne change », que la politique française en Afrique était en échec, de plus en plus contestée par de nouvelles générations fustigeant les vieilles pratiques bilatérales et appelant à un abandon définitif du legs colonial.

Ce chapitre vise à analyser cette contradiction en montrant ce que fut la politique africaine de la France sous la présidence de Jacques Chirac : une politique écartelée entre de vibrants plaidoyers média-tiques et la perpétuation d'une stratégie soutenant à bout de bras de vieux régimes autoritaires, mais aussi une politique de plus en plus fortement guidée par des préoccupations sécuritaires faisant de la lutte contre l'immigration et le terrorisme international la nouvelle doxa des relations avec le continent. S'appuyant sur une recherche collective publiée en 2007[6], il propose une interprétation de cette phase critique des années 1990-2000 où, dans les administrations en charge de l'Afrique à Paris, on voit s'affronter des velléités de réforme et des tendances lourdes au statu quo. Une période également où,

---

5. L'Enfom était chargée de la formation des administrateurs coloniaux. Aux indépendances, ceux-ci furent très nombreux à rejoindre les administrations en charge de la coopération avec l'Afrique, à Paris ou à Bruxelles. Voir J. Meimon, *En quête de légitimité. Le ministère de la Coopération (1959-1999),* Thèse de doctorat de Science politique, Université de Lille II, décembre 2005.

6. Voir R. Banégas, R. Marchal, J. Meimon, dirs., *France-Afrique, la fin du pacte colonial ?,* dossier de *Politique africaine,* n° 105, mars 2007. Ce texte reprend en partie les arguments de l'introduction du dossier « La fin du pacte colonial ? La politique africaine de la France sous Jacques Chirac et après », pp. 7-27.

sur le continent africain, s'exprime un rejet de plus en plus virulent des héritages et des pratiques de la « Françafrique », souvent couplé à des revendications de « seconde indépendance[7] » et des conflits portant sur la mémoire coloniale[8]. Un contexte, enfin, où l'Afrique, qui semblait marginalisée par la fin de la Guerre froide, voit son intérêt stratégique croître à nouveau autour de ses ressources naturelles avec une rivalité grandissante entre anciennes et nouvelles puissances émergentes dans le cadre de ce qu'il est convenu d'appeler le « New Scramble for Africa ».

Cette période chiraquienne ne peut être analysée sans prendre en compte le contexte politico-administratif de cohabitation qui a vu la « gauche plurielle » gouverner de 1997 à 2002 ; c'est un paramètre crucial pour saisir les circonvolutions du processus décisionnel. Quoique historiquement centralisée à l'Elysée, la politique africaine de la France sous la présidence de Jacques Chirac ne se réduit pas à son action et ses inclinations personnelles. Cette séquence ne peut pas se comprendre non plus sans référence aux deux mandats précédents du président Mitterrand et à la doctrine gaulliste voyant dans le pré carré africain une des conditions majeures de la « puissance française ». Un premier « bilan » établi en 1995, après quatorze ans de mitterrandisme, montrait déjà les limites des inflexions engagées par le premier président socialiste dans la trajectoire de la vieille politique africaine de la France[9]. Les auteurs s'étant penchés sur la question montraient alors que la politique mitterrandienne envers le continent africain, porteuse d'espoirs, avait eu du mal à s'adapter à la donne post-Guerre froide et s'était arrêtée au milieu du gué. Ils pointaient les impasses d'une diplomatie française qui, sous couvert

---

7. Voir R. Banégas, « Côte d'Ivoire : une guerre de la seconde indépendance ? Refonder la coopération française sur les brisées du legs colonial », *Etude du Fasopo*, décembre 2006 (http://www.fasopo.org/publications/legscolonial2_rib_1206.pdf)

8. Parmi l'abondante littérature sur le sujet, voir notamment R. Bertrand, *Mémoires d'empire. La controverse autour du « fait colonial »*, Paris, Éditions du Croquant, 2006 ; ainsi que le dossier « Passés coloniaux recomposés. Mémoires grises en Europe et en Afrique », *Politique africaine*, n° 102, juin 2006 (coordonné par C. Deslaurier et A. Roger)

9. Voir J.-F. Bayart, « «Bis repetita»: la politique africaine de François Mitterrand de 1989 à 1995 », in S. Cohen (dir.), *Mitterrand et la sortie de la guerre froide*, Paris, PUF, 1998 ; ainsi que le dossier spécial de *Politique africaine*, « Mitterrand et l'Afrique », n° 58, juin 1995.

d'une nouvelle doctrine de la conditionnalité démocratique (discours de La Baule de juin 1990), favorisait en fait le *statu quo* et se donnait à voir, au final, comme une « politique schizophrénique[10] » affaiblie par ses propres contradictions.

Sous Jacques Chirac, cette « schizophrénie » de la politique de la France en Afrique s'est manifestée de façon encore plus prononcée. Malgré d'importantes réformes, elle est restée bloquée dans l'indécision de choix non assumés, hésitant encore et toujours entre la normalisation des relations franco-africaines et la modernisation conservatrice – avec pour résultat, une « non-politique », essentiellement réactive et définie en creux, au coup par coup, sans véritable projet ni fil directeur. Tiraillée entre des options qui n'ont (toujours) pas été tranchées, cette politique africaine de la France, historiquement construite comme une « politique de puissance », apparaît, en définitive, comme une « politique d'impuissance », condamnée à se refonder profondément pour retrouver une crédibilité sinon une influence.

1995-1997 : la bataille des « anciens » et des « modernes »

Lorsque Jacques Chirac est élu président de la République en mai 1995, la politique de la France en Afrique traverse une des crises les plus graves de son histoire. En 1994, plusieurs événements d'inégale importance ont ébranlé l'édifice : la mort, en décembre 1993, de Félix Houphouët-Boigny, inventeur de la « Françafrique » et pilier central de celle-ci ; la dévaluation, en janvier 1994, du franc CFA, qui depuis l'après-guerre, symbolisait l'attachement de la France à ses anciennes colonies ; et surtout le génocide au Rwanda à partir d'avril. En raison du soutien de la coopération militaire française au « Hutu Power » de Juvénal Habyarimana et des ambiguïtés de l'opération « Turquoise », lancée par le gouvernement de cohabitation d'Édouard Balladur à l'été 1994, Paris est associé aux massacres. Le choc est immense dans l'opinion publique et dans les administrations chargées des « dossiers africains », profondément mises en cause. Pour la droite au gouvernement comme pour la gauche qui

---

10. J.-F. Bayart, « Réflexions sur la politique africaine de la France », *Politique africaine*, n° 58, juin 1995, p. 47.

tient la présidence, le mitterrandisme se clôt par une tragédie africaine. Dans l'Hexagone comme sur le continent, les débats font rage
sur la nécessité de refonder et de moraliser la politique africaine. La
tentation du retrait s'affirme alors parmi les décideurs politiques et
les militaires français qui entonnent de plus en plus fréquemment la
rhétorique du « plus jamais ça ! ».

En vérité, la question du retrait était déjà posée depuis le début des
années 1990 dans le champ politico-administratif, avec notamment la « doctrine d'Abidjan » formellement adoptée par le Premier
ministre Balladur en septembre 1993 après une première énoncia-
tion en 1992 sous le gouvernement Bérégovoy. Moins médiatisée
que le discours de La Baule, cette approche annonçait une nouvelle
inclinaison – politiquement importante – vers le cadre multilatéral.
Dans une perspective de coordination entre bailleurs de fonds, elle
subordonnait en effet l'aide française au bon déroulement des programmes d'ajustement structurel (PAS) négociés avec les institutions
financières multilatérales. Là où Paris avait, auparavant, tenu à faire
entendre sa différence et n'hésitait pas à souligner l'échec des PAS,
proposant des recours financiers et diplomatiques aux responsables
africains pris dans les rets des institutions de Bretton Woods, cette
nouvelle forme de conditionnalité entérinait l'acceptation par la
France des réformes prônées depuis quinze ans par le Fonds monétaire international. Politiquement, sous couvert de meilleure gestion
de l'aide, la doctrine d'Abidjan traduisait un souci « réformiste »
visant à normaliser, voire à banaliser, les relations franco-africaines
trop longtemps soumises aux solidarités politiques de la zone franc
qui avaient permis le maintien de relations privilégiées avec les pays
du « pré carré ». Il était dit que, dorénavant, la France ne distin-
guerait plus entre ses amis traditionnels et les autres, que chacun
serait traité à la même enseigne d'une conditionnalité « multilaté-
ralisée ». En théorie, il s'agissait donc là d'une évolution majeure,
qui ne laissait guère d'échappatoire aux pays sous contrainte. Mais,
comme la suite l'a prouvé, cette nouvelle approche de l'aide française s'est rapidement heurtée à des contradictions insolubles, révé-
lant le caractère « schizophrénique » susmentionné de la politique
africaine de la France[11]. Pouvait-on, par exemple, rester fidèle à la

---

11. Voir B. Hibou, « Politique économique de la France en zone franc », *Politique africaine*, n° 58, juin 1995, p. 5-40.

doctrine d'Abidjan et maintenir en l'état la zone franc ? La dévaluation du franc CFA, en 1994, fut l'une des premières traductions de ce dilemme de la nouvelle ligne de la coopération française, d'ailleurs déjà présente en filigrane dans la pratique du gouvernement Bérégovoy. La France, tout en affichant sa neutralité, faisait en vérité des exceptions à sa nouvelle doctrine pour sauver de la banqueroute certains pays clés de son pré carré (Cameroun, Centrafrique, Côte d'Ivoire, par exemple), dont certains répondaient bien mal aux critères de « bonne gouvernance ».

Ces compromis étaient en vérité révélateurs de l'indécision d'une politique française en transition dans la deuxième moitié des années 1990[12], hésitant entre deux stratégies au moins : d'un côté, la tentation du retrait (qu'exprimait en filigrane le repli derrière le paravent multilatéral de la doctrine Balladur) voire de l'abandon du « boulet africain » (comme le disaient de plus en plus ouvertement certains diplomates) et, de l'autre, la volonté de maintien de « liens privilégiés » perçus, dans l'héritage gaulliste, comme des garanties de la « puissance française ». Pendant un peu plus d'une dizaine d'années, la bataille entre partisans d'une « nouvelle politique africaine de la France » et avocats du *statu quo* fait rage, mettant aux prises les divers centres décisionnels en la matière : l'Élysée et sa fameuse « cellule africaine », Matignon et ses conseillers spéciaux, le Quai d'Orsay et en particulier le cabinet et la Direction de l'Afrique et de l'Océan indien, l'ex-ministère de la Coopération devenu DGCID en 1998[13], l'Agence française de développement (AFD), sans oublier, bien sûr, Bercy, le ministère de la Défense, son état-major, les divers services de renseignements et enfin les fameux « réseaux » militaro-politico-économiques qui, quoi qu'on en dise, n'ont pas complètement disparu du paysage. L'analyse de ces tensions et de leurs effets

---

12. Voir P. Marchesin, « La politique africaine de la France en transition », *Politique africaine*, n° 58, juin 1995, p. 91-106

13. La Direction générale de la coopération internationale et du développement du ministère des Affaires étrangères a été créée après la fusion de celui-ci avec le ministère de la Coopération en 1998. La DGCID est, depuis, devenue la DGM (Direction générale de la Mondialisation, des Partenariats et du Développement).

sur le processus décisionnel en matière de politique étrangère excède le cadre de cette contribution. Nous ne nous y attarderons pas ici[14]. Les deux premières années du septennat de Jacques Chirac ont été marquées par cet antagonisme entre les « anciens » et les « modernes[15] » - affrontement qui n'était pas sans rapport avec les divisions internes au Rassemblement pour la République (RPR) alors au pouvoir, clivé entre ses deux candidats à l'élection présidentielle, Édouard Balladur et Jacques Chirac. Sitôt élu, Chirac rappelle à ses côtés l'insubmersible artisan des relations franco-africaines sous De Gaulle, Jacques Foccart, qu'il avait déjà sollicité lors de son passage à Matignon entre 1986 et 1988. On pense alors que le retour de Foccart à l'Elysée est un retour aux vieilles pratiques, et ce d'autant que le vieux conseiller parvient à faire nommer des proches à des fonctions éminentes du dispositif franco-africain, en particulier Jacques Godfrain, qui devient ministre de la Coopération. Mais les « modernes » n'abdiquent pas pour autant. Alain Juppé, devenu Premier ministre en 1995 et marqué par son passage au Quai d'Orsay[16], défend une ligne « réformiste » qui vise à redorer l'image de la France en Afrique. Il a le soutien de Dominique de Villepin, son ancien directeur de cabinet, qui est nommé secrétaire général de l'Elysée et conserve la confiance du Président. Les deux hommes résistent au retour des « foccartiens » et exigent de Jacques Chirac qu'il équilibre les approches par un subtil dosage des conseillers. On verra ainsi, rue Monsieur, des membres du cabinet « marquer à la culotte » un ministre directement issu des réseaux Foccart... Surtout, on verra à l'Élysée deux cellules africaines se disputer les faveurs du chef de l'État. L'une, « officielle », sise au 2, rue de l'Élysée, dirigée par Michel Dupuch, ancien ambassadeur de France en Côte d'Ivoire, proche d'Houphouët-Boigny, qui est nommé conseiller à la Présidence en charge des questions africaines ; et l'autre « officieuse », établie au 14, rue de l'Élysée, où officie Jacques Foccart, représentant personnel du Président auprès des

14. Une bonne illustration est fournie par la gestion erratique du dossier ivoirien. Voir L. D'Ersu, « La crise ivoirienne, une intrigue franco-française », *Politique africaine*, n° 105, mars 2007, pp. 84-104.

15. Voir D. Bourmaud, « La politique africaine de Jacques Chirac : les anciens contre les modernes », *Modern and Contemporary France*, special issue « France and Black Africa », n° 4, 1996, p. 431-442

16. Rappelons qu'il fut ministre des Affaires étrangères d'Édouard Balladur de 1993 à 1995, avant de revenir au Quai d'Orsay en 2011.

chefs d'État africains, assisté d'un de ses proches, Fernand Wibaux, un diplomate « africaniste ». Même si la cohabitation entre les deux instances est relativement cordiale, elle illustre les ambivalences d'une politique chiraquienne qui hésite ou alterne entre velléités de réforme et maintien de « relations privilégiées » avec le continent.

1997-2002 : le ni-ni jospinien ou les aléas d'une nouvelle politique africaine

En 1997 surviennent deux événements qui vont changer sensiblement la donne : la mort de Foccart et la dissolution de l'Assemblée nationale qui ramène la gauche au gouvernement. La nouvelle cohabitation, s'ajoutant à celle déjà à l'œuvre entre les « anciens » et les « modernes » de la droite, va faire pencher la balance en faveur des seconds. Lorsqu'il arrive à Matignon, en effet, Lionel Jospin manifeste assez rapidement son « droit d'inventaire » et sa volonté de prendre ses distances avec la vieille politique des réseaux – de droite comme de gauche[17]. Une « nouvelle politique africaine de la France » est alors annoncée par le nouveau gouvernement. Le baptême du feu arrive rapidement puisqu'à Brazzaville la guerre des milices fait rage. Se pose alors une question cruciale : l'armée française doit-elle intervenir ? À l'époque, des troupes françaises sont présentes à Brazzaville pour évacuer les ressortissants qui fuient la guerre au Zaïre voisin et le président Lissouba fait appel à elles pour s'interposer dans le conflit qui l'oppose aux milices de Sassou-Nguesso. Mais la France reste sourde à ses appels, se disant réticente à soutenir un gouvernement peu enclin à respecter la légalité constitutionnelle, et limite son action militaire à l'extraction des Français, affichant de manière très ostensible sa neutralité[18]. Désormais, il était dit que Paris n'assumerait plus systématiquement sa fonction traditionnelle de « gendarme de l'Afrique ». Bien que décidée dans l'urgence et sous contrainte,

---

17. Nombre de témoignages indiquent qu'il se méfiait aussi beaucoup des « africanistes » de son propre parti, notamment ceux liés à François Mitterrand.

18. En vérité, comme le montre Patrice Yengo, cette posture de retrait se doubla d'une politique officieuse de soutien à Sassou Nguesso, sous-traitée à des réseaux occultes, à des acteurs privés (dont Elf) et des États alliés (l'Angola). Cela permit à Sassou Nguesso de l'emporter. Voir P. Yengo, « Affinités électives et délégation de compétence : la politique congolaise de Jacques Chirac », *Politique africaine*, n° 105, mars 2007, pp. 105-125.

la non-intervention au Congo est un signal fort envoyé aux capitales africaines – surtout si l'on garde à l'esprit ce que représentait Brazzaville dans l'imaginaire des relations franco-africaines issu de la grande geste gaulliste.

Elle annonce une nouvelle doctrine française en matière de gestion des crises qui sera énoncée par le Premier ministre Lionel Jospin sous la forme d'un « ni-ni » (« ni ingérence, ni indifférence », dans la lignée du « ni-ni » mitterrandien sur les privatisations). Cette approche est inaugurée au Congo. Mais c'est surtout en Côte d'Ivoire qu'elle va se concrétiser et prendre sa pleine visibilité lors du coup d'Etat du général Gueï en décembre 1999. Au terme d'une sourde lutte d'influence entre Matignon et la cellule africaine de l'Elysée (qui voulait intervenir pour sauver le régime Bédié, héritier de la république houphouëtienne), le gouvernement décide finalement de laisser faire le cours des choses et de ne point faire jouer les clauses secrètes de l'accord de défense[19]. Ce fut, ici encore, une décision lourde de signification, concernant un pays considéré jusqu'alors comme la « vitrine de la France » en Afrique.

En fait, cette attitude de retrait avait été préparée, sinon annoncée, par des évolutions antérieures et plus structurelles. En 1996 déjà, la France avait fait face à de multiples mutineries en Centrafrique, et s'y était sentie un peu seule pour assumer la sécurité d'un régime – celui d'Ange-Félix Patassé, de surcroît guère en cour à Paris. Progressivement et conformément à une « doctrine » – celle de la régionalisation et de la multilatéralisation – qui s'élaborait dans l'action, la France passa le témoin à des forces africaines sous mandat onusien (la Mission interafricaine de surveillance des accords de Bangui ou MISAB). Cela s'est traduit par une transformation partielle de la coopération militaire, avec la mise en place, en 1997, du dispositif Renforcement des capacités africaines de maintien de la paix (Recamp), qui visait à appuyer les armées africaines dans leurs missions interafricaines de gestion des conflits en leur fournissant du matériel, de la formation et des exercices. À partir du déploiement de la MISAB (février 1997), la France a pu se retirer militairement

---

19. Voir S. Smith, « La politique d'engagement de la France à l'épreuve de la Côte d'Ivoire », *Politique africaine*, n° 89, mars 2003, pp. 112-126 ; L. D'Ersu, « La crise ivoirienne, une intrigue franco-française »,*art. cit.* ; ainsi que J. Rueff, *Côte d'Ivoire. Le feu au pré carré*, Paris, Autrement, 2004.

du pays[20]. Avec la fermeture des bases de Bouar et de Bangui, annoncée en août 1997, c'est une page de l'histoire des relations franco-(centre)africaines qui semblait se tourner – on verra par la suite, avec le soutien de Paris au putsch de Bozizé et l'intervention ultérieure (sous la présidence de Nicolas Sarkozy) de l'armée française contre les rebelles de l'Est, que cette rupture mérite d'être relativisée.

En 1996 également, Jacques Chirac avait pris une autre décision, *a priori* interne et pourtant lourde de conséquences pour la politique de la France en Afrique : l'abandon de la conscription et le passage à une armée de métier. Sans entrer dans les détails, ce processus de professionnalisation de l'armée a eu un impact considérable sur l'évolution du dispositif français de coopération militaire. Il a accéléré le mouvement de réduction des effectifs prépositionnés, au profit d'une nouvelle approche de la « projection des troupes » sur les théâtres d'opération ou d'une rotation plus rapide des troupes non accompagnées de leur famille.

La « nouvelle politique africaine » de la France affichée par le gouvernement de gauche ne s'est pas limitée au domaine militaire. Elle s'est aussi déclinée dans le domaine institutionnel avec la fameuse réforme du dispositif d'aide au développement[21]. Quoique technique, cette réforme de la Coopération avait une forte charge symbolique, avec notamment la disparition du ministère de la Coopération, ce « ministère de l'Afrique » créé en janvier 1959 dans la continuité du ministère de la France d'Outre-mer et de la politique de mise en valeur coloniale[22]. La création de cette institution était importante dans la vision gaulliste des relations avec l'Afrique : elle visait à conserver dans l'organisation gouvernementale française un espace et des compétences spécifiquement destinés aux anciennes colonies africaines qui accédaient alors à l'indépendance. En effet, « Nos États » trouvèrent toujours une oreille attentive rue Monsieur, le ministère de la Coopération gérant conjointement avec l'Élysée les relations avec les « pays du champ », y compris en matière politique

---

20. La présence militaire française en RCA était d'abord liée à la menace potentielle d'une attaque libyenne sur les aéroports tchadiens. Après le règlement des différends entre Ndjamena et Tripoli en 1994, cette menace était forclose et la présence française nettement moins nécessaire.

21. Voir J. Meimon, « Que reste-t-il de la coopération française ? », *Politique africaine,* n° 105, mars 2007, p. 27-53.

22. Voir J. Meimon, *En quête de légitimité..., op. cit.*

et militaire. La réforme de 1998, depuis longtemps en discussion, entendait rompre avec cet héritage de passe-droits, d'opacité institutionnelle et de scandales franco-africains. Elle visait d'abord à rationaliser le dispositif de l'aide publique au développement (APD), éclaté en une myriade de centres de décision, afin de mieux distinguer entre les fonctions politiques d'orientation de l'aide, dévolues au Comité interministériel de la coopération internationale et du développement (Cicid), et la maîtrise d'œuvre, confiée à l'Agence française de développement (AFD) ; ensuite, à l'ouvrir à de nouveaux acteurs de la « société civile » avec la création du Haut Conseil de la coopération internationale (HCCI), censé jouer un rôle d'évaluation de l'aide française. Il s'agissait, enfin, de redéfinir la place de l'Afrique dans une politique de coopération devenue « internationale » (ce qualificatif remplaçant significativement celui de coopération « pour le développement ») et de redéfinir la place des anciens « pays du champ » dans les priorités de la France. La création d'une nouvelle Zone de solidarité prioritaire (ZSP), intégrant plus d'une soixantaine de pays « partenaires » de l'APD française (y compris en Asie, en Amérique latine, au Moyen Orient), se voulait le symbole de l'abandon des vieux tropismes géographiques de la «Françafrique ». Toutefois, on a rapidement constaté que cette réorientation de principe ne s'était pas traduite dans la réalité des chiffres de l'aide, qui est restée concentrée dans les anciennes colonies françaises et n'avait pas augmenté[23]. De même, les efforts de rationalisation et de transparence du dispositif n'avaient pas considérablement réduit l'opacité du système, poussant en 2004-2005 à la mise en œuvre d'une « réforme de la réforme ».

Pour autant, cette modernisation administrative, quoique ambitieuse, ne s'est accompagnée d'aucun effort parallèle de redéfinition d'une véritable ligne politique sur la stratégie française en Afrique. Hormis le « ni-ni » évoqué ci-dessus, aucune doctrine nouvelle n'est venue donner sens à cette réforme technocratique. Sur le plan politique, la signification profonde de la réforme a aussi été brouillée par les stratégies concurrentes du Premier ministre Jospin et du président Chirac, qui devaient s'affronter aux élections de 2002. Les voyages

---

23. On notera qu'en Asie, ce sont essentiellement les anciens pays de l'Indochine française qui sont entrés dans le périmètre de la ZSP. Sur l'évolution des montants de l'APD, on se reportera au texte de P. Hugon.

de Jacques Chirac en 1999 au Togo, en Guinée et au Cameroun notamment, étaient clairement en contradiction avec l'objectif du Premier ministre de rénover l'édifice franco-africain ; ils visaient à rassurer les vieux alliés francophones qui s'inquiétaient d'un possible lâchage de Paris, cinq ans après la dévaluation du franc CFA. Un autre indice d'une réforme en trompe-l'œil fut le maintien de la cellule africaine de l'Elysée, qui a continué de fonctionner, avec une influence certes déclinante. Plus globalement, la réforme promue par Jospin s'est aussi heurtée à la persistance des réseaux informels pas toujours satisfaits de la direction prise par la « nouvelle politique africaine » de la France[24]. Nombre d'observateurs ont souligné la résilience de ces réseaux de l'ombre qui ont continué d'exercer une influence sous une autre forme, plus autonome, éclatée et « privatisée »[25]. Sous le couvert de la modernisation et de la moralisation des relations franco-africaines, Paris a ainsi continué de jouer un double jeu dans bien des situations, comme au Congo-Brazzaville où la posture de neutralité évoquée plus haut s'est doublée d'un soutien officieux au camp de Sassou Nguesso, un proche du président Chirac, considéré comme favorable aux intérêts pétroliers français. Si la politique française en Afrique est demeurée si ambivalente, c'est aussi, qu'à l'époque, les deux têtes de l'Exécutif ne pouvaient se livrer une bataille ouverte sur l'Afrique ou sur l'aide au développement, sujets mineurs au regard des thématiques qui allaient structurer la campagne présidentielle à venir. De fait, la réforme de la coopération est restée mitigée, parce qu'il s'agissait d'une « réforme de cohabitation[26] », une réforme de compromis qui ne mettait guère en péril les intérêts établis. Il en est résulté une politique par défaut - « ni

---

24. Voir J. Heilbrunn, « Oil and Water ? Elite Politicians and Corruption in France », *Comparative Politics*, vol. 37, n° 3, avril 2005, p. 277-298.
25. Voir entre autres V. Hugeux, « La Françafrique fait de la résistance. Communicants, journalistes et juristes français à l'heure de la deuxième décolonisation », *Politique africaine,* n° 105, mars 2007, pp. 126-139.
26. M. Pilon, « La réforme de la Coopération française : institutionnelle ou politique ? », *in* Observatoire permanent de la Coopération française, *Rapport 1998*, Paris, Karthala, 1998.

ingérence, ni indifférence, mais indolence postcoloniale », dira avec justesse Stephen Smith[27].

2002-2007 : une nouvelle « feuille de route » interventionniste ?

Avec le recul, on peut considérer que toute la décennie des années 1990 fut celle d'un retrait progressif de la France du continent sur le mode de cette « indolence postcoloniale » juste mentionnée. Point n'est besoin d'entrer dans le détail des chiffres. Durant cette période, ceux de l'APD ont fortement chuté, passant de 0.57% du PIB à 0.32 %, et perdant près de deux milliards d'euros à prix courant ; le nombre d'assistants techniques s'est effondré (environ 5 000 au début des années 1990, moins de 1 500 dix ans plus tard), celui des coopérants militaires étant, quant à lui, divisé par deux durant la période ; les investissements directs ont aussi baissé, ainsi que la présence des firmes françaises sur le continent ; enfin, des bases militaires ont été fermées et une nouvelle politique de coopération sécuritaire, plus légère sur le terrain, s'est esquissée. Cette dynamique de retrait a été entérinée conjointement par les gouvernements de droite et de gauche qui, peu ou prou, en sont venus à partager, dans les années 1990, un même constat désabusé sur l'évolution du continent, la même vision d'une Afrique en crise, dont l'intérêt stratégique déclinait[28].

Pourtant, à partir de 2002, cette tendance au retrait semble s'inverser, et un regain interventionniste de la France en Afrique se dessiner. Lorsque Jacques Chirac est réélu à la présidence de la République, avec une nouvelle majorité à l'Assemblée, il réaffirme fortement l'intérêt de Paris pour le continent qui demeure, dans la vision gaulliste, une condition de la « puissance » hexagonale – dans un contexte où Paris se heurte à Washington sur la question irakienne. Ce contexte international est important pour comprendre le revirement chira-

---

27. S. Smith, « La France dans la crise ivoirienne : ni ingérence, ni indifférence, mais indolence postcoloniale », in M. Le Pape et C. Vidal (dirs.), *Côte d'Ivoire, l'année terrible. 1999-2000*, Paris, Karthala, 2002, p. 311-324.

28. Cela permet de souligner, au passage, que malgré les tiraillements de la cohabitation Chirac/Jospin l'enjeu de la rénovation des relations franco-africaines ne s'est pas réduit au clivage droite/gauche, les deux camps étant chacun tiraillés par la querelle entre les « anciens » et les « modernes ».

quien envers le continent. Dans la nouvelle rivalité avec Washington, l'Afrique constitue un site de valorisation diplomatique, où à l'inverse des Américains, les Français essaient de convaincre le monde qu'ils jouent le jeu du multilatéralisme et du post-conflit intelligent. Jacques Chirac essaie d'apparaître comme le « meilleur avocat » de l'Afrique dans les enceintes internationales et tente d'imposer celle-ci dans les divers *rounds* de négociations multilatérales – comme lors du G8 d'Évian, en juin 2003. Il annonce que l'aide française, qui avait fortement décliné depuis 1994, va s'accroître pour atteindre le chiffre totémique de 0,7 % du PIB. Mais plus important pour notre propos : en renvoyant – massivement – des troupes françaises sur le terrain africain, Jacques Chirac engagé dans son second mandat signifie clairement que c'en est fini de l'apathie du « ni-ni » jospinien. Encore une fois, la Côte d'Ivoire va servir de laboratoire à ce changement de cap doctrinal : au lendemain de l'attaque des rebelles du Mouvement patriotique de Côte d'Ivoire, dans la nuit du 18 au 19 septembre 2002, la France s'engage à nouveau sur le terrain militaire africain. Elle le fait massivement et, si Paris refuse d'accéder à la demande expresse du président Gbagbo d'actionner les accords de défense elle dépêche néanmoins une force d'interposition dont les effectifs dépassent les cinq mille hommes. Les conseillers du chef de l'État définissent ainsi la nouvelle posture :

> « *Contrairement à la politique de Jospin, notre position est de ne pas exclure a priori une intervention, car c'est dissuasif. [...] Personne ne doit pouvoir se dire qu'il peut agresser le voisin sans que la France ne bouge. Personne ne doit pouvoir se dire qu'il peut gouverner n'importe comment sans que la France ne bouge*[29]. »

Avec le recul, on peut certes considérer avec ironie cette nouvelle doctrine de la dissuasion politico-morale. Elle n'en est pas moins significative d'un changement de ton et d'orientation diplomatique. Pour la nouvelle équipe gouvernementale, c'est l'inaction de la période 1997-2002 qui est responsable de l'enlisement des crises en Afrique ; il faut que la France « prenne ses responsabilités », au besoin en s'impliquant militairement sur le théâtre des

---

29. Jacques Champagne de Labriolle (« numéro deux » de la cellule africaine de l'Elysée), lors d'une conférence au CERI organisée le 19 mai 2004 par *Politique africaine* sur le thème « Intervenir pour la paix en Afrique »

opérations. Ce sera effectivement le cas en Côte d'Ivoire, au Tchad, en République démocratique du Congo puis en Centrafrique. Ce regain interventionniste de la France chiraquienne en Afrique est-il un nouvel avatar de la politique d'indécision qui semblait à l'œuvre depuis le milieu des années 1990 (et qui se poursuivra sous Sarkozy par une véritable politique du yo-yo en matière d'intervention[30]) ou un retour aux doctrines et pratiques d'intervention, après l'échec des solutions africaines aux conflits africains ? L'implication directe de la France (comme de la Grande Bretagne en Sierra Léone en 2000) traduit-elle un retour à la politique de la canonnière, ou le développement de nouvelles politiques internationales de mise sous tutelle, accréditées par les instances onusiennes et légitimées par de nouveaux « appels d'empires » ?

Les phases post-Somalie et post-Rwanda, somme toute assez brèves, où l'on avait noté une tendance au désengagement et une grande réticence des pays occidentaux à jouer les gendarmes, semblent alors bien terminées. Par leur ampleur et le discours qui les a accompagnées, l'intervention du Royaume-Uni en Sierra Léone en mai 2000 ainsi que les implications françaises en Côte d'Ivoire et en RDC (à travers les opérations européennes Artémis en 2003 et Eufor en 2006) tranchaient avec les doctrines et les pratiques des années 1990. La volonté de désengagement des pays du Nord avait alors été de pair avec de nouvelles approches et de nouveaux dispositifs de sécurité visant d'une part à « multilatéraliser », à « africaniser » et à régionaliser la gestion des conflits, et d'autre part, à jouer la carte de la sous-traitance (à des mercenaires ou des Etats tiers) lorsque ces solutions régionales trahissaient leur inefficacité. Les tenants de cette approche réfutaient pourtant toute contradiction : il ne s'agissait pas d'un retour au *statu quo ante*, hanté par les vieux démons de la « Françafrique », mais d'une phase post-11 Septembre où la France, comme – et contre – les États-Unis, assumait « son rang » international par un néo-interventionnisme revendiqué, débarrassé des vieux oripeaux de la « coloniale » car paré des vertus du cadre

---

30. Voir R. Banégas, « The Return of the French Policeman in Africa ? Yo Yo Foreign Policy in Libya and Côte d'Ivoire », *RAS Analysis*, May 2011 (*Electronic Journal of the Royal African Society*) http://www.royalafricansociety.org/component/content/article/876.html

multilatéral[31]. Ici résiderait la grande différence avec les pratiques du passé. Doublement soucieuse de partager le « fardeau de l'homme blanc » et de se prémunir contre les accusations de néocolonialisme, la France jouerait désormais une nouvelle partition en Afrique, celle d'une ingérence ointe du saint sacrement multilatéral, onusien, africain ou européen. Les contradictions antérieures seraient ainsi dépassées par la victoire des modernes, qui – durant le second mandat de Jacques Chirac – ont fini par évincer les anciens de la plupart des postes de décision, jusque et y compris des bureaux de la cellule de l'Élysée.

« Enfin une feuille de route ![32] » cohérente et pro-africaine, s'exclamèrent alors certains observateurs pourtant peu enclins à l'éloge. Est-ce si sûr ? Cette thèse, déclinée *urbi et orbi* par l'Élysée, le Quai d'Orsay et le ministère de la Défense, ne résiste pourtant pas à l'examen. Que constate-t-on, en effet, quand on passe dans les coulisses de cette « nouvelle-nouvelle » politique africaine de la France ? D'abord, que la France chiraquienne (et plus tard sarkozyste) n'a jamais vraiment respecté le jeu multilatéral et africain qu'elle a prétendu jouer. Ainsi, en Côte d'Ivoire où la Force française Licorne, quoique sous mandat onusien, n'est jamais passée sous l'autorité formelle des Casques bleus, l'état-major français souhaitant conserver le contrôle de ses troupes. On a vu les dégâts politiques qu'une telle option avait pu produire, notamment lors des affrontements de novembre 2004 où les militaires français se sont retrouvés seuls à faire la guerre aux forces ivoiriennes et à réprimer les manifestations de rue alors que Paris aurait pu jouer une autre carte en s'appuyant sur les Casques bleus. La gestion désastreuse de cette crise de novembre 2004, qui a conduit à un rapatriement massif des ressortissants français menacés par les Jeunes patriotes à la solde du régime Gbagbo, a bien mis en lumière les contradictions et les dérives de ce nouvel interventionnisme français. Les immixtions de la ministre française déléguée à la Coopération, Brigitte Girardin, au sein des instances de coordi-

---

31. A l'appui de cette thèse, on cite généralement l'exemple du soutien français à l'idée d'une force européenne de soutien à la Mission des Nations unies au Congo, en 2003, qui aurait été dicté par les sollicitations du secrétaire général de l'Onu, Kofi Annan, à un moment où la France et les Etats-Unis s'affrontaient dans l'arène onusienne autour de la question irakienne.
32. D. Bourmaud, « La nouvelle politique africaine de la France à l'épreuve », *Esprit,* août-septembre 2005, p. 20.

nation internationale, telle le GTI[33], sont un autre exemple de cette tendance de Paris à constamment brouiller le bi- et le multi-. Encore plus révélateur, après la crise de novembre 2004, le Quai d'Orsay a semblé relativement soulagé de voir l'Afrique du Sud, au titre de l'Union africaine, s'emparer du dossier de la médiation ivoirienne. Cette évolution entrait bien dans l'épure mentionnée ci-dessus par les conseillers de l'Elysée. Pourtant, quelques semaines plus tard, Jacques Chirac ne pouvait se retenir de tancer Thabo Mbeki, en l'accusant de ne rien comprendre « à la psychologie et à l'âme de l'Afrique de l'Ouest[34] »...

On peut arguer de la spécificité de la crise ivoirienne et porter le regard en RDC où, pour la première fois, l'étendard européen a flotté sur des opérations de paix. L'opération Artémis, menée en Ituri en 2003, fut souvent présentée comme un indice des mutations de la politique africaine de la France et de son européanisation[35]. Mais là non plus, l'argument ne résiste pas à l'examen : cette première opération de la Politique européenne de sécurité et de défense (PESD) était lancée et dirigée par la France[36]. On pourrait multiplier les exemples de ce type (notamment le Tchad et la République centrafricaine) qui soulignent la contradiction flagrante entre le souci de se parer de la légitimité multilatérale ou régionale et la tentation régulière de s'en affranchir en prenant directement en charge les opérations ou en les sous-traitant à un fidèle allié.

Les contradictions ne sont pas moins fortes dans les affaires civiles relatives à la défense des droits de l'homme, la promotion de la

---

33. Le Groupe de travail international, organe onusien de coordination multilatérale composé des principaux acteurs extérieurs intervenant dans la crise ivoirienne.
34.. En conférence de presse à Dakar le 7 février 2005, Jacques Chirac disait ainsi : « Le président Mbeki a engagé une négociation et nous le soutenons tous, comme l'a rappelé le président Wade. Jusqu'ici, cela n'a pas eu un effet particulièrement fort, il faut bien le reconnaître. [...] C'est l'Afrique de l'Ouest, avec ses propres caractéristiques, il faut bien la connaître et je souhaite beaucoup que le président Mbeki dont, je le répète, nous soutenons le processus, s'immerge dans l'Afrique de l'Ouest pour comprendre la psychologie et l'âme de l'Afrique de l'Ouest car dans les périodes de crise, il faut bien connaître la psychologie et l'âme des gens. »
35. Voir S. Loisel, « Les leçons d'Artémis : vers une approche européenne de la gestion militaire des crises? », *Les Champs de Mars*, n° 16, 2005.
36. 80% des troupes engagées étaient françaises: celles sur le terrain à Bunia l'étaient presque exclusivement. Les dix-sept autres nations avaient envoyé leurs soldats et officiers à Entebbe où était installée la base de soutien à l'opération.

démocratie ou de la bonne gouvernance. Ici aussi, les années 2000 devaient pourtant ouvrir une nouvelle ère d'exigence politique, après les déceptions du discours de La Baule. En juin 2003, Dominique de Villepin avait ainsi posé les jalons d'une doctrine de la légitimité politique à la fois ambitieuse et équivoque. Selon lui, « la solution ne sera pas garantie par le simple remplacement des dirigeants politiques (…) La légitimité se mesure aussi aux conditions de l'exercice du pouvoir. Les urnes confèrent un mandat ; elles ne décernent aucune impunité. S'il n'y a pas un modèle unique de démocratie, la liberté et la dignité humaine en constituent des impératifs indispensables[37] ». Jacques Chirac, de son côté, aura l'occasion de préciser plusieurs fois la pensée qu'il avait déjà émise en 1990 à propos de la démocratie en Afrique («l'Afrique n'est pas mûre pour le multipartisme », propos tenu alors même que les premières transitions pluralistes s'engageaient au Bénin et ailleurs), en affirmant, au cours d'un voyage en Tunisie en décembre 2003, que « le premier des droits de l'homme est de se nourrir » – le président Ben Ali n'en attendait pas tant. Les Togolais purent également apprécier la cohérence démocratique des autorités françaises lors de la mort du général Éyadéma. Non content de rendre hommage à celui-ci comme un ami personnel, Jacques Chirac et ses conseillers soutinrent une inique succession dynastique qui fit des centaines de victimes, se payant le luxe de faire cavalier seul par rapport à l'Union européenne, autrement plus critique à l'égard du clan Éyadéma. Passons sur les cas du Tchad[38] ou du Zimbabwe, dont le président Mugabe fut reçu en grandes pompes à l'Élysée – là encore, la France se mettait en décalage avec ses partenaires européens.

Ces contradictions ont gravement affecté l'image de la France en Afrique durant les dernières années de la présidence Chirac, nourrissant un rejet de plus en plus affirmé d'une politique toujours perçue à travers le prisme colonial. Elles soulignent combien, sous l'impression d'une nouvelle feuille de route africaine, la politique française est restée dans l'ambivalence de conceptions passéistes du continent africain et d'arbitrages non assumés : entre la tentation du retrait

---

37. D. de Villepin, « Discours d'ouverture du 4ème Forum de l'Institut des hautes études de défense nationale sur le continent africain », 13 juin 2003.
38. Voir R. Marchal, « Tchad/Darfour : vers un système de conflits », *Politique Africaine*, n° 102, juin 2006, p. 134-153.

et la volonté de maintenir des liens privilégiés avec le continent ; entre la normalisation et la personnalisation des relations ; entre des tendances à la multilatéralisation et à l'européanisation et le souci de conserver une politique d'influence bilatérale ; entre la conservation d'un pré carré francophone et l'affermissement des liens avec de nouveaux partenaires politiques et commerciaux ; entre la modernisation de l'appareil de coopération militaire et la perpétuation d'une vieille politique d'ingérence (Tchad, Centrafrique) ; entre conditionnalités démocratiques et soutien à de vieilles dictatures ; entre recherche de nouveaux intérêts économiques et reproduction de vieilles alliances politiques ; entre aide-programme et aide-projet, etc., la stratégie africaine de la France sous Jacques Chirac est restée prisonnière de choix non-assumés qui ne lui ont pas permis de refonder sa vieille relation postcoloniale avec l'Afrique. Au contraire, cette séquence a fini par consacrer une vision conservatoire et sécuritaire du continent qui s'est imposée sous l'empire des stratégies de lutte contre le terrorisme et l'immigration clandestine. Une politique qui, pour une large partie des citoyens africains, a fini par se condenser dans la double figure négative de la « chicotte coloniale » et des barbelés de la forteresse Europe – fussent-ils érigés dans le limes méditerranéen de Ceuta et Lampedusa.

RELANCE DE LA POLITIQUE ARABE ET RELATIONS PRIVILÉGIÉES AU MAGHREB ET AU MOYEN-ORIENT

Jean-Pierre Filiu

Jacques Chirac, durant ses deux mandats à la présidence de la République (1995-2007), a associé son nom à une relance de la « politique arabe » de la France. Cette expression de « politique arabe » n'a jamais été employée par Charles de Gaulle et elle a été forgée sous le mandat de Georges Pompidou[1]. Elle n'en est pas moins identifiée à une certaine tradition de la diplomatie gaulliste, qui remonterait au « divorce » franco-israélien, consécutif à la guerre de juin 1967[2], lorsque la France, jusque là principal pourvoyeur d'armements de l'Etat hébreu, a exigé le retrait de tous les territoires occupés lors du conflit. Le paradoxe de cette orientation « gaulliste » est qu'elle s'est pleinement déployée sous la présidence de Valéry Giscard d'Estaing, non pas quand Jacques Chirac était son Premier ministre, de 1974 à 1976, mais lors du passage de Raymond Barre à Matignon, notamment avec la déclaration adoptée à l'initiative de la France au sommet européen de Venise, le 13 juin 1980[3].

---

1. *La politique arabe de la France* est le titre d'un livre de Paul Balta et Claudine Rulleau, publié, chez Sindbad en 1972, à la demande des conseillers du président Pompidou.
2. Sur le « divorce » franco-israélien en 1967, voir Jean-Pierre Filiu, « France and the June 1967 War », in Roger Louis et Avi Shlaim (sous la direction de), *The June 1967 War, origins and consequences*, New York, Cambridge University Press, 2012.
3. Quinze mois après la signature du traité de paix israélo-égyptien, fruit des négociations menées sous l'égide des Etats-Unis à Camp David, les neuf membres de la Communauté économique européenne (CEE) se démarquaient de la démarche américaine en prônant « une solution globale du conflit israélo-arabe », passant par l'exercice du « droit à l'autodétermination » du peuple palestinien, en association avec l'OLP. C'est aussi en 1980 que fut signé l'accord entre la France et les Etats membres de la Ligue arabe pour établir à Paris un Institut du Monde Arabe (IMA), qui ouvrira ses portes sept ans plus tard.

L'impact de la crise moyen-orientale sur le débat intérieur français[4] a souvent amené à opposer de manière caricaturale une droite « pro-arabe » à une gauche « pro-israélienne ». C'est faire peu de cas de la complexité du conflit lui-même, ainsi que des engagements comme des convictions des acteurs concernés. François Mitterrand, salué comme un ferme soutien d'Israël lors de son accession à l'Elysée en mai 1981, envisage devant la Knesset l'établissement d'un Etat palestinien, dix mois plus tard, et il envoie les troupes françaises assurer l'évacuation du chef de l'OLP et de ses partisans, une première fois lors du siège de Beyrouth par l'armée israélienne, en août 1982, une seconde fois lors du siège de Tripoli par l'armée syrienne, en décembre 1983. En revanche, Jacques Chirac, devenu Premier ministre du président Mitterrand en mars 1986, se borne à mentionner les « droits légitimes » du peuple palestinien lors de sa déclaration de politique générale[5] et cette première cohabitation, conclue en mai 1988, est marquée par un profil inhabituellement bas de la diplomatie française sur la question palestinienne.

Au moment où François Mitterrand reçoit Yasser Arafat en visite officielle à Paris, les 2 et 3 mai 1989, Jacques Chirac, tout récemment réélu maire de la capitale, se trouve à New York, dans le cadre d'une tournée d'une semaine aux Etats-Unis. Mais Roland Dumas, ministre des Affaires étrangères, exprime sans doute la pensée du chef de l'Etat lorsqu'il qualifie, en mars 1991, la « politique arabe » de « mythe »[6]. Mitterrand est alors persuadé que l'entrée de la France dans la coalition de libération du Koweït lui garantit une place de choix dans le règlement de la crise moyen-orientale. Paris n'a pourtant aucun rôle dans la conférence de paix organisée par les Etats-Unis à Madrid, en octobre 1991, pas plus que dans les accords conclus à Oslo entre Israël et l'OLP, en septembre 1993. Ce processus de paix, sans pour autant lever toutes les réserves de

---

4. Voir notamment Samir Kassir et Farouk Mardam Bey, *Itinéraires de Paris à Jérusalem*, 2 tomes, Paris, Les Livres de la Revue d'études palestiniennes, 1993, ou Denis Sieffert, *Israël-Palestine, une passion française*, Paris, La Découverte, 2005.
5. Déclaration de politique générale du gouvernement de Jacques Chirac, Assemblée nationale, 9 avril 1986.
6. Entretien de Roland Dumas publié par *Le Monde*, 12 mars 1991.

Jacques Chirac envers Yasser Arafat[7], convainc le président élu en mai 1995 de relancer une « politique arabe » à la mesure de ses ambitions pour la France. Cette mobilisation multiforme culminera avec la campagne de l'hiver 2002-2003 contre l'intervention américaine en Irak. Mais l'immense popularité qui en résultera pour « Chirac d'Arabie »[8] ne nourrira pas une nouvelle dynamique régionale, car elle se déclinera suivant les relations privilégiées que la France entretient à titre bilatéral avec les trois Etats du Maghreb central comme avec le Liban.

La relance de la politique arabe (1995-2004)
La vision du Caire

Le président Chirac accomplit sa première visite d'Etat au Maroc, le 19 juillet 1995. Deux mois plus tard, il souligne que « la France a une tradition en ce qui concerne sa politique arabe. Cette tradition avait été un peu négligée ces derniers temps. Je souhaite redonner tout son souffle à la politique arabe de la France et j'y prendrai grand soin »[9]. En novembre 1995, l'assassinat du Premier ministre Itzhak Rabin, signataire avec Arafat des accords d'Oslo, bouleverse la donne moyen-orientale et les 15 membres de l'Union européenne (UE) répondent à ce défi en ouvrant à Barcelone le processus euro-méditerranéen, qui vise à insérer Israël et ses voisins dans un espace élargi de stabilité et de développement. Jacques Chirac soutient sans réserve l'activisme de la diplomatie espagnole à cet égard, d'autant qu'il multiplie lui-même les contacts dans la région. Ce volontarisme de l'Elysée est si affiché que, lors du sommet des « faiseurs de paix », le 13 mars 1996 à Charm al-Cheikh, Yasser Arafat s'exclame : « vous n'êtes pas le président Chirac, vous êtes le docteur Chirac »[10].

---

7. Jacques Chirac demeurera sévère jusque dans ses Mémoires, justifiant les préventions israéliennes à l'encontre du chef de l'OLP : « La grande faiblesse d'Arafat réside dans le fait d'en vouloir toujours plus, une fois l'accord conclu » (Jacques Chirac, *Le Temps présidentiel, (Mémoires, tome II)*, Paris, Nil, 2011, p.167).
8. Titre d'un ouvrage publié en 2006, chez Grasset, par deux journalistes de *Libération*, Eric Aeschimann et Christophe Boltanski.
9. Conférence de presse de Jacques Chirac, Majorque, 23 septembre 1995.
10. Anecdote racontée in Eric Aeschimann et Christophe Boltanski, *Chirac d'Arabie*, Paris, Grasset, 2006, p.9.

Le mois suivant, le chef de l'Etat se rend en déplacement officiel au Liban et en Egypte. L'étape de Beyrouth, qu'aucun de ces prédécesseurs n'avait visité à titre officiel[11], s'inscrit dans le prolongement de la « tradition » invoquée avec emphase, dans un pays présenté comme le relais de l'influence française dans la région. Elle est aussi l'occasion de saluer l'œuvre de reconstruction accomplie sous l'égide du Premier ministre Rafic Hariri, grand ami de Jacques Chirac[12]. Mais c'est à l'université du Caire[13] que le chef de l'Etat prononce, le 8 avril 1996, son discours de refondation de la « politique arabe». Cette « dimension essentielle » de la diplomatie française revendique l'héritage gaulliste et une « amitié séculaire », désormais confortée par « la présence en France d'une communauté musulmane de plus de quatre millions d'âmes ». Au-delà d'une telle réalité démographique, Jacques Chirac affirme que « cette grande politique arabe, la France souhaite la faire partager à l'Europe toute entière »[14]. Il exhorte Israël à se retirer intégralement du Golan comme du Sud-Liban[15], sans être aussi explicite sur les territoires palestiniens.

Quelques jours plus tard, le gouvernement travailliste de Shimon Pérès déclenche au Liban l'opération « Raisins de la colère » pour neutraliser la pression militaire du Hezbollah. Mais les bombardements contre des infrastructures civiles, jusqu'au nord de Beyrouth, convainquent Jacques Chirac de dépêcher sur place Hervé de Charette. Le chef de la diplomatie française a pour instruction de

---

11. François Mitterrand n'avait séjourné à Beyrouth que quelques heures, le 24 octobre 1983, au lendemain de l'attentat-suicide qui avait tué 58 militaires français.

12. Le chef de l'Etat ne cache pas son admiration pour le Premier ministre libanais, qu'il décrira ainsi dans ses Mémoires : « En attendant de recouvrer son indépendance et sa souveraineté, le Liban a trouvé en Rafic Hariri le leader qui lui manquait depuis longtemps. Un rénovateur qui a mis au service de son pays toute l'abnégation et toute l'énergie qui lui ont permis d'élaborer son propre empire commercial et financier » (Jacques Chirac, *Le Temps présidentiel*, p.189).

13. C'est dans cette même université du Caire que, le 4 juin 2009, Barack Obama prononcera son discours sur les valeurs partagées entre les Etats-Unis et l'Islam.

14. Discours de Jacques Chirac à l'université du Caire, 8 avril 1996.

15. Le territoire syrien du Golan, occupé en juin 1967, a été formellement annexé par Israël en décembre 1981. Par ailleurs, l'armée israélienne contrôle depuis 1978 une « zone de sécurité » au nord de sa frontière avec le Liban, elle s'est avancée jusqu'à Beyrouth lors de l'invasion de juin 1982, avant de se replier sur le Sud-Liban à partir du printemps 1995.

demeurer dans la région jusqu'à l'arrêt des hostilités et, basé à Damas, il multiplie les navettes avec Israël et le Liban. Les contacts français avec les parrains syrien et iranien du Hezbollah contribuent ainsi à la conclusion d'un cessez-le-feu, le 26 avril 1996. Un « comité de surveillance de la trêve », co-présidé par les Etats-Unis et la France, va s'employer durant les quatre années suivantes à éviter toute escalade au Sud-Liban (les parties au conflit s'engagent à ne plus frapper d'objectifs civils, ce qui est censé lever la menace des Katyusha du Hezbollah sur le nord d'Israël)[16].

Alors que le Likoud de Benyamin Netanyahou a repris aux travaillistes la présidence du gouvernement, Jacques Chirac peut se féliciter d'avoir remis la France au cœur du jeu proche-oriental. Il décide de consacrer une pleine semaine d'octobre 1996 à une tournée couvrant la Syrie, l'Egypte, Israël, la Cisjordanie, la Jordanie et le Liban. Mais c'est un incident aussi fortuit que médiatisé avec un militaire israélien, dans la vieille ville de Jérusalem, qui va marquer les mémoires et les opinions. Devant les caméras du monde entier, le président français, excédé par le harcèlement de sa délégation, vitupère la sécurité israélienne. Il refuse ensuite de pénétrer dans l'église Sainte-Anne, possession française depuis 1856[17], tant que les militaires israéliens ne l'ont pas évacuée. Cet esclandre à Jérusalem-Est, territoire occupé depuis 1967 selon l'ONU, a une forte valeur symbolique et il achève de poser Jacques Chirac en champion des droits arabes[18], même si la réalité est bien moins militante.

Durant les cinq années de cohabitation avec le Premier ministre Lionel Jospin, de juin 1997 à mai 2002, le président Chirac compenserait volontiers sur la scène internationale son retrait forcé de la scène intérieure. Le dossier israélo-palestinien nourrit de vives polémiques, lors de la visite du chef du gouvernement en Israël et en Cisjordanie, en février 2000 (avec des incidents sur le campus

---

16. Sur l'action de ce « comité de surveillance de la trêve » de 1996 à 2000, voir Jean-Pierre Filiu, « Reflections on French experiences in the Middle East », in Uzi Rabi (sous la direction de) *International intervention in local conflicts*, Londres, IB Tauris, 2010.

17. Le sultan ottoman avait offert ce lieu de culte, sur la Via Dolorosa, à Napoléon III, à la suite de la guerre de Crimée.

18. Décrivant dans ses Mémoires sa visite du 23 octobre 1996 à Ramallah, Jacques Chirac considère que « aux yeux des foules palestiniennes, j'incarne désormais une sorte d'homme providentiel » (Jacques Chirac, *Le Temps présidentiel*, p.182).

de Bir Zeit), puis lors de l'échec des pourparlers de paix de Paris, six mois plus tard (avec la tentative israélienne de mettre en cause le président Chirac dans la fermeté de l'OLP). Mais la discipline républicaine prévaut au sommet de l'exécutif, malgré l'émotion et les tensions suscitées dans l'opinion par le déclenchement de la deuxième intifada (à l'automne 2000) et la réoccupation des territoires palestiniens (en mars 2002).

La campagne d'Irak

L'épineux dossier irakien fait aussi l'objet d'un consensus responsable tout au long de la cohabitation de 1997-2002. Jacques Chirac a condamné sans appel l'invasion du Koweït par l'Irak en août 1990 et il soutient l'application des sévères sanctions imposées par l'ONU au régime de Saddam Hussein au lendemain du conflit[19]. Elu président, il continue d'exiger la mise en œuvre de « toutes les sanctions, (mais) rien que les sanctions »[20], car il refuse d'entrer dans la logique de harcèlement militaire adoptée par les Etats-Unis et la Grande-Bretagne. En janvier 1997, il décide de retirer l'aviation française du dispositif d'interdiction de survol aérien, établi avec Washington et Londres au nord de l'Irak : ce dispositif, destiné au printemps 1991 à protéger les populations kurdes, alimente au fil des ans une véritable guerre d'usure de la chasse anglo-saxonne contre la défense irakienne.

Lionel Jospin, multilatéraliste convaincu, endosse à Matignon une politique fondée sur le respect scrupuleux des résolutions de l'ONU, d'une part, et le refus de l'escalade militaire, d'autre part. Mais c'est le président Chirac qui est à la manœuvre en février 1998, lors d'une crise majeure entre l'Irak et les Etats-Unis, du fait du refus de Saddam Hussein de laisser les inspecteurs de l'ONU accéder aux sites dits « présidentiels ». Jacques Chirac met le Falcon présidentiel à la disposition de Kofi Annan, le secrétaire général de l'ONU, pour qu'il négocie à Bagdad avec Saddam Hussein un accord de compromis, préparé sur place par des diplomates français. La confrontation est évitée, au grand dam de l'administration Clinton, qui cherche avec constance un conflit ouvert avec l'Irak. Une nouvelle épreuve

---

19. Il s'agit de la résolution 687 du Conseil de sécurité de l'ONU, adoptée le 3 avril 1991.
20. Cité in Aeschimann et Boltanski, *Chirac d'Arabie*, p.261.

de force éclate en octobre 1998 et Jacques Chirac s'active pour finaliser un dispositif de levée globale des sanctions, seul à même de sortir de ce cycle de crises à répétition. Mais le dictateur irakien revient sur son agrément initial et le président français, très amer de ce revirement, se désengage du dossier. La France garde profil bas lors des trois jours de bombardement de l'Irak, menés par les Etats-Unis et la Grande-Bretagne, du 17 au 19 décembre 1998[21]. Les inspecteurs de l'ONU ont quitté le pays sur injonction américaine, laissant derrière eux la plaie ouverte d'un désarmement inabouti et d'un implacable embargo.

Jacques Chirac se trouve aux Etats-Unis, au lendemain des attentats du 11 septembre 2001, du fait d'un déplacement prévu de longue date, et il est ainsi le premier dirigeant étranger à témoigner de sa solidarité à New York comme à Washington. Mais lorsque George W. Bush hausse le ton à l'encontre de l'Irak, le président français met en garde dans le *New York Times* contre la tentation unilatéraliste, « une doctrine extrêmement dangereuse qui pourrait avoir des conséquences tragiques »[22]. Le chef de l'Etat parvient à convaincre son homologue américain d'en passer par une résolution contraignante du Conseil de sécurité, sommant Saddam Hussein d'accepter le retour inconditionnel des inspecteurs de l'ONU. C'est la résolution 1441, adoptée après des semaines de tractations, le 8 novembre 2002, par l'unanimité des membres du Conseil (dont la Syrie, du fait d'une intervention personnelle de Jacques Chirac auprès de Bachar al-Assad[23]).

Ce que les diplomates français considèrent comme une conclusion n'est qu'un premier pas dans la logique de guerre des « faucons » américains. Les présidents Chirac et Bush n'auront plus que deux échanges au cours de cette période cruciale (le 21 novembre 2002, en marge d'un sommet de l'OTAN, et le 7 février 2003, lors d'un entretien téléphonique). Leurs ministres des Affaires étrangères,

---

21. Cette opération « Renard du Désert » coïncide avec le début du Ramadan, mais aussi avec les auditions au Congrès américain liées au « Monicagate » (scandale désigné par le prénom de Monica Lewinsky, ancienne stagiaire de la Maison blanche).

22. *New York Times*, 8 septembre 2002.

23. Jacques Chirac avait été le seul dirigeant occidental à se rendre à Damas, le 13 juin 2000, pour les obsèques d'Hafez al-Assad, auquel son fils Bachar a succédé à la présidence syrienne.

Dominique de Villepin et Colin Powell, affichent de plus en plus leurs contradictions au Conseil de sécurité. « Rien, absolument rien, ne justifie aujourd'hui d'envisager une intervention militaire »[24], affirme le chef de la diplomatie française à New York, le 20 janvier 2003. Deux jours plus tard, Jacques Chirac, célébrant avec Gerhard Schröder le quarantième anniversaire du traité de l'Elysée, reprend à son compte le refus allemand de la guerre. Le 14 février, Dominique de Villepin enjoint le Conseil de sécurité de l'ONU de « donner la priorité au désarmement dans la paix »[25], une allocution saluée par des applaudissements sans précédent.

Le 10 mars 2003, Jacques Chirac choisit d'annoncer à la télévision française qu'il opposera son veto à toute résolution de l'ONU légitimant une intervention militaire contre l'Irak. Cette position de principe lui assure un prestige incontestable dans une opinion française, ainsi qu'européenne et arabe, massivement opposée à un conflit en Irak. Mais elle fait le jeu des unilatéralistes américains, qui pressent le président Bush de se dégager de toute contrainte de l'ONU pour mener les opérations sous la seule bannière étoilée. Le 20 mars, les Etats-Unis déclenchent l'offensive contre le régime de Saddam Hussein, à la tête d'une coalition hétéroclite où se distinguent les contingents britannique, espagnol, italien et polonais.

Par son abstention active, Jacques Chirac a évité que la « guerre globale contre la terreur », inspirée par son homologue américain, ne devienne ce « choc des civilisations »[26] que les extrémistes de tous bords appellent de leurs vœux. Mais l'Europe s'est brisée dans l'épreuve, alors que la solidité du couple franco-allemand assurait jusque là sa dynamique. Et le président Chirac peut difficilement se consoler de voir ses plus sombres prédictions se réaliser en Irak, après la chute de Bagdad, le 9 avril 2003 : l'effondrement de l'Etat alimente l'anarchie milicienne, sur fond de pillage du pays et d'occupation américaine. La France n'a pas pu empêcher ce désastre, elle en est réduite à un rôle de spectateur face à une crise aux profondes implications régionales.

---

24. Conférence de presse de Dominique de Villepin, New York, 20 janvier 2003.
25. Intervention de Dominique de Villepin devant le Conseil de sécurité de l'ONU, 14 février 2003.
26. Ce concept, forgé par le politologue Samuel Huntington en 1993 pour l'ensemble des relations internationales, a vite été résumé à un affrontement aussi mythique qu'inévitable entre « l'Occident » et « l'Islam ».

Jacques Chirac atteint des cotes de popularité inégalées dans le monde arabe, devançant la plupart des leaders arabes eux-mêmes[27]. Mais, au lieu de tendre la main aux opinions arabes, il va devenir l'avocat de leurs dirigeants face aux velléités de *regime change* que l'administration Bush voudrait partout encourager dans la région. Les « néo-conservateurs »[28], comme leur désignation l'indique bien mal, sont en fait des partisans révolutionnaires d'un bouleversement du « Grand Moyen-Orient », qui inclut à leurs yeux le Maghreb. Les chefs d'Etat arabes organisent leur résistance collective à ces pressions de Washington et ils s'engagent formellement, lors de leur réunion au sommet, à Tunis, en mai 2004 « à poursuivre la réforme dans nos pays, pour s'adapter aux mutations mondiales accélérées »[29]. Peu après, lors du sommet du G8 à Sea Island, le président Chirac n'hésite pas à valider une telle posture : « On ne peut pas imposer des réformes, il faut convaincre, il faut dialoguer, il faut coopérer, mais ceci à la fois dans le respect de la diversité des peuples, de leur histoire, de leur culture et des problèmes auxquels ils sont confrontés »[30].

Le poids des relations privilégiées (2004-2007)
L'obsession libanaise

La relation personnelle de Jacques Chirac avec Rafic Hariri remonte au tout début des années 80 et elle n'a cessé de s'étoffer avec le temps. Premier ministre du Liban de 1992 à 1998, Hariri revient en octobre 2000 à la tête du gouvernement, un poste traditionnellement réservé à la communauté sunnite (le président de la République est en revanche maronite). Hariri peut compter sur l'appui sans faille du président Chirac qui accueille à Paris, en février 2001 et novembre 2002, deux conférences internationales de soutien financier à la

---

27. Ce phénomène, établi dans les enquêtes d'opinion menées par Shibley Telhami pour l'université du Maryland, en mai 2004, se renouvellera six ans plus tard en faveur du Premier ministre turc, Recep Tayyip Erdogan, du fait de son opposition au blocus de Gaza.

28. L'ouvrage de référence sur ce sujet est celui de Justin Vaïsse, *Histoire du néo-conservatisme aux Etats-Unis*, Paris, Odile Jacob, 2008.

29. Déclaration finale du sommet arabe, Tunis, 23 mai 2004.

30. Point de presse de Jacques Chirac à l'occasion du sommet du G8, Sea Island, 9 juin 2004.

reconstruction du Liban. C'est dans l'espoir d'un desserrement progressif de la mainmise syrienne sur le Liban que Jacques Chirac mise sur les velléités réformatrices de Bachar al-Assad, successeur de son père à la tête du pouvoir baasiste à Damas. Mais l'invasion américaine de l'Irak provoque un raidissement du régime syrien, qui répond aux pressions américaines en se crispant sur ses alliances avec l'Iran et le Hezbollah. Le Premier ministre Hariri, affaibli par la surenchère de la milice chiite, s'inquiète aussi de la tentation pour Damas de prolonger au-delà de novembre 2004 le mandat de son homme-lige, Emile Lahoud, à la tête de l'Etat libanais.

Ces tensions croissantes amènent le président français à durcir progressivement le ton à l'encontre de la Syrie. Après s'être concerté avec Vladimir Poutine et Gerhard Schroeder, il dépêche à Damas son conseiller diplomatique, Maurice Gourdault-Montagne, le 9 novembre 2003, pour convaincre Bachar al-Assad de changer de cours, une démarche dont il mesure vite la vanité[31]. Lorsque le président français accueille George W. Bush à l'Elysée, le 5 juin 2004, en marge des célébrations du cinquantenaire du débarquement de Normandie, il propose à son hôte de se mobiliser conjointement au profit de la « démocratie » au Liban[32]. Cette coordination, menée par Gourdault-Montagne et Condoleezza Rice, la conseillère à la sécurité nationale de la Maison blanche, s'accélère lorsque Jacques Chirac est alerté par Rafic Hariri des menaces directes qu'aurait proférées à son encontre Bachar al-Assad[33]. Elle aboutit, le 2 septembre, au vote de la résolution 1559 du Conseil de sécurité de l'ONU : ce texte, adopté du fait de l'abstention de la Russie et de la Chine, exige « le départ des forces étrangères » du Liban, ainsi que le désarmement des milices, dans une mise en cause limpide du Hezbollah et de la Syrie (l'armée israélienne a en effet parachevé son retrait du Sud-Liban depuis mai 2000). Le lendemain, Damas réagit en imposant au forceps une prolongation de trois ans du mandat présidentiel de son protégé Emile Lahoud. Le mois suivant, Rafic Hariri est évincé de la tête du gouvernement libanais.

---

31. Jacques Chirac, *Le Temps présidentiel*, pp.509-510.

32. Aeschimann et Boltanski, *Chirac d'Arabie*, p.362.

33. Le président français affirme dans ses Mémoires que Bachar al-Assad convoque, le 26 août 2004, Rafic Hariri à Damas et lui lance : « Si Chirac veut me sortir du Liban, je casserai le Liban » (Jacques Chirac, *Le Temps présidentiel*, p.515).

Le 14 février 2005, un attentat dévastateur, avec plus d'une tonne d'explosifs, emporte Rafic Hariri et vingt autres personnes au cœur de Beyrouth. Pour Jacques Chirac, qui ressent ce meurtre « comme celui d'un frère », c'est « un des pires chocs de (s)a vie »[34]. Le Président français assiste aux funérailles de l'ancien chef de gouvernement à titre « privé » (afin de ne pas avoir à saluer son homologue libanais) et il s'active pour que l'ONU mette en place un Tribunal spécial chargé de faire la lumière sur ce crime[35]. Mais, à ses yeux, comme il le martèle peu après à George W. Bush, « le doute n'est plus possible : la décision a été prise par le président Assad »[36]. Une vague de manifestations populaires secoue le Liban et cette « révolution du Cèdre » contraint l'armée syrienne à se retirer enfin du pays, le 26 avril, près de trois décennies après son déploiement. Le président français s'engage sans réserve aux côtés de Saad Hariri, le fils de son ami assassiné, dont il assure la succession politique. Dès le lendemain des législatives libanaises, remportées par la coalition anti-syrienne, Saad Hariri est reçu le 21 juin, à l'Elysée par Jacques Chirac.

La rancœur du président français à l'encontre de Damas s'étend au plus puissant allié palestinien de la Syrie, le mouvement Hamas, sur lequel il tient une ligne particulièrement intransigeante, même après sa victoire aux législatives palestiniennes de janvier 2006. Lors de la « guerre des 33 jours » qui oppose Israël au Hezbollah durant l'été suivant, Jacques Chirac prend le contrepied de sa posture du printemps 1996 : il cautionne le lancement de l'opération israélienne, « au titre de la légitime défense »[37], il boycotte activement la Syrie, il se concerte avec George W. Bush, lors du sommet du G8 à Saint-Pétersbourg, pour brider le Hezbollah[38], au point qu'Israël verrait bien des « casques bleus » français assurer la police à sa frontière nord. Cet emballement est tempéré lors des laborieux pourparlers qui aboutissent à l'adoption par le Conseil de sécurité de la réso-

34. Jacques Chirac, *Le Temps présidentiel*, p.518.

35. Ce Tribunal spécial pour le Liban (TSL) sera finalement institué, le 30 mai 2007, peu après le départ de Jacques Chirac de l'Elysée.

36. L'entretien Chirac-Bush intervient à Bruxelles, le 25 février 2005. Voir Jacques Chirac, *Le Temps présidentiel*, p.521.

37. Jacques Chirac, *Le Temps présidentiel*, p.523.

38. Natalie Nougayrède, « Jacques Chirac et George W. Bush veulent neutraliser le Hezbollah », *Le Monde*, 19 juillet 2006.

lution 1701[39] : le cessez-le-feu sera supervisé par un renforcement sensible des unités de l'ONU au Sud-Liban, mais c'est à l'armée libanaise qu'il reviendra de désarmer les milices. Ce déploiement effectif des militaires libanais à la frontière avec Israël, pour la première fois depuis 1969, vaut restauration de la souveraineté de l'Etat du Cèdre sur l'ensemble du territoire.

L'équation nord-africaine

C'est avec l'Algérie que Jacques Chirac se fixe l'objectif le plus ambitieux de sa politique arabe. François Mitterrand avait ouvert son premier mandat par la négociation d'un accord franco-algérien sur le gaz, censé inaugurer une nouvelle ère des rapports Nord-Sud. Le président élu en mai 1995 se veut, lui aussi, bien disposé à l'égard d'Alger, alors plongé dans les affres de la guerre civile. Mais la mort des moines de Tibhirine et l'attentat contre l'évêque d'Oran[40] l'amènent à suspendre tout contact de haut niveau avec l'Algérie. Il faut l'élection du président Bouteflika, en avril 1999, dans un contexte français de cohabitation, pour qu'une détente s'amorce. Dans une de ses initiatives spectaculaires qui marquent les opinions concernées, Jacques Chirac se rend à Alger, le 2 décembre 2001, pour affirmer la solidarité de la France avec le quartier emblématique de Bab el-Oued, dévasté par de récentes inondations[41]. Comme en octobre 1996 en Syrie avec le président Assad, il pousse son homologue algérien à un bain de foule improvisé, sous les applaudissements d'une population peu habituée à voir ses dirigeants ailleurs que sur les écrans de télévision.

C'est dans ce prolongement, et sur fond de campagne française contre l'invasion de l'Irak, que Jacques Chirac accomplit, du 2 au 4 mars 2003, la première visite d'Etat d'un président français en Algérie depuis l'indépendance de 1962. Une « déclaration d'Alger » est solennellement adoptée entre les deux chefs d'Etat et l'élaboration

---

39. Résolution 1701 du Conseil de sécurité, 11 août 2006.

40. Sept moines trappistes sont enlevés le 27 mars 1996 à Tibhirine, pour être retrouvés assassinés deux mois plus tard, dans des circonstances toujours obscures. L'évêque Claverie périt, en compagnie de son chauffeur, dans un attentat à la bombe, le 1er août 1996.

41. Environ 750 personnes ont trouvé la mort à la suite de pluies torrentielles. Voir José Garçon, « Le Président redonne le sourire à Bab al-Oued », *Libération*, 3 décembre 2001.

d'un traité bilatéral, qui serait à la réconciliation franco-algérienne ce que fut le traité de l'Elysée entre Paris et Bonn, est lancée. Mais ce processus, chargé d'émotion de part et d'autre de la Méditerranée, se heurte à des réticences bientôt virulentes. Le président français renvoie dos à dos les exigences algériennes de « repentance », exprimées avec de plus en plus de force à partir de l'automne 2003, et la surenchère d'une partie de sa majorité parlementaire qui tient à formaliser dans la loi, en février 2005, « l'héritage positif » de la colonisation[42]. Le couple franco-algérien retombe bientôt dans les ornières du passé, dont le volontarisme chiraquien s'est avéré incapable de le sortir pour de bon.

Loin, si loin de de cette frustration algérienne, le président français entretient une relation exceptionnelle d'intimité et de confiance avec le Maroc. Il n'a jamais ménagé son soutien à Hassan II, y compris lors de la virulente polémique suscitée par la publication en 1990 du livre de Gilles Perrault, « Notre ami le Roi ». C'est au Maroc que Jacques Chirac réserve sa première visite officielle de président de la République et c'est à Paris, comme invité d'honneur au défilé du 14 juillet 1999, que Hassan II accomplit son dernier voyage à l'étranger (le roi décède brutalement, neuf jours plus tard). Jacques Chirac, qui avait auparavant ouvert les portes de l 'Elysée au prince héritier pour une initiation privilégiée aux arcanes de l'Etat[43], multiplie les attentions envers le jeune souverain. Lorsque, le 10 juillet 2002, Mohammed VI décide d'occuper militairement l'îlot inhabité de Perejil, territoire espagnol au large de Ceuta, le président français n'hésite pas à accorder la priorité à sa relation avec le Maroc sur la solidarité européenne. Il revient au secrétaire d'Etat américain, Colin Powell, d'apaiser cette querelle somme toute picrocholine et le premier ministre espagnol, le conservateur José Maria Aznar, trouve dans cet appui transatlantique un argument majeur pour justifier son ralliement à l'invasion américaine de l'Irak en mars 2003.

Le partenariat franco-espagnol, qui avait sous-tendu le processus euro-méditerranéen, lancé à Barcelone quelques années plus tôt, en sort très affecté. Mais rien ne peut aux yeux de Jacques Chirac être mis en balance avec l'excellence des relations entre Paris et Rabat.

---

42. Jacques Chirac, *Le Temps présidentiel*, pp.434-435. La proposition de loi consacrant cet « héritage positif » est votée à l'Assemblée nationale, le 23 février 2005.
43. Aeschimann et Boltanski, *Chirac d'Arabie*, p.379.

C'est dans le même esprit que la France mobilise tout son poids de membre permanent du Conseil de sécurité de l'ONU pour y soutenir la position marocaine sur le Sahara occidental, où un corps international d'observateurs s'affaire à préparer un référendum d'autodétermination… depuis 1991. Jacques Chirac n'a jamais tenté sur ce dossier lancinant de mener une médiation entre Alger et Rabat, ce qui aurait pu nourrir le dossier de la réconciliation franco-algérienne, et surtout lever la plus grave hypothèque à la coopération inter-maghrébine, clef de la croissance régionale. Même si la diplomatie française s'active pour que se tienne à Tunis, les 5 et 6 décembre 2003, le premier sommet de la Méditerranée occidentale[44], cette configuration à membres demeure sans lendemain : Jacques Chirac ne cache pas sa préférence pour des relations bilatérales fortement personnalisées en Afrique du Nord.

C'est à la faveur de ce sommet méditerranéen que le président français accomplit une visite d'Etat en Tunisie. Le président Zine al-Abidine Ben Ali a beau avoir décidé de briguer un nouveau mandat en 2004, rompant ainsi son engagement, pris lors du renversement de Habib Bourguiba en 1987, de s'en tenir à trois mandats, Jacques Chirac loue au palais de Carthage « la consolidation de la démocratie » en Tunisie[45]. Alors que l'opposante Radhia Nasraoui mène depuis près de deux mois une grève de la faim de protestation contre l'arbitraire du régime, le président français affirme à Tunis que « le premier des droits de l'homme, c'est de manger »[46]. Même si sa position personnelle est plus complexe, et même si ses relations avec Ben Ali ne sont pas sans nuage, Jacques Chirac donne l'impression publique de faire peu de cas du combat des défenseurs des droits de l'homme, particulièrement ardu en Tunisie. C'est encore au Maroc qu'il compense ce faux pas, s'engageant sans réserve en faveur de la réforme, à l'instigation

---

44. Ce sommet dit « 5+5 » rassemble les présidents Ben Ali, Chirac et Bouteflika, les Premiers ministres Aznar, Berlusconi et Barroso, le roi Mohammed VI, ainsi que le colonel Kadhafi et les chefs de gouvernement de Mauritanie et de Malte.
45. Allocution de Jacques Chirac au dîner d'Etat, Palais de Carthage, 3 décembre 2003.
46. Point de presse de Jacques Chirac, Tunis, 3 décembre 2003. La citation complète est : « Le premier des droits de l'homme, c'est de manger, d'être soigné, de recevoir une éducation, d'avoir un habitat. C'est cela, le premier des droits de l'homme. De ce point de vue, il faut bien reconnaître que la Tunisie est très en avance sur beaucoup, beaucoup de pays ».

de Mohammed VI, du statut familial, en février 2004[47]. Cette percée indiscutable n'efface pas le sentiment que, aux yeux de Jacques Chirac, la libéralisation en Afrique du Nord ne peut venir que d'en haut.

Il n'est pas sans risque, sur la forme comme sur le fond, de tenter d'évaluer la « politique arabe » du président Chirac à l'aune du soulèvement démocratique qui traverse le Maghreb comme le Machrek depuis l'hiver 2010-11. Il est en revanche loisible de s'interroger sur la contribution qu'aurait pu apporter la France à une réelle dynamique de réforme, impliquant pleinement les sociétés concernées, alors que le processus euro-méditerranéen devait en passer par les fourches caudines des régimes arabes, déterminés à saper les programmes de libéralisation ou à les détourner de leurs objectifs. Au-delà même de la logique européenne, Paris aurait pu accompagner Washington dans une démarche de démocratisation du monde arabe, qui aurait ainsi perdu ses lourdeurs idéologiques pour devenir plus pragmatique, et donc plus recevable. Au lieu de cela, Jacques Chirac a préféré sceller la réconciliation avec George W. Bush dans le cadre d'une véritable campagne d'isolement de la Syrie de Bachar al-Assad. Le Liban y a indéniablement gagné la restauration de sa souveraineté, spoliée depuis 1976, mais la « politique arabe » de Jacques Chirac y a perdu de sa cohérence.

En outre, la dimension la plus « gaulliste » de la pratique diplomatique du président Chirac ne se trouverait-elle pas dans le goût qu'il porte et le temps qu'il consacre aux entretiens internationaux, aux rencontres avec les ambassadeurs, à la lecture de la correspondance diplomatique ? Un tel investissement nourrit une authentique maîtrise des dossiers, d'autant que Jacques Chirac développe ainsi des relations étroites avec ses homologues étrangers. Aucune région n'a sans doute connu de sa part un intérêt aussi fort que le monde arabe, mais cet intérêt concerne plutôt les dirigeants que leurs populations, qui acclament pourtant « Chirac, Chirac » lors de ses déplacements d'Alger à Damas. Les limites d'une telle approche, malgré son volontarisme et son éclat, seraient dès lors celle d'une diplomatie somme toute classique.

---

47. Cette réforme, adoptée par le Parlement marocain, le 3 février 2004, pénalise le harcèlement sexuel, repousse l'âge légal du mariage de 15 à 18 ans et judiciarise le divorce (qui ne peut plus être prononcé sur simple répudiation de l'époux). Les féministes arabes remarquent avec justesse que de telles avancées restent encore en-deçà des réformes accomplies par Habib Bourguiba en Tunisie… dès 1957.

LE MULTILATÉRALISME
ET LES QUESTIONS GLOBALES

Pierre Grosser

La défense du multilatéralisme aux Nations unies lors de la crise irakienne et le fameux « Notre maison brûle et nous regardons ailleurs »,
prononcé au Sommet de Johannesburg resteront sans doute un
des moments forts de la politique étrangère de Jacques Chirac. La
France a paru une nouvelle fois parler au nom du monde. Pourtant,
il faut s'interroger sur les usages du multilatéralisme et des questions
globales dans la politique française. Sur une période de douze ans
comprenant une période de cohabitation, il est difficile de décrire le
micro-management de ces usages, sur une scène internationale qui
s'est fortement transformée et à travers des « ambiances mondiales»
très différentes. Il s'agira donc ici d'énoncer quelques hypothèses sur
les logiques de la politique française, à la fois dans ses formulations
et dans ses soubassements.

Appel du multilatéralisme,
appel au multilatéralisme

Distinguer en quoi le multilatéralisme peut être un objectif en soi et
en quoi il est considéré comme un moyen s'avère compliqué. Pour
la France de Jacques Chirac, les deux sont intimement liés. Les raisons de l'insistance sur le multilatéralisme dépendaient de sa perception de la configuration du système international. Pendant cette
période, la France se présente comme une force de proposition, mais
elle doit surtout batailler au quotidien pour préserver son rang et sa
crédibilité.

Les logiques du multilatéralisme

Le multilatéralisme était invoqué afin que les Etats-Unis s'engagent face aux désordres du monde, rappelant son rôle dans la création du système multilatéral en 1945. Comme au début de la guerre froide les Français veulent être aux avant- postes, aux côtés des Etats-Unis et à égalité avec eux. Après les élections de 1994, une majorité républicaine est entrée au Congrès, peu portée sur les engagements internationaux, le multilatéralisme servant alors d'argument pour éviter un repli des Américains sur leurs problèmes intérieurs. Bill Clinton demande même à Jacques Chirac d'insister auprès du Congrès sur l'importance de l'aide au développement et au versement des contributions américaines aux Nations unies[1] - au moment même où l'aide publique au développement (APD) française connait une forte baisse, qui dura tout au long des années 1990. La France, inquiète de l'affaiblissement de Bill Clinton à cause de sa vie privée, intervient alors que les Etats-Unis ne rallient ni le protocole de Kyoto, ni le traité sur les mines antipersonnel, ni la Cour pénale internationale. Cet effort pour engager les Etats-Unis est moins visible lors du second mandat de Jacques Chirac, même si Philippe Douste-Blazy fait la leçon aux Américains sur son initiative UNITAID, en invoquant l'importance de la lutte contre le sida sur la lutte contre le terrorisme, alors même que Bush a doublé l'argent pour lutter contre cette épidémie. A la différence de 1945, les Etats-Unis ne semblent pas prêts à participer à une grande réforme de l'ONU et du multilatéralisme. Ils n'en ont plus vraiment ni la volonté ni les moyens : Ils sont confrontés à un encombrement institutionnel, un empilement de dispositifs et d'acteurs et à un agenda bien plus complexe.

Comme au début des années 1950 ou des années 1980, le risque que les Etats-Unis dramatisent la cause commune et agissent de manière unilatérale existe. Le multilatéralisme sert alors à équilibrer voire contrôler les pulsions unilatérales de Washington. Le président Jacques Chirac rappelle que face au terrorisme et à la prolifération des armes de destruction massive, il faut agir « dans le cadre des traités existants », trouver « des instruments plus efficaces aux Nations unies, au G8 et entre Européens »[2]. Pour les Etats-Unis,

---

1. Jacques Chirac, *Le temps présidentiel. Mémoires,* Tome 2, Paris, NiL éditions, 2011, p . 125 (ci-après *Mémoires*).
2. Discours devant la conférence des ambassadeurs, 27 août 2004

les discussions sur l'Irak montrent que les Nations unies ne sont pas à la hauteur des défis, tandis que les Français estiment que la politique américaine affaiblit les Nations unies. A l'Assemblée générale des Nations unies, Jacques Chirac affirme que le multilatéralisme est « essentiel », car il permet « la participation de tous à la gestion des affaires du monde », mais surtout il est « efficace », puisqu'il a permis à Monterrey et Johannesburg de « dépasser l'affrontement Nord-Sud », il est « moderne », car « lui seul permet d'appréhender les problèmes contemporains dans leur globalité et leur complexité », en particulier, le règlement des conflits, la lutte contre le terrorisme et contre la prolifération nucléaire[3]. A Monterrey comme à Johannesburg, Jacques Chirac avait cherché à sauver le multilatéralisme à l'encontre des néoconservateurs américains (et français) qui jugeaient que l'assassinat de Massoud et le 11 septembre 2001 étaient des conséquences directes de la conférence de Durban, à savoir d'un multilatéralisme dévoyé, dominé par les voix antiaméricaines et antisémites.

La France, dans le cadre de l'Union européenne notamment, prône le « multilatéralisme effectif » : loin d'être uniquement une tribune où les Etats font des effets de manche ou un simple *talking shop* incapable de prendre des décisions et d'agir, les enceintes et organisations multilatérales pourraient non seulement mener des actions efficaces, mais ces actions seraient d'autant plus efficaces parce que légitimes. La France doit également faire face à la tentation récurrente des Etats-Unis, constatant le poids des Etats non démocratiques aux Nations unies, de créer une ligue de pays ayant les mêmes valeurs. Ainsi en 2000, Madeleine Albright s'active pour la création de la Communauté des démocraties. L'initiative est peu probante et la France se montre immédiatement sceptique. L'idée reste toutefois présente et resurgit lors de la campagne électorale de 2008, dans les deux camps du paysage politique américain.

Après 2003, la défense du multilatéralisme apparaît à Washington comme un moyen de délégitimer toute action américaine qui ne respecterait pas les pratiques et les valeurs de ce multilatéralisme. À propos de la crise irakienne de 2003, Jacques Chirac oppose « d'un côté, une démarche multilatérale et légaliste. De l'autre, une logique dominatrice et manichéenne, privilégiant la force plutôt que le

---

3. Discours à l'Assemblée générale des Nations unies, 23 septembre 2003.

droit »[4]. Les Etats-Unis deviennent, d'une certaine manière, le principal *rogue state* sur la scène internationale. Avec l'enlisement américain en Irak, la perte de légitimité internationale de l'administration Bush, et les critiques croissantes à l'égard des conséquences du libéralisme économique, la France pouvait prétendre porter un projet alternatif et devient de plus en plus active comme force de déclaration et de proposition dans le monde. Durant la guerre froide, la France s'en prenait au bellicisme des deux Grands et à leur utilisation de cette rivalité pour s'imposer aux autres pays. Dans la *Global War on Terror* (GWOT), l'administration Bush et les islamistes radicaux adoptent, d'une certaine manière, une vision semblable d'un monde lancé dans une guerre totale, utilisant la rhétorique du combat pour mobiliser. Dans ce contexte, la France propose de protéger le reste du monde de ce conflit, comme elle avait essayé de le faire durant la guerre froide, en tendant la main aux « modérés », en invoquant le dialogue et en mettant sur la table un agenda différent.

Les Américains eurent l'impression d'un retour du gaullisme prônant une France indépendante ayant vocation au leadership mondial. En janvier 2007, l'ambassade à Paris note que lors des vœux au corps diplomatique, le Président n'a pas mentionné une seule fois les Etats-Unis et continue sur son idée que la politique française est une alternative après la fin de la victoire proclamée du libéralisme. D'une certaine manière, c'était une réponse au nouveau cycle de débats sur le déclin français, qui dura de 2003 à 2007. Les télégrammes publiés sur *Wikileaks* montrent à quel point les Américains ont vu la Convention de 2005 sur la diversité culturelle de l'UNESCO comme une machine de guerre anti-américaine et anti-libérale. Les diplomates américains à Paris déploraient les pressions exercées sur nombre d'Etats, parlaient d' « hystérie de masse », les dirigeants français invoquant une course contre la montre face aux traités bilatéraux signés par les Etats-Unis et aux négociations du cycle de Doha ; ils raillaient la légion d'honneur remise au Sud-Africain Kader Asmal, qui avait présidé les négociations.

Toutefois, il ne faut pas exagérer l'obsession américaine de la France. Même s'il était question d'hyperpuissance américaine, la tendance à la multi polarisation semblait déjà une évidence. Certes, elle pouvait être un atout face aux Etats-Unis, mais elle représentait aussi des

---

4. *Mémoires*, p. 388.

risques. Risque de retour à des conflits, puisque les nouveaux pays émergents sont loin d'avoir fait le deuil du nationalisme, celui-ci nourri par leur montée en puissance. Risque de remise en cause des règles du jeu dont profite la France, voire la création d'organisations dont elle serait absente. Risque d'« effet Yalta », si ces pôles rentrent dans un processus de rivalité/compétition/coopération directe avec les Etats-Unis. Au-delà même du risque de conflit à l'échelle mondiale, le pire serait alors une mise sur la touche de la France et de l'Europe. L'idéal serait que ces nouveaux pôles renforcent les institutions existantes, notamment par un apport financier, comme par exemple pour l'aide au développement ou un apport de troupes pour les opérations de maintien de la paix. La multipolarisation n'est donc pas gage de multilatéralisme, même si Jacques Chirac affirmait qu' « il nous appartient collectivement d'inventer les règles du jeu d'un monde multipolaire dans le cadre du système international fondé sur la Charte des Nations unies, qui est notre loi commune »[5]. En fait, Jacques Chirac voulait utiliser trois moyens pour maintenir l'influence de la France : l'Europe, le multilatéralisme et les liens privilégiés avec les pôles émergents. L'Europe forte serait un pôle crédible, vecteur et levier de l'influence française. Le multilatéralisme serait la réponse appropriée à l'émergence d'un monde multipolaire parce qu'il serait un ciment fédérateur ; mais la France devait se présenter en champion du multilatéralisme et maintenir ses contributions pour conserver sa place, et améliorer le système et ainsi justifier son existence par son efficacité. Créer des partenariats stratégiques avec les pôles émergents, les grands Etats comme le Brésil et l'Inde ou des organisations régionales comme la Communauté économique des Etats de l'Afrique de l'Ouest ou l'Union africaine, c'était à la fois un moyen d'engager ces pôles dans le système et une assurance-risque en cas d'échec.

Le multilatéralisme offensif et ses limites

Proposant des réformes institutionnelles et organisant de grandes conférences multi-acteurs, la France a pratiqué un multilatéralisme « offensif ».

---

5. Discours devant la conférence des ambassadeurs, 27 août 2004.

Durant les années 1990, les ONG et la « société civile » poussent à la réforme de la gouvernance globale ; durant la décennie suivante, ce sont les Etats qui occupent le devant de la scène et multiplient les projets. De son côté, la France, par son goût pour l' « architecture » institutionnelle du type « jardin à la française » entend montrer qu'elle est un élément moteur de cette gouvernance et propose maintes réformes. Celle de la création du Conseil de sécurité économique avait été formulée par Jacques Delors dès les années 1980. L'Internationale Socialiste et Pascal Lamy, avant de devenir directeur général de l'OMC, réfléchissaient au début des années 2000 à un Conseil du développement durable. La revitalisation du Conseil économique et social de l'ONU (ECOSOC), dans lequel la France joua un rôle certain durant les années 1950, paraissant hors de portée, la diplomatie française propose à plusieurs reprises la création d'un Conseil de sécurité économique et social qui traiterait également de questions environnementales, tout en militant pour le renforcement des institutions déjà existantes pour l'environnement, l'alimentation, la santé publique et la diversité culturelle.

Une Organisation mondiale de l'environnement (OME) destinée à équilibrer l'OMC avait été souhaitée par Helmut Kohl, Jacques Delors et Michel Camdessus. Lionel Jospin fut tenté par cette idée allemande et européenne. Mais c'est une Organisation des Nations unies pour l'environnement (ONUE) qui devient rapidement un projet consensuel à droite comme à gauche. En fait, il semble que l'objectif des propositions institutionnelles françaises était de maintenir la question de la gouvernance de l'environnement à l'ordre du jour, avec un projet moins ambitieux que l'OME, d'autant qu'à Johannesburg les questions environnementales furent marginalisées, les MDG imposant l'agenda de la lutte contre la pauvreté. La France obtient le soutien de l'Union européenne et de la francophonie, mais les Etats-Unis, la Russie, le Japon et l'Australie y étaient opposés, craignant d'être assujettis à de nouvelles normes et de devoir financer une nouvelle organisation. Les Etats-Unis ne voulaient rien qui puisse ressembler à un gouvernement bureaucratique mondial. Si le Mexique, l'Afrique du Sud et la Chine étaient intéressés, les pays en développement demeuraient méfiants, et les organisations internationales ne voyaient pas d'un bon oeil émerger un concurrent[6]. La France réduit alors l'ambition de son projet, fondé sur le diagnostic d'une gouvernance environnementale trop fragmentée et pourtant largement partagée. Elle ne parvient même pas à faire du Programme des Nations unies pour l'environnement (PNUE) une agence spécialisée, et la question de la gouvernance de l'environnement n'apparait guère dans les projets de réforme de l'ONU en 2005. La France souhaitait également la mise en place d'un mécanisme international pour l'expertise scientifique sur la biodiversité, qui aurait été l'équivalent du Groupe d'experts intergouvernemental sur l'évolution du climat (GIEC) mais, à nouveau, les Etats-Unis comme le Brésil s'y opposent, considérant qu'il était inutile d'ajouter ce volet, la Convention sur la Diversité Biologique de 1992 étant jugée suffisante.

Au G7 de Lyon en 1997, la France convie le secrétaire général des Nations unies, le président de la Banque mondiale et les directeurs généraux du FMI et de l'OMC. A Evian en 2003, l'ouverture fut poursuivie. Parce qu'elle ne pouvait pas ou ne voulait pas vraiment (malgré les discours officiels) réformer le Conseil de Sécurité des Nations unies, la diplomatie française était tentée par une sorte d'Evian élargie, réunissant les pays du G8, des émergents, des représentants des PMA, des institutions multilatérales (FMI, Banque Mondiale, OMC, le Secrétaire Général des Nations Unies) avec des fonctions d'anticipation, d'orientation et de coordination. Mais ce n'est pas une spécificité française, les propositions de réforme/élargissement du G7/G8 s'étant multipliés, avec un activisme particulier du Canada[7]. En janvier 2005, la France organise une conférence internationale sur la biodiversité et la gouvernance. La conférence sur la gouvernance écologique de février 2007 fut un grand show réussi, porté par le film d'Al Gore (et le Pacte écologique de Nicolas Hulot), l'évolution de la position de Bush sur la question du réchauffement climatique, et la publication du rapport du GIEC. Un mois

---

6. Philippe Le Prestre, « Gouvernance internationale de l'environnement. Une initiative française », *Annuaire Français des Relations Internationales,* 2006, et "La gouvernance internationale de l'environnement. Une réforme élusive », *Etudes internationales,* Juin 2008.
7. Peter I. Hajnal, "Summitry from G5 to L20 : A Review of Reform Initiatives", *The Center for International Governance Innovation Working Paper* n°20, mars 2007.

après, était organisée une conférence internationale sur la protection de la santé dans les pays en développement.

Hors du Conseil de Sécurité, où elle est à l'initiative de nombreuses résolutions, notamment sur l'Afrique, la France ne pèse pas suffisamment dans les organisations existantes. Elle participe moins au PNUE que le Royaume Uni et l'Allemagne, elle contribue peu à l'OMS où elle est concurrencée par les fondations dont le poids allait croissant. Elle n'a pas de rôle important dans l'élaboration des grandes conventions sur l'environnement, elle est sous-représentée dans les échelons décisionnels des institutions multilatérales, notamment de la Banque Mondiale, et a donc du mal à peser sur leurs orientations géographiques et sectorielles. Si, durant vingt-deux ans (1978-2000), deux Français dirigent le FMI le poste est perdu jusqu'en 2007. Les Etats-Unis ne veulent pas du renouvellement de Boutros Boutros-Ghali au Secrétariat général de l'ONU et la France, après un rude combat, finit par se résoudre à son remplacement par Kofi Annan. Elle obtient en compensation la direction du *Department of Peacekeeping Operations* (DPKO), qu'elle conserve depuis. Mais c'était, à l'époque, une compensation bien faible. En effet, après les interventions en Bosnie, en Somalie et au Rwanda, les effectifs des casques bleus déployés étaient retombés à 6000 hommes : à peine créé le DPKO perdait du personnel et risquait d'être repris par le Département des affaires politiques. Toutefois, deux ans plus tard, cette direction reprend de l'importance avec 50 000 soldats.

La France privilégie souvent les postes en vue au détriment des postes stratégiques et ses fonctionnaires internationaux deviennent âgés. La Mission des fonctionnaires internationaux, créée en 1995, a du mal à trouver ses marques et le passage par une organisation internationale n'est pas devenu un tremplin de carrière[8]. En 2008, Le rapport Tenzer déplore que les réunions techniques sur l'environnement et la santé se déroulent sans experts français, que la France pèse peu sur l'élaboration de la *soft law*, comme sur le marché de la consultance, et en définitive qu'elle a peu d'influence dans les organisations internationales, même lorsque sa contribution n'est pas négligeable. La France manque de grandes personnalités multi-casquettes capables

---

8. Meryll David, « Les stratégies d'influence des Etats membres sur le processus de recrutement des organisations internationales : le cas de la France », *Revue française d'administration publique*, 2008, n°126.

de faire avancer des concepts, comme Gareth Evans, Lord Axworthy, Francis Deng ou John Ruggie[9].

Malgré le discours sur le multilatéralisme comme identité de la France à l'international et une forme de ralliement à un « multilatéralisme de conviction », « une conception intergouvernementale souverainiste et hiérarchisée des institutions multilatérales »[10] persiste. Hubert Védrine est sceptique quant à l'existence même d'une communauté internationale. Le paysage décrit par Alain Juppé et Hubert Védrine est plutôt celui d'une arène dans laquelle la France doit ajuster ses ambitions et son discours à ses moyens, et ne doit plus croire qu'elle occupe toujours une position centrale. Rien n'est dû à la France, et il s'agit de mener une bataille permanente pour conserver sa place dans un monde où la négociation est certes omniprésente, mais où la coopération et l'entente sont rares ; un monde qui reste « brutal, très concurrentiel et compétitif, dans lequel chacun continue à lutter pour sa survie, sa sécurité, ses intérêts vitaux[11]. Les enceintes multilatérales étaient les lieux où la France pouvait et devait exister. Mais à Genève, devenue la capitale de la régulation de la mondialisation, et où les pays du Sud peuvent, plus qu'à New York, se faire entendre, la France ne tirait aucun avantage réel de son statut de membre permanent et devait donc en permanence mériter sa place.

Or la France manquait parfois de crédibilité. Malgré les discours sur les institutions internationales comme garantes de la démocratie et de l'égalité des Etats, la France privilégiait souvent la diplomatie de club et le « mini multilatéralisme », à savoir le Conseil de Sécurité et le G8. Après avoir été un des plus gros contributeurs de troupes dans les opérations de maintien de la paix au début des années 1990, la France a pris, comme la plupart des grands pays, des distances avec le système onusien suite aux enlisements en ex-Yougoslavie. Elle a

---

9. Anoulak Kittikhoun et Thomas G. Weiss, "The Myth of Scholarly Irrelevance for the United Nations", *International Studies Review*, 2011, n°13(1).

10. Delphine Placidi, *Le multilatéralisme onusien dans les politiques extérieures française et russe depuis 1945. Ressources et contraintes de la coopération internationale,* Thèse Sciences Po, 2008, conclusion.

11. Entretien avec Hubert Védrine, In : Samy Cohen (dir.) *Les diplomates. Négocier dans un monde chaotique*, Paris, Autrement, 2002 ; Philippe Faure, secrétaire général du MAE, « La place de la France dans le monde, un défi permanent », *Revue Internationale et Stratégique*, Automne 2006.

privilégié la « sous-traitance » des opérations, notamment lorsqu'elle s'est montrée plus active à partir de 2003, à un moment où il était important pour le pays de montrer la légalité de ses interventions, à la différence de la guerre en Irak. Mais la France, n'ayant presque plus de troupes sous drapeau onusien, découvrait que les gros contributeurs financiers et les pays qui fournissaient des troupes réclamaient d'être associés à la définition des mandats des opérations. Comme les Etats-Unis, la France était tentée par l'habillage multilatéral de sa politique (en Afrique), par les *coalitions of the willing*, « alliances ad hoc » qui devaient être plus efficaces et permettre à la France d'être plus visible (UNITAID), et par le « forum shopping », lorsqu'elle joua l'UNESCO contre l'OMC sur la diversité culturelle.

Si les Sommets du G7/8 organisés par la France sont considérés comme réussis, la France restait la mauvaise élève pour la mise en œuvre effective, malgré quelques progrès à l'époque de Jacques Chirac[12]. Dans le processus de négociation sur la Cour Pénale Internationale, la délégation française s'est efforcée d'exercer un leadership et de la modeler en fonction des pratiques judiciaires françaises. Mais le ministère de la Défense était hostile à cette Cour, de même que Jacques Chirac, qui sembla traîner les pieds pour collaborer avec le TPIY. La position française a donc paru en contradiction avec ses valeurs et son identité internationale, avec l'opinion, et avec ses partenaires européens – et notamment les Britanniques qui, dès l'arrivée de Tony Blair et de Robin Cook, jouèrent un rôle moteur dans la coalition pour la CPI. Le gouvernement socialiste se rallia sans illusions, le Président suivit pour éviter une crise inutile, et la France signa à reculons, non sans avoir imposé l'article 124 et sa clause de sept ans, critiquée au Parlement même[13].

Un des enjeux majeurs dans les négociations climatiques, lorsqu'il fallait tenter d'associer les pays du Sud, fut de restaurer la crédibilité de la France et de l'Europe qui n'avaient guère baissé leurs émissions. La France était également discréditée sur la scène communautaire, comme le notait un rapport de 2006 de la commission des Finances du Sénat, car elle était en retard dans la transposition des

---

12. Hugo Dobson, *The Group of 7/8*, Londres, Routledge, 2007, p. 38-39.
13. Sur la comparaison entre les positions française et britannique, Joshua W. Busby, *Moral Movements and Foreign Policy*, Cambridge, Cambridge University Press, 2010, chapitre 6.

directives communautaires dans le domaine de l'environnement, et était menacée de sanctions record, même si la situation s'améliora à la fin du second mandat chiraquien. Des affaires célèbres, comme celle du *Clemenceau* (2005-2006), ont nui à l'image de la France. Celle-ci était présentée par Jacques Chirac comme l'incarnation de « la liberté, de la justice et de la solidarité», comme un pays moderne avec des grandes entreprises à l'international, attractif pour les investissements et les grands projets de recherche (ITER). Mais à l'extérieur, elle était souvent aussi jugée protectionniste, engoncée dans un modèle économique et social suranné, minée par les affaires et la corruption (« pétrole contre nourriture »), soutenant, dans une relation néocoloniale, une clientèle africaine de plus en plus étroite et de plus en plus critiquée pour sa corruption et son non-respect des droits de l'homme, dirigée par une classe politique âgée, en pleine crise identitaire et confrontée à des émeutes « ethno-religieuses ».

L'environnement n'a pas été porté par un grand ministère et les titulaires ont souvent eu l'impression de manquer de poids et de moyens budgétaires. Les ministres et secrétaires d'Etat pour la Coopération se succédèrent à grande vitesse, et n'avaient pas le poids politique de Claire Short, en Grande-Bretagne. Le rapport Gentilini traça un tableau alarmant de la coopération sanitaire française (diminution de l'aide bilatérale, poids déclinant de la France à l'OMS). Même si la France était le second contributeur au Fonds Mondial contre le Sida, elle ne consacrait que 4% de son APD à la santé, contre 10% en moyenne pour les pays développés. Le Livre Blanc de 2008 nota « un décalage croissant entre les discours politiques très engagés et les moyens affectés à la santé mondiale ». Les chiffres encourageants sur l'augmentation de l'APD étaient critiqués : ils comprenaient de manière excessive les annulations de dette (notamment celle de l'Irak), et s'inséraient dans un mouvement général de hausse lié aux Objectifs du Millénaire et aux pressions de la « société civile » et de ses « stars » médiatiques.

Bref, si la France jouissait d'une rente de situation dans le système multilatéral, ses fonctionnaires devaient se battre pour qu'elle ne s'amenuisât pas. Ce travail était difficile, lorsque les moyens financiers faisaient défaut (baisse du budget du MAE, poids des dépenses de fonctionnement) et étaient trop éparpillés, lorsque les moyens humains s'amenuisaient (10% de réduction des effectifs pour le seul MAE durant les années Chirac), et lorsque la France ne se mettait pas en conformité avec son discours louant le multilatéralisme. Faute de pouvoir être un pilote du paquebot multilatéral, et pour ne pas être un simple passager, la France prit le rôle de vigie.

La rhétorique du global

Lorsque dans un entretien au *Time* du 4 décembre 1995, Jacques Chirac avait présenté les objectifs de son septennat en matière de politique étrangère. La nécessité de « prendre conscience de grands problèmes, tels l'aide au développement, le chômage, la stabilité monétaire, la drogue, le terrorisme, et d'essayer de leur apporter une solution », arrivait loin derrière la réussite de l'Union européenne, la modernisation de l'Alliance atlantique et la création d'un pilier européen de défense, ou encore le développement de la solidarité avec la région méditerranéenne et l'Afrique. Les grandes questions globales avaient été soulevées durant les années 1970, et la France avait été en pointe en s'autoproclamant porte-parole du Sud tout en créant le G5. La seconde Guerre Froide fit revenir au primat du stratégique. La réémergence des questions globales à la fin des années 1980 contribua à délégitimer la guerre froide et à y mettre fin ; durant la première moitié des années 1990, elles remplissaient l'agenda international. La fin des années 1990 fit toutefois ressurgir le discours sur la puissance et sur les rivalités internationales, avec l'affirmation des Etats-Unis comme « puissance indispensable », le « retour » de la Russie et l' « émergence » de la Chine et de l'Inde.

Jacques Chirac a œuvré, après le 11 septembre 2001, pour que les questions globales ne soient pas oubliées au profit de la seule *Global War On Terror* (GWOT) ou cannibalisées par celle-ci. La focalisation américaine sur la sécurité ouvrait même une fenêtre d'opportunité pour la France. La rhétorique catastrophiste semblait une réponse à la dramatisation « néoconservatrice » sur le terrorisme, la prolifération (et en particulier l'Iran), ou le prétendu génocide au Darfour. Le 18 septembre 2006, à Jean-Pierre Elkabbach qui évoquait « le retour à l'esprit défaitiste de Munich » révélé par la volonté de « parler avec l'Iran d'Ahmadinejad qui veut la disparition de l'Etat d'Israël », Jacques Chirac répondit qu'il ne voyait pas la comparaison. Mais il avait lié lui aussi Munich et l'Holocauste dans son discours de Johanesburg : « Nous ne pourrons pas dire que nous ne savions pas ! Le XXe siècle restera dans les mémoires comme celui des crimes contre l'humanité. Prenons garde que le XXIe siècle ne devienne pas, pour les générations futures, celui d'un crime de l'humanité contre la vie. Notre responsabilité collective est engagée ». Le 28 juin 2006, face à la presse étrangère, Philippe Douste-Blazy fit remarquer qu'on parlait beaucoup de prolifération nucléaire, alors qu' « on parle beaucoup moins de l'arme de destruction massive, réelle en fait, qui est sur la planète aujourd'hui et qui fonctionne tous les jours, la grande pauvreté », laquelle a des conséquences sur la santé publique.

La rhétorique globaliste apparaît donc, en partie, comme une réponse à l'unipolarité et surtout à l'unilatéralisme et aux prétentions hégémoniques des Etats-Unis. Jacques Chirac estimait nécessaire, « tandis que l'Irak bascule dans une guerre que je n'ai pas réussi à éviter », « d'organiser cette autre coalition, sans doute plus juste et plus nécessaire (...) : la coalition des peuples et des Etats soucieux de préserver les équilibres naturels de notre planète, de parvenir à un meilleur partage des richesses et des ressources en faveur des continents les plus vulnérables, de lutter contre la pauvreté et le fléau des grandes pandémies, de défendre partout la cause de la paix, de la sécurité et de la coopération. Je souhaite que la France soit de nouveau en première ligne dans ce combat vital pour l'avenir de l'humanité »[14]. Les Américains eurent l'impression d'un retour de la tradition gaulliste, la France indépendante ayant vocation au leadership mondial. Comme pour la Nouvelle Pensée de Gorbatchev, la rhétorique globaliste et visionnaire est liée à la volonté d'affirmer une identité et un statut, au moment où le pays n'a plus les moyens de peser par les voies traditionnelles[15] – la France ne pouvant ni peser diplomatiquement pour empêcher la guerre en Irak, ni mettre suffisamment de forces pour compter auprès de Washington.

Dès son arrivée au pouvoir, Jacques Chirac s'était forgé une stature d'homme d'action en poussant les Etats-Unis à prendre leurs responsabilités en Bosnie. Déjà, il dramatisait la situation au Sud, Sur les questions environnementales, il utilisa une rhétorique assez similaire, parlant d'urgence, de risque de catastrophe, de la nécessité d'agir vigoureusement, du manque de volonté des pays du Nord[16].

---

14. *Mémoires*, *op. cit.*, p. 401.
15. Deborah Welch Larson et Alexei Shevchenko, « Redrawing the Soviet power line : Gorbachev and the end of the Cold War », In : Ernest R. May & alii (eds.), *History and Neorealism*, Cambridge, Cambridge University Press, 2010.
16. Voir, parmi d'autres, le discours prononcé à La Haye le 20 novembre 2000 pour la conférence des parties de la convention sur le changement climatique.

A la conférence de Paris de février 2007 sur l'environnement, il appela « tous les Etats, sans exception, à rejoindre le combat », car « il en va de l'avenir de l'humanité ». Lors des conférences des ambassadeurs, les diplomates sont exhortés d'être à l'avant-garde de l'action. Au-delà de la rhétorique ronronnante du multilatéralisme, Dominique de Villepin a dramatisé également les enjeux : non seulement il reprit la thématique commune du centre confronté à une périphérie chaotique, la vision traditionnelle de l'internationalisme libéral de risques provoqués par l'interdépendance (en utilisant la métaphore du battement d'aile du papillon), mais il estimait qu'à la bipolarité pouvaient succéder le chaos et le vide de puissance, les Etats-Unis n'étant pas, malgré leurs prétentions, facteurs d'ordre hégémonique. Il fallait donc dépasser les voies traditionnelles de la diplomatie. L'action collective devait remplir le vide stratégique. En se plaçant à l'avant-garde du combat, la France redonnait la primauté au politique, contre la technocratie du multilatéralisme traditionnel. La logique sécuritaire du discours global avait déjà été clairement exprimée au début du premier mandat. Après l'euphorie de la fin de la guerre froide, les cris d'alarme se multipliaient alors pour montrer que le monde restait dangereux, et que le danger venait de la décomposition du Sud. Pierre Lellouche et Jean-Christophe Rufin en France, ou Robert Kaplan aux Etats-Unis, avaient peint le monde nouveau sous les couleurs les plus sombres. Devant le Congrès américain le 1er février 1996, Jacques Chirac agita « la bombe à retardement qui nous menace » au Sud, avec le sida, l'immigration, la drogue, la prolifération nucléaire, le fanatisme religieux et les haines ethniques. La seule barrière serait la solidarité, le « seul rempart contre le désordre et l'arbitraire dans les relations internationales » serait les Nations Unies, et le président appela donc les Etats-Unis à s'engager. Le but était clairement de ne pas oublier le Sud qui ne se composait pas seulement de « marchés émergents » et d' Etats-pivots ». La France, après 2001, n'a pas été obsédée par la thématique des « Etats faillis », d'autant qu'elle fut réticente à épouser le vocabulaire de la « sécurité humaine ». Mais cette thématique permettait de légitimer l'aide, et notamment aux « orphelins de l'aide », ces Etats qui, notamment en Afrique, ne répondaient pas aux critères d'attribution fondées sur les « bonnes pratiques » des gouvernements.

Toutefois, si la rhétorique française s'inscrivait dans une prétention historique à l'universel, dans une diplomatie déclaratoire traditionnelle et dans une quête récurrente de statut, elle était diluée dans un paysage médiatique globalisé. Depuis 1997, Kofi Annan essayait de redonner une bonne image des Nations Unies après la tragédie rwandaise, et n'hésitait pas à se mettre en scène – obligant la France à prendre du lustre en approuvant ses initiatives et ses mots d'ordre. Face aux critiques des altermondialistes, le G7 et le Forum de Davos s'étaient glamourisés à grand renfort de stars. Le *New York Times* demanda en 2005 si Angelina Jolie pouvait vraiment sauver le monde, et le *Time* fit de Bono et de Bill Gates les hommes de l'année 2005. Bill Clinton et surtout Al Gore voguaient sur cette vague de starisation. Bono avait assisté à des réunions de sherpas avant les sommets du G8 et avait réussi plus que Jacques Chirac à convaincre les Républicains (en particulier Jesse Helms) de reprendre le chemin de l'aide au développement ; il était aux côtés de George Bush lors du lancement du Millenium Challenge Account. Bob Geldof et Tony Blair se sont « partagés le travail » en 2005 pour mettre l'Afrique, la pauvreté et le sida, thèmes chers à Jacques Chirac, en haut de l'agenda du G8 de Gleneagles, tandis que Bono lançait Product RED à Davos en 2006, dont les profits étaient destinés au Fond mondial contre le sida, la tuberculose et la malaria[17]. Confronté à cette concurrence, le président français pouvait apparaître comme un dinosaure en fin de carrière. Si Nicolas Hulot prenait le manteau de « célébrité expert », il était connu seulement en France. Les Britanniques semblaient plus à l'aise pour orchestrer leurs grandes priorités pour le bien du monde et pour mettre en scène leur action. La vraie starification de Jacques Chirac était intervenue auparavant, de par son opposition à la guerre en Irak.

Dans ses *Mémoires*, Jacques Chirac justifie son « globalisme » par la nécessité de restaurer l'unité de la communauté internationale après les tensions sur l'Irak en 2003, même s'il ne s'en juge pas responsable[18]. Mais ne s'agit-il pas également de restaurer l'unité française

---

17. Andrew Cooper, « Beyond One Image Fits All : Bono and the Complexity of Celebrity Diplomacy », *Global Governance*, 2008, n°14(2), Geoffrey A. Pigman et John Kotsopoulos, "Do This One for Me": Blair, Brown, Bono, Bush and Actrorness of the G8", *Hague Journal of Diplomacy*, 2007, n°2(2); Daniel W. Drezner, "Foreign Policy Goes Glam", *The National Interest*, Novembre-décembre 2007; Mark D. Alleyne, "The Unites Nations' Celebrity Diplomacy", *SAIS Review*, printemps 2005.
18. *Mémoires, op. cit.*, p. 435.

après le choc du 21 avril 2001, en invoquant la justice, la solidarité, la diversité du monde, le dialogue des peuples et des cultures ? Il y aurait à la fois une posture de réconciliation des Français, à la De Gaulle, et la nécessité de ressouder la France face à un monde dangereux : « De la même façon que je plaide, en un moment crucial de l'histoire de l'humanité, pour le dialogue des peuples et des cultures, je veux être, plus que jamais, le président d'une France rassemblée autour de ses idéaux et sachant tirer parti de ses différences (…) Mon rôle sera de mieux protéger encore la France de tout ce qui peut la diviser, l'isoler, la réduire ou la détourner de sa véritable identité »[19]. N'est-ce pas un détour tribunicien d'un président en définitive mal élu en 2002, et assez impopulaire à l'intérieur ? La popularité à l'extérieur pouvait par ricochet améliorer son image dégradée à l'intérieur. La consultation des ONG était un moyen pour le Président de trouver des relais pour améliorer son image. La majorité de l'opinion française considérait que la mondialisation était une menace et creusait le fossé entre le Nord et le Sud ; seuls 10% des Français jugeaient souhaitable un leadership américain fort dans les affaires internationales[20].

En revanche, avant les élections de 2002, il s'agissait plutôt de couper l'herbe sous le pied de la gauche. Il faudrait mieux connaître le rôle des réseaux gay transpartisans dans le choix du président de privilégier la mobilisation contre le sida, mais aussi se demander en quoi cette mobilisation put être un moyen d'attirer un électorat homosexuel plutôt orienté à gauche. Jacques Chirac et son entourage ont flirté avec les altermondialistes et leurs idées (ainsi des réflexions sur la taxation des mouvements de capitaux), et ont insisté sur le modèle social français et européen, « fait de justice et de solidarité, exemplaire sur le plan planétaire ». Contre le statu quo de l'orthodoxie financière qu'il accusait la gauche de favoriser, il appelait à la mise en place d' « un système de solidarité mondiale, une sorte de sécurité sociale universelle, semblable à celle que nous avions mise en place dans les pays occidentaux »[21]. Jean-Michel Severino, à la tête de l'Agence Française de Développement, insista sur cette

---

19. *Mémoires, op. cit.,* p. 353.
20. Jean-François Bureau, « L'étranger dans le champ de vision des Français », *Politique étrangère*, 2002/4.
21. *Mémoires, op. cit.,* p. 498.

« question sociale globale » en la comparant à la question sociale au XIXe siècle, et sur la nécessité de la garder sous contrôle plutôt que de la résoudre. Le discours chiraquien sur la fracture sociale, si utile en 1995, a été transféré sur le plan international, qu'il s'agisse de la fracture sociale ou de la « fracture sanitaire ».

La France pouvait paraître contester un système dont elle profitait et dont elle avait contribué à fixer les règles. De 1987 à 2000, Michel Camdessus était directeur du FMI, Pascal Lamy, après avoir des années négocié pour l'Union européenne à l'OMC devint directeur de l'organisation en 2005, Jean-Claude Trichet dirigea la BCE à partir de 2003. En effet, il ne s'agissait pas seulement pour la France de compenser par le verbe la faiblesse des moyens. Flatter les pays émergents par un discours sur la démocratisation du système international, et sur l'élargissement du Conseil de Sécurité et du G8, était un moyen de renforcer la diplomatie économique de la France, marquée par la VRPisation des voyages présidentiels. Jacques Chirac exhortait les entreprises à sortir du cadre européen pour aller à la conquête du monde et les diplomates à les accompagner. Les thématiques privilégiées du président renvoient aux secteurs les plus puissants de l'industrie française. Alors que la filière nucléaire déclinait à l'étranger, la rhétorique climatique lui permit de « se refaire une virginité », et d'apparaître comme la solution pour sauver l'atmosphère. L'image du nucléaire put ainsi s'améliorer en France, et les exportations de la filière purent reprendre[22].

Il faudrait mieux connaître le rôle de Jérôme Monod, si marqué par les succès internationaux de la Lyonnaise des Eaux et soucieux d'insérer les entreprises françaises dans le Global Compact, pour forger l'image de son ami Jacques Chirac comme symbole d'une génération d'hommes d'action qui pensent « qu'un monde invivable n'est pas l'horizon inéluctable de l'humanité »[23]. La France mit en effet la question de l'eau au centre de l'agenda, notamment dans le cadre de la réflexion sur les biens publics mondiaux. Or elle a une vieille tradition de pratiques concessionnaires. Ont été constituées de puissantes *multiutilities firms*, Suez-Ondeo et Veolia, issus des

---

22. Emmanuelle Mühlenhöver, *L'environnement en politique étrangère: raisons et illusions. Une analyse de l'argument environnemental dans les diplomaties électronucléaires française et américaine*, Paris, L'Harmattan, 2002, p. 152-157.

23. Jérôme Monod, *Les vagues du temps. Mémoires*, Paris, Fayard, 2009, p. 377.

recompositions capitalistes des années 1990. Ces firmes, dotées d'un savoir-faire technique et juridique, ont profité des politiques de privatisation en Europe, aux Etats-Unis et dans les pays du Sud, où elles ont été encouragées, voire imposées, par les institutions financières internationales. Elles se sont adaptées au discours sur l'éthique et le développement durable, participant à la diplomatie internationale de l'eau, d'autant qu'elles subirent des revers en Amérique latine et étaient critiquées en France même[24]. Sur la question de la diversité culturelle, la France chercha à protéger le système d'aide aux industries cinématographiques, lesquelles, comme les aides agricoles, profitaient aux plus gros producteurs, que l'enjeu portait surtout sur les réseaux numériques. Pour l'industrie pharmaceutique, il fallait créer une nouvelle image après la mobilisation pour l'accès aux médicaments des populations du Sud, qui avait été forte de 1998 à 2002, et trouver de nouveaux horizons commerciaux alors que les dépenses de santé étaient comprimées dans les pays développés, que la stratégie des *blockbusters* s'épuisait, et que de nouveaux producteurs du Sud tentaient déjà de s'implanter. Jean-François Dehecq, l'inamovible patron de Sanofis malgré les tourmentes des restructurations, était un gaulliste proche de Jacques Chirac ; il a été son « M. Afrique du Sud », et fut très soutenu lors de la grande bataille pour l'avenir du groupe en 2004-2005, qui renforça son caractère « franco-français ». Philippe Douste-Blazy l'expliqua clairement : « C'est la France qui intervient à travers le groupe français Sanofi-Aventis. Pour régler le problème de l'eau après le tremblement de terre au Pakistan, c'est Veolia qui intervient, mais également la France »[25].

La vision chiraquienne de la mondialisation était positive lorsqu'il était question des opportunités économiques pour les grandes entreprises françaises et pour l'emploi en France, mais négative lorsqu'il était question de « mélange des nations », d' « uniformisation », de « destruction » des cultures voire des peuples menacés par « l'avancée inexorable de la modernité », et de risque de montée de la « xénophobie ». Le discours sur la préservation des différences culturelles

---

24. Hubert Bonin, « Le modèle français du capitalisme de l'eau dans la compétition européenne et mondiale depuis les années 1990 », *Sciences de la Société*, Février 2005.

25. Discours du 13 mars 2007 lors du lancement de l'Alliance pour le développement.

et de la diversité, vision provinciale des terroirs et des pays projetée à l'échelle du monde, ainsi que la taxation de ce qui bouge (billets d'avion, transactions financières)[26], apparaît bien différent de la « *Cool Britannia* » de Tony Blair, qui insistait également sur la tolérance mais s'efforçait d'attirer les talents et les riches de la planète entière à Londres. Il y avait un éloge du temps long, de la tradition, de la lenteur face à la tentation d'imposer la démocratie par la force. Il fallait « accompagner le mouvement, encourager les forces du progrès, gagner l'adhésion d'un nombre croissant de pays et de peuples, [...] apporter la preuve que le changement peut s'opérer dans le respect de leur identité spécifique et dans la paix, et sans les entraîner dans le chaos »[27]. Il était moins question de promotion des droits de l'homme que de dialogue autour des valeurs communes de l'humanité. Il fallait « construire des relations harmonieuses et équilibrées entre les grands ensembles régionaux ». La vision était celle d'un « monde harmonieux et solidaire », d'une « mondialisation humaniste et maîtrisée ».

A côté de la rhétorique de l'urgence et de l'action, la France proposait donc une vision moins catastrophiste du monde et un idéal en définitive assez conservateur. Il faudrait une comparaison systématique avec le discours chinois, notamment au début du second mandat présidentiel, avec la présence à Matignon de Jean-Pierre Raffarin. Sa politique fut complaisante à l'égard de Pékin, alors que l'administration Bush semblait bouleverser toutes les règles du jeu : même discours sur la démocratisation des relations internationales, sur le respect et sur la responsabilité, même souci affiché de préserver la paix et l'environnement, même mise en avant du précepte confucéen « harmonie et diversité », même objectif d'un « monde harmonieux », même glissement de la promotion de la multipolarité vers la rhétorique du multilatéralisme, le problème étant moins l'hégémonisme que l'unilatéralisme des Etats-Unis. La Chine prit, à travers les yeux de Jacques Chirac, un aspect très français, celui d'une vieille civilisation pacifique et à vocation universaliste.

---

26. Je remercie Patrick Allard, de la Direction de la Prévision du MAE, d'avoir attiré mon attention sur ce point.
27. Discours à la Conférence des ambassadeurs, 29 août 2005

Un détour pour la « modernisation »
de l'action internationale de la France

Le discours sur le multilatéralisme et la rhétorique globaliste ont permis une certaine modernisation de la diplomatie française, malgré des résistances qui s'accommodaient mieux d'une puissance classique.

Normalisation et modernisation

Les chefs d'Etat africains avaient freiné, au milieu des années 1990, la volonté d'Alain Juppé de fusionner la Coopération et les Affaires étrangères, et admirent difficilement que la fusion, effectuée par le gouvernement Jospin, signifiait un souhait (notamment d'Hubert Védrine) de « normaliser » les relations avec l'Afrique dans le cadre de la politique étrangère de la France. Au début des années 1990, la France s'était rallié à la vision dominante des institutions financières internationales en matière d'aide et de développement. Par la multéralisation de l'aide, la France put en partie masquer ce virage libéral. L'européanisation permit aussi de justifier l'utilisation du référentiel libéral de l'efficacité, de la transparence et de la sélectivité de l'aide, surtout après la déclaration de Paris du CAD sur l'efficacité de l'aide et le plan d'action européen sur l'efficacité de l'aide de 2006. L'Union européenne fut une ressource politique pour des autorités politiques françaises soucieuses de rationaliser l'aide française. L'agence française de développement (AFD), issue de la réforme institutionnelle de la fin des années 1990, se voulait en revanche à la pointe de la nouvelle pensée sur le développement, notamment sous la direction de Jean-Michel Severino, mais résistait à cette européanisation, critiquant une technocratie lourde et pas toujours compétente[28]. Le rapport du CAD de l'OCDE de 2008 prit note des progrès dans la lisibilité de l'aide française (grâce à la LOLF notamment), de l'existence de documents cadres et des efforts financiers croissants. Dans le domaine de la coopération militaire, la France a été de moins en moins concentrée sur son « pré carré » africain, s'est efforcée de ne plus agir seule, d'accompagner la régionalisation, de contribuer à la formation de forces africaines d'interposition (ainsi du programme

---

28. Corinne Balleix, "La politique de coopération au développement. Cinquante ans d'histoire au miroir de l'Europe », *Afrique contemporaine*, 2011, n°4, p.95-107.

RECAMP), tout en se servant des opérations en Afrique pour consolider la PESD.

L'Elysée a essayé de « britanniser » la diplomatie française, en s'efforçant de « vendre » ses politiques, en les regroupant autour de thématiques bien identifiables, et en donnant de la cohérence à des programmes disséminés. Cette thématisation et cette centralisation devaient permettre de valoriser les compétences françaises[29]. Le rôle de Jérôme Bonnafont, souligné par nombre de témoignages, est mis en exergue par Jacques Chirac dans ses Mémoires : « Je bénéficie de la présence auprès de moi d'un conseiller de grande qualité en la personne de Jérôme Bonnafont, jeune diplomate brillant, dynamique, inventif, passionné par les problèmes d'environnement et fervent défenseur de la cause multilatérale. Nous travaillons en parfaite osmose, partageant les mêmes convictions quant à la nécessité d'une mondialisation régulée, intégrant davantage, entre autres urgences, celle de l'écologie ». Ses relations avec Jean-Michel Séverino étaient également excellentes.

La diplomatie française s'est efforcée de mettre en place des coalitions, après le succès de celles qui ont mené à la Convention d'Ottawa ou à la CPI, et de faire progresser des idées pour influencer l'agenda. Elle a ainsi saisi au bond la balle des biens publics mondiaux lancée par le PNUD à la fin des années 1990 et utilisée par l'Union européenne. Cette notion avait l'avantage de s'appuyer sur le langage économiciste à la mode, de relégitimer l'aide au développement. Elle permettait de sortir des politiques sectorielles traditionnelles et des approches caritatives, de regrouper des actions éparpillées, et de renforcer la « société multilatérale », objectif prioritaire de la diplomatie française. Avec la Suède, la France mit au point un groupe de personnalités de haut niveau, avec un secrétariat à Stockholm, qui devaient être le noyau de la coalition ; bref, il ne s'agissait pas d'une stratégie déclaratoire, mais d'un effort, certes infructueux sur le plan mondial, pour promouvoir une démarche qui, de surcroît, devait donner de la cohérence à la politique d'aide française. La France inventa également des formats de sommets régionaux en Afrique, articulés autour de bassins fluviaux (les fleuves Congo et Niger), en liant thématiques économiques, conversationnistes, et résolution

---

29. Je remercie Emmanuelle Mühlenhöver, qui a participé à plusieurs cabinets au MAE et au ministère de l'Ecologie, d'avoir attiré mon attention sur ce point.

des conflits. La convention de l'UNESCO de 1995 sur la promotion et la protection de la diversité des expressions culturelles fut considérée comme le succès d'une stratégie moderne[30], appuyée sur le Canada, la francophonie, la société civile, et l'Union européenne pourtant difficilement « convertie » ; elle permit de remplacer le concept défensif et protectionniste de la « diversité culturelle » par un concept plus offensif, celui de la « diversité culturelle », et de le lier aux questions de développement.

La saga UNITAID, maintes fois contée, a d'une certaine manière lavé l'échec d'une pratique diplomatique traditionnelle, à savoir la candidature de Bernard Kouchner à la tête de l'OMS en 2006. Les financements innovants étaient en partie une réponse à l'échec programmé des Objectifs du Millénaire. Mentionnés à Monterrey en 2002, ils se multiplièrent surtout après la conférence de Doha en 2008. Pour la France, il s'agissait d'être plus visible. En effet, elle était un des plus gros contributeurs à la lutte contre le sida, mais pour 80% à travers les canaux multilatéraux, à l'inverse des Etats-Unis, de la Grande Bretagne ou des Pays-Bas. En février 2006, fut créé à Paris un Groupe pilote sur les financements innovants pour le développement, regroupant une soixantaine d'Etats, les grandes organisations internationales, la Fondation Gates et des plates-formes d'ONG. Le rapport Landau a réfléchi à une taxe sur les transactions financières pour le développement, mais c'est une taxe sur les billets d'avion qui fut en définitive choisie pour financer UNITAID, malgré les critiques des compagnies aériennes. Toutefois, cette taxe n'a été mise en place que dans un nombre très restreint de pays. Le lancement de la Facilité d'achat de médicaments se fit en martelant un langage moderne : il était question de solidarité certes, mais aussi de complémentarité, de pérennité, de prévisibilité, de partenariat global, d'efficacité et de transparence, mais sans remettre en cause les pratiques de protection de la propriété intellectuelle. Comme d'autres pays européens, la France a envisagé de canaliser les transferts des immigrés vers des investissements productifs dans leur pays, les remises des migrants constituant un flux financier plus important que l'APD. Le CICID reprit la réflexion sur le codéveloppement

---

30. Jean Musitelli, qui fut la cheville ouvrière de la négociation, "La convention sur la diversité culturelle : anatomie d'un succès diplomatique", *Relations internationales et stratégiques*, été 2006.

en proposant un « compte épargne de codéveloppement » pour les migrants qui investissaient dans leur pays d'origine.

Critiques et limites

Toutefois, cette « modernisation » a provoqué des résistances, et a montré des limites évidentes. Les députés et sénateurs se sont inquiétés de la multilatéralisation de l'aide alors que les Britanniques non seulement privilégiaient le bilatéral, mais étaient bien plus capables que la France de « mettre le paquet » sur leur priorités, Etats ou secteurs. L'aide française était jugée insuffisamment visible. L'européanisation, et la moindre influence des Français au sein de la Commission européenne impliquaient un redéploiement qui se faisait au détriment des ACP puisqu'ils représentaient deux tiers de l'APD européenne à la fin des années 1980, et seulement 30% à la fin des années 1990. Ils ne comprenaient pas toujours les repositionnements théoriques et stratégiques de l'AFD, très éloignés de l'APD traditionnelle. Les ambassadeurs vivaient mal que les enveloppes de crédit s'amenuisent, tandis que l'Union européenne s'imposait de plus en plus dans les pays où ils étaient en poste, avec des moyens importants et sans que le label France apparaisse.

La direction Nations Unies - Organisations Internationales du Quai d'Orsay et le ministère des Finances n'étaient guère enthousiastes face au concept brumeux et « intellectuel » des biens publics mondiaux, qui faisait peu recette à l'étranger, notamment aux Etats-Unis et dans nombre pays du Sud. La réforme de la coopération fut complexe et douloureuse, la DGCID ayant du mal à trouver sa place et sa cohésion ; elle devait, avec Bercy, impulser la politique de l'AFD, mais celle-ci draina nombre de talents et se donna les moyens de contribuer aux débats d'idées, notamment en consacrant une partie de ses recettes bancaires à la production intellectuelle. L'aide française est restée éclatée et politisée, les annulations de dette étant souvent liées à des choix politiques, pour l'Irak ou pour les Etats africains dans le cadre des relations bilatérales. La France manquait d'ONG puissantes pour utiliser l'aide française ou l'argent des financements innovants (à l'instar de la Fondation Clinton pour UNITAID), tandis que les relations entre les ONG et l'administration étaient moins fluides que dans d'autres pays. Les ONG environnementales ont longtemps été faibles et dépendantes des financements publics. Elles se professionnalisèrent au début des années 2000, reçurent l'apport des ONG de développement, s'essayèrent au lobbying international, mais restèrent peu puissantes et eurent un accès aux décideurs moins régulier que les ONG allemandes et britanniques. Elles furent moins associées aux grandes conférences, sinon comme observatrices[31].

Pour traiter des problématiques globales, la France n'a pas choisi avant 2008 de créer au ministère des affaires étrangères une direction particulière, à la différence de nombre de ses grands partenaires. La Direction générale de la mondialisation a été mise en place sous l'impulsion du ministre Bernard Kouchner et du diplomate Christian Masset. Le ministère de l'Environnement s'était doté d'un pôle international, mais ses effectifs sont restés faibles. Des ambassadeurs thématiques ont été institués, en premier lieu pour l'environnement, les droits de l'homme et la lutte contre la criminalité organisée, mais avec peu de moyens humains, un calendrier démentiel, et la nécessité de traiter des matières complexes ; les postes n'ont pas toujours été confiés à des spécialistes. L'Institut diplomatique, créé en 2001 par Hubert Védrine et le directeur du CAP Michel Foucher, avait pour vocation de former des « mondialistes », les agents à mi-carrière ayant souvent une vue segmentée des problèmes. Mais les auditeurs n'ont pas toujours eu une grande appétence pour les questions globales considérées comme trop « *soft* », à la différence du bilatéralisme ou du multilatéralisme classique qui relèvent des négociations traditionnelles, et ils ont été confrontés à des conférenciers qui leur expliquaient qu'une partie importante de la régulation mondiale se faisait dans des enceintes qu'ils ne fréquentaient guère.

Hubert Védrine critiqua la diplomatie d'annonces et de bons sentiments, mettant en scène l'indignation et l'impatience. Les anciens spécialistes du « Sud », qui avaient connu le temps de la CNUCED, regrettaient que les Nations Unies traitent des symptômes et non des causes des problèmes de développement. Le Haut Conseil de la Coopération Internationale (1999-2007) devait être un maturateur d'idées grâce à sa composition pluraliste, mais assez marquée à gauche ; il eut peu d'impact et constata que nombre de thèmes qu'il avait soulevés avaient peu d'écho : l'affirmation des droits économiques et sociaux, la lutte contre le trafic des armements légers, la démocratie et les droits de l'homme (sa première déclaration en

---

31. Rapport Kessler sur *les acteurs non gouvernementaux dans la diplomatie climatique*, Janvier 2008.

2000 portait sur la Tchétchénie et fut jugée sévèrement), la réforme de l'OMC, la régulation des mouvements de capitaux, les dérives militaro-humanitaires (Kosovo) et des sanctions (Irak). La France fit silence sur la question de la fuite des capitaux, bien que l'Assemblée Générale appelât à la coopération pour prévenir les flux illégaux et rapatrier les capitaux[32] et si l'Institut de Gouvernance de Bâle, la Banque Mondiale et l'Office des Nations Unies contre la drogue et le crime s'efforcèrent de mettre en place des embryons de *Stolen Asset Recovery*. La France a semblé se satisfaire des *Millenium Development Goals* parce qu'il n'était question ni de droits de l'homme ni de démocratie, à la différence du *Millenium Challenge Account*, lancé par Washington, en 2004 qui devait récompenser les bons élèves ayant fait des réformes libérales et des efforts de démocratisation, ou même de l'aide européenne très soucieuse de la gouvernance.

Au-delà des grands discours sur le multilatéralisme et sur les grandes questions globales, la politique française révélait surtout un effort pour trouver une place dans un monde post-guerre froide dont les enjeux et les équilibres se renouvelaient rapidement, et la voix originale de la France ne suffisait pas à masquer un effort constant pour préserver un rang en s'adaptant aux nouvelles formes de l'action extérieure.

---

32. Résolution 55/188 de l'Assemblée générale des Nations Unies, décembre 2000.

CHRONOLOGIE[1]

La politique extérieure de la France sous les présidences de Jacques Chirac (1995-2007)

1995

7 mai 1995 : Jacques Chirac est élu Président de la République.

18 mai 1995 : Strasbourg, rencontre du président français, Jacques Chirac, et du chancelier allemand, Helmut Kohl.

13 juin 1995 : Annonce de la reprise des essais nucléaires.

14 juin 1995 : Voyage de Jacques Chirac à Washington, rencontre avec le président Bill Clinton, puis discussion euro-américaine avec Jacques Santer, président de la Commission européenne.

26-27 juin 1995 : Conseil européen de Cannes, présidé par Jacques Chirac.

20-24 juillet 1995 : Le président Chirac entreprend une série de visites officielles en Afrique, pour réaffirmer le lien de la France avec l'Afrique subsaharienne.

20-21 octobre 1995 : Sommet franco-russe de Rambouillet.

5 décembre 1995 : Le ministre des Affaires étrangères, Hervé de Charette, annonce lors de la réunion à Bruxelles des ministres de l'Alliance atlantique, que la France réintègre le Comité militaire de l'OTAN.

14 décembre 1995 : La conférence de paix sur l'ex-Yougoslavie à Paris scelle l'accord entre les Etats issus de l'ex-Yougoslavie, intervenu après les négociations conduites à Dayton.

1996

11 janvier 1996 : Le président Jacques Chirac informe Shimon Peres, Premier ministre israélien, que la France est disposée à contribuer à l'établissement de garanties de sécurité entre Israël, la Syrie et le Liban.

---

1. Cette chronologie a été réalisée par Aydan Güler, stagiaire au CERI – Sciences Po.

29 janvier 1996 : Annonce télévisée par Jacques Chirac de l'arrêt définitif des essais nucléaires.

25 mars 1996 : Adhésion de la France au traité de Rarotonga (1985) de dénucléarisation du Pacifique.

8 avril 1996 : Au Caire, Jacques Chirac annonce la relance de la « politique arabe et méditerranéenne de la France ».

3-4 juin 1996 : Sommet de l'Alliance atlantique à Berlin. Reconnaissance d'une « identité européenne de défense » et confirmation de la participation française au Comité militaire.

7 août 1996 : En réaction à l'adoption de la loi d'Amato-Kennedy, Jacques Chirac annonce d'éventuelles «mesures de rétorsion immédiates si les intérêts français étaient touchés».

12-13 septembre 1996 : Visite d'Etat du président Chirac en Pologne. Lors d'un discours devant la Diète polonaise, ce dernier promet aux Polonais de les aider à réussir leur adhésion à l'Union européenne dès l'an 2000, tout en indiquant qu'il souhaite leur entrée dans l'Alliance atlantique et dans l'UEO.

21-22 octobre 1996 : Lors de sa visite en Israël, Jacques Chirac se prononce pour « un Etat palestinien reconnu » ; un incident éclate entre le président français et les services de sécurité israéliens.

14 novembre 1996 : Ouverture à Paris de la conférence sur la Bosnie-Herzégovine qui doit fixer les grandes lignes du processus de paix pour les années 1997-1998.

9 décembre 1996 : 68e Sommet franco-allemand de Nuremberg. Une lettre commune est adressée aux partenaires européens en vue d'une réforme de l'Union européenne. Signature d'un document sur un « concept commun franco-allemand en matière de la sécurité et de défense».

1997

16-17 janvier 1997: Visite du président Jacques Chirac en Hongrie.

2-3 avril 1997 : Visite du président Jacques Chirac en République tchèque.

2 mai 1997 : Tony Blair devient Premier ministre au Royaume-Uni.

26 mai 1997 : Entretien entre le président Jacques Chirac et son homologue russe, Boris Eltsine, en marge du sommet OTAN / Russie.

1er-2 juin 1997 : A la suite des élections législatives, Lionel Jospin devient Premier ministre et Hubert Védrine, ministre des Affaires étrangères.

16-18 juin 1997 : Adoption du traité d'Amsterdam réformant les traités européens.

1-11 décembre 1997 : Conférence de Kyoto, signature du Protocole sur la réduction des gaz à effet de serre.

15-16 décembre 1997: Abou Dabi, visite du président français, Jacques Chirac. Signature d'un contrat d'achat de trente Mirage 2000.

1998

25 janvier 1998 : Visite d'Etat de Jacques Chirac en Inde à l'occasion du cinquantième anniversaire de l'indépendance.

6-7 avril 1998 : Visite du président Jacques Chirac à Sarajevo et Mostar. Signature de trois protocoles d'accord financier pour un total de 43 millions de francs.

20-22 juin 1998 : Premier sommet du G7 élargi à la Russie.

13 juillet 1998 : Création de la Banque centrale européenne.

27 septembre 1998 : Gerhard Schröder succède à Helmut Kohl comme chancelier de la République fédérale d'Allemagne.

4 décembre 1998 : Sommet franco-britannique de Saint-Malo.

1999

6-23 février 1999 : Echec de la conférence de Rambouillet sur le Kosovo.

24 mars 1999 : Déclaration sur le Kosovo lors du Conseil européen extraordinaire de Berlin. Jacques Chirac explique pourquoi une action militaire incluant la France va être conduite par l'OTAN contre les forces serbes.

7 mai 1999 : Nancy, 3ème sommet des chefs d'Etat du «Triangle de Weimar» réunissant le président français, Jacques Chirac, polonais, Aleksander Kwasniewski, et le Chancelier de la République fédérale d'Allemagne, Gerhard Schröder.

31 décembre 1999 : Démission à Moscou de Boris Eltsine remplacé par Vladimir Poutine.

2000

23-26 février 2000 : Visite de Lionel Jospin dans les territoires palestiniens.

29 février 2000 : Discours de Jacques Chirac devant la Cour internationale de justice. Il propose les fondements d'une communauté internationale régulée par le droit.

27 juin 2000 : Devant le Bundestag, Jacques Chirac rend hommage à une Allemagne réunifiée et réconciliée avec la France, au service de la construction européenne.

4 juillet 2000 : Strasbourg, visite du président français, président en exercice de l'Union européenne (UE) au Parlement européen.

28 septembre 2000 : début de la seconde Intifada.

6-12 décembre 2000 : Conseil européen de Nice.

13 décembre 2000 : George W. Bush est élu Président des Etats-Unis.

2001

18-19 janvier 2001 : Yaoundé, 21ème sommet Afrique-France, en présence d'une cinquantaine de chefs d'Etat et de gouvernement africains.

11 septembre 2001 : New York, Washington : Attentats contre le World Trade Center et le Pentagone.

7 octobre 2001 : Début des opérations américaines contre les Talibans en Afghanistan.

15 octobre 2001 : Jacques Chirac présente sa vision du dialogue des cultures, contre la menace du choc des civilisations devant la 31ème conférence de l'Unesco.

2002

1er janvier 2002 : mise en circulation de l'euro dans onze pays de l'Union européenne.

5 mai 2002 : Jacques Chirac est réélu président de la République française.

2 septembre 2002 : Discours de Jacques Chirac devant le Sommet de la Terre à Johannesburg.

1er octobre 2002 : Guerre civile en Côte d'Ivoire - intervention française.

21 novembre 2002 : Lors du sommet atlantique de Prague, Jacques Chirac accepte la participation française au projet de l'OTAN, Response Force.

2003

15-24 janvier 2003 : Accords de Marcoussis visant à mettre un terme à la guerre civile en Côte d'Ivoire.

22 janvier 2003 : Discours de Jacques Chirac à Versailles, devant les députés allemands et français à l'occasion des célébrations du quarantième anniversaire du traité de l'Elysée.

10 février 2003 : A l'occasion du dîner en l'honneur du président Poutine, réaffirmation du partenariat stratégique entre la France et la Russie.

3 mars 2003 : Discours de Jacques Chirac devant le Parlement algérien.

10 mars 2003 : Jacques Chirac annonce que la France mettra son veto à une résolution autorisant le recours à la force contre l'Irak.

20 mars 2003 : Début de l'intervention anglo-américaine en Irak.

3-5 décembre 2003 : Visite d'Etat de Jacques Chirac en Tunisie.

2004

16 février 2004 : Diner en l'honneur du président de l'Etat d'Israël et de son épouse. Jacques Chirac rappelle les liens intenses qui lient la France à Israël et la résolution sans faille de la France à combattre l'antisémitisme.

18 février 2004 : Sommet tripartite de Berlin entre le président français, Jacques Chirac, le chancelier allemand, Gerhard Schroeder, et le Premier ministre britannique, Tony Blair. Proposition d'une lettre commune («lettre des Trois») adressée à la Commission européenne définissant les priorités d'un modèle social européen.

23-24 février 2004 - Visite de Jacques Chirac en Hongrie : soutien de la France à l'adhésion de la Hongrie à l'Union européenne.

11-12 mars 2004 : Visite en France du «Premier ministre» palestinien, Ahmed Qoreï, dit Abou Alaa. Entretiens avec Jacques Chirac sur l'application de la «Feuille de route».

3 avril 2004 : Visite de Jacques Chirac en Russie. Première visite d'un chef d'Etat étranger sur la base de contrôle des satellites de Kraznoznamensk.

19-21 avril 2004 : Visite officielle en France du Premier ministre libyen, Choukri Mohamed Ghanem.

1er mai 2004 : Entrée dans l'Union européenne de dix nouveaux Etats.

18 juin 2004 : Signature par les Vingt Cinq du Traité constitutionnel européen.

6-12 octobre 2004 : Tournée en Asie du président français, Jacques Chirac.

26 octobre 2004 : En marge du 4ème Conseil des ministres franco-allemand à Berlin, entretien entre le président français, Jacques Chirac, le chancelier allemand, Gerhard Schroeder, et le Premier ministre turc, Recep Tayyip Erdogan, sur les perspectives de la candidature turque à l'Union européenne.

11 novembre 2004 : Mort de Yasser Arafat à Paris.

7-8 décembre 2004 : Visite en France du président pakistanais, Pervez Musharraf. Entretien avec Jacques Chirac sur le conflit israélo-palestinien et la lutte contre le terrorisme.

2005

2-5 février 2005 : Visite officielle du président Jacques Chirac au Sénégal et au Congo.

16 février 2005 : Déplacement du président Jacques Chirac à Beyrouth pour une visite de condoléances à la famille de l'ancien Premier ministre Rafic Hariri, assassiné le 14 février 2005.

22 février 2005 : Sommet à Bruxelles des chefs d'Etat et de gouvernement des 26 pays membres de l'OTAN. Signature d'une déclaration commune «renforçant le rôle de l'OTAN» sur les questions stratégiques et politiques. Appel du président français à «davantage de dialogue entre l'Europe et les Etats-Unis».

24 février 2005 : Entretien à Paris entre le président Jacques Chirac et le secrétaire du Comité suprême de sécurité nationale iranien, Hassan Rohani, sur le dossier nucléaire iranien.

14-15 mars 2005 : Visite en France de la procureure du Tribunal pénal international pour l'ex-Yougoslavie, Carla del Ponte.

5 avril 2005 : Déplacement en France du Président algérien, Abdelaziz Bouteflika. Participation à la conférence sur le dialogue entre les civilisations organisée l'UNESCO.

29 mai 2005 : Lors du référendum sur le traité constitutionnel européen, le « non » l'emporte en France (54,68%).

4 juin 2005 : Déplacement en Allemagne du président Jacques Chirac. Entretien avec son homologue, Gerhard Schroeder, sur les conséquences des résultats négatifs du référendum sur le Traité établissant une Constitution pour l'Europe en France et aux Pays-Bas.

17-23 août 2005 : Retrait israélien de la bande de Gaza et de quatre colonies de Cisjordanie.

1ᵉʳ septembre 2005 : Entretien à Paris entre Jacques Chirac et le Représentant spécial du Quartet pour le retrait de Gaza, James Wolfensohn.

3-4 décembre 2005 : 23ème Conférence des Chefs d'Etat d'Afrique et de France, à Bamako (Mali), sur le thème « La jeunesse africaine : sa vitalité, sa créativité, ses aspirations», en présence d'une trentaine de chefs d'Etat et de gouvernement, dont le président français, Jacques Chirac.

4 décembre 2005 : Côte d'Ivoire - annonce de la nomination de Charles Konnan Banny comme Premier ministre en Côte d'Ivoire par les présidents sud-africain, Thabo Mbeki et nigérian, président en exercice de l'Union africaine (UA), Olusegun Obasanjo, à la suite d'entretiens au sommet Afrique-France de Bamako (Mali) avec le président français, Jacques Chirac et d'entretiens à Abidjan (Côte d'Ivoire) avec le président ivoirien, Laurent Gbagbo.

2006

19 janvier 2006 : Le président Jacques Chirac annonce une révision des conditions d'emploi de l'arme nucléaire française, en évoquant la possibilité de « frappes dissuasives» contre le Etats terroristes.

1er-24 août 2006: Offensive israélienne au sud du Liban. Jacques Chirac annonce une participation de 2 000 hommes à la Finul renforcée.

26 septembre 2006: Lettre de remerciements de Jacques Chirac à Ali Abdallah Saleh, président du Yémen, à la suite de la libération de quatre otages français.

30 septembre-1er octobre 2006 : Visite d'Etat de Jacques Chirac en Arménie. Il déclare que la Turquie devrait reconnaître le génocide arménien avant de pouvoir adhérer à l'Union européenne.

24 octobre 2006 : Quatrième visite d'Etat de Jacques Chirac en Chine.

2007

22 janvier 2007: 50ème anniversaire du Traité de Rome, marqué par une lettre de Jacques Chirac à la Chancelière de la République fédérale d'Allemagne, Angela Merkel.

15 février 2007 : Discours de Jacques Chirac à l'occasion de l'ouverture de la vingt-quatrième conférence de chefs d'Etat d'Afrique en France. Il plaide pour une relation d'exception avec l'Afrique au service de son insertion dans la mondialisation.

24 février 2007 : Visite en France du président de l'Autorité palestinienne, Mahmoud Abbas. Soutien de Jacques Chirac à la formation d'un gouvernement d'Union nationale et à la relance des négociations de paix au Moyen-Orient.

4 mars 2007 : Ouagadougou, signature d'un accord de paix en Côte d'Ivoire, prévoyant le départ d'une partie des soldats français de l'opération Licorne.

19 mars 2007 : Entretien à Paris entre Jacques Chirac et son homologue afghan, Hamid Karzaï, sur la reconstruction de l'Afghanistan.

6 mai 2007 : Election de Nicolas Sarkozy à la présidence de la République.

15 mai 2007: Allocution radiotélévisée de Jacques Chirac à l'occasion de la fin de son mandat.

LES AUTEURS

Richard Banégas est professeur de science politique à Sciences Po et chercheur au CERI.

Frédéric Charillon est professeur de science politique à l'université d'Auvergne et directeur de l'IRSEM (Ecole Militaire)

Georges-Marie Chenu est ancien ambassadeur de France.

Samy Cohen est directeur de recherche à la Fondation Nationale des Sciences Politiques, CERI

Anne Dulphy est maître de conférences en histoire contemporaine à l'Ecole Polytechnique, chercheur associé au Centre d'histoire de Sciences Po Paris

Jean-Pierre Filiu est professeur des universités à Sciences Po Paris

Louis Gautier est conseiller maître à la Cour des comptes, professeur associé de science politique à l'université de Lyon II.

Pierre Grosser est agrégé d'histoire, PRAG à Sciences Po Paris

Joseph Krulic est agrégé d'histoire, conseiller au Tribunal administratif de Versailles

Christian Lequesne est directeur de recherche à la Fondation Nationale des Sciences Politiques et directeur du CERI

Christine Manigand est professeur d'histoire contemporaine à l'Université de Paris 3 Sorbonne Nouvelle, chercheur associé au Centre d'Histoire de Sciences Po Paris

Roland Marchal est chargé de recherche au CNRS, CERI

Antoine Marès est professeur d'histoire de l'Europe centrale contemporaine à l'Université de Paris I Panthéon-Sorbonne

Pierre Melandri est professeur émérite des universités à Sciences Po Paris

Hélène Miard - Delacroix est professeur de civilisation allemande contemporaine à l'Université de Paris Sorbonne

Anne de Tinguy est professeur d'histoire de la Russie contemporaine à l'INALCO, chercheur au CERI

Maurice Vaïsse est professeur émérite des universités à Sciences Po Paris

Chez le même éditeur

Pierre Messmer au croisement du militaire, du colonial et du politique.
Sous la directon de François Audigier, François Cochet, Bernard Lachaise et Maurice Vaisse. 16 x 24 cm - Prix : 24 €

Changer de politique. Une autre politique étrangère pour un monde différent.
Francis Gutmann. 14 X 21 cm - Prix : 20 €

Pour l'honneur du Gaullisme. Contre-enquête sur un héritage.
Jean Charbonnel. Entretiens avec Laurent de Boissieu. 16 X 24cm - Prix : 20 €

Les droites et l'économie en France au XXe siècle.
Sous la direction d'Olivier Dard. 16 X 24 - Prix 24 €

Le clan Obama. Les anges gardiens de Chicago.
François Clemenceau - 14 X 21 - Prix 15 €

Achevé d'imprimer le 28 décembre 2012
sur les presses de
La Manufacture - *Imprimeur* – 52200 Langres
Tél. : (33) 325 845 892

N° imprimeur : 12719 - Dépôt légal : janvier 2013
Imprimé en France

IMPRIM'VERT®